28

新世纪心理与心理健康教育文库
Xinshiji Xinli Yu Xinlijiankangjiaoyu Wenku

儿童心理学
Ertong Xinlixue

桑标 ◆ 编著
Sang Biao

开明出版社

新世纪心理与心理健康教育文库

编 委 会

总 主 编 郑日昌
副总主编 沈 政　郭德俊　桑 标　王希永
编 委 会（按姓氏笔画排列）

王 昕	王小明	王成彪	王建平
牛 勇	邓丽芳	叶浩生	田万生
朱新秤	任 苇	任 俊	刘视湘
刘翔平	刘惠军	许 燕	孙大强
杜毓贞	杨 波	杨忠健	汪凤炎
沈 政	张 驰	张大均	张志杰
陈永胜	陈安涛	邵志芳	庞爱莲
郑日昌	郑晓江	孟沛欣	赵世明
赵军燕	俞国良	殷恒婵	郭秀艳
郭德俊	桑 标	黄 蓓	崔丽娟
梁宁建	梁执群	董 妍	程正方
雷 雳	燕国材	魏义梅	

图书在版编目(CIP)数据

儿童心理学 / 桑标编著. －北京：开明出版社，2012.10
（新世纪心理与心理健康教育文库）
ISBN 978 - 7 - 5131 - 0854 - 6

Ⅰ.①儿… Ⅱ.①桑… Ⅲ.①儿童心理学 Ⅳ.①B844.1

中国版本图书馆 CIP 数据核字(2012)第 217910 号

责任编辑： 范英　何研　柴星　杨怡

书　　名：儿童心理学
出品人：焦向英
出　　版：开明出版社
　　　　　（北京海淀区西三环北路 25 号 邮编 100089）
经　　销：全国新华书店
印　　刷：保定市中画美凯印刷有限公司
开　　本：700×1000 1/16
印　　张：15.875
字　　数：236 千字
版　　次：2012 年 10 月 北京第 1 版
印　　次：2012 年 10 月 北京第 1 次印刷
定　　价：41.00 元

印刷、装订质量问题，出版社负责调换货　联系电话：(010)88817647

总 序
Sequence

早在上个世纪 70 年代就有专家预言：21 世纪是心理学的世纪。21 世纪人类所面临的最大挑战，不是其他，而是心理困惑和心理问题。

进入新世纪，我国社会主义物质文明、政治文明、精神文明建设不断加强，综合国力大幅度提高，人民生活显著改善。同时，我们也要看到，我国已进入改革发展的关键时期，经济体制深刻变革，社会结构深刻变动，利益格局深刻调整，思想观念深刻变化。这种空前的社会变革，给我国发展进步带来巨大活力，也必然带来这样那样的矛盾和问题。例如，城乡、区域经济社会发展很不平衡；就业、收入分配、社会保障、教育、医疗、住房等方面关系群众切身利益的问题比较突出；一些社会成员诚信缺失、道德失范；一些领域的腐败现象比较严重等。这些矛盾和问题让人们感到心理困惑，时刻冲击着人们的心理承受能力。

2006 年，中共中央《关于构建社会主义和谐社会若干重大问题的决定》明确指出：我们必须坚持以人为本。要注重促进人的心理和谐，加强人文关怀和心理疏导，引导人们正确对待自己、他人和社会，正确对待困难、挫折和荣誉。要加强心理健康教育和保健，塑造自尊自信、理性平和、积极向上的社会心态。心理和谐是构建和谐社会的心理基础和重要标志。胡锦涛同志指出："科学发展观，第一要义是发展，核心是以人为本。"以人为本就必须重视人、尊重人、关心人、爱护人，就必须重视人的心理发展。加强心理健康教育和心理保健，不断提高人们的心理素质，帮助人们形成积极心理品质，为和谐社会建设奠定和谐的心理基础已经成为举国上下的共识。

促进人的心理和谐需要有科学心理学指引，加强心理健康教育需要有合适的教材。近年来，国内虽然也陆续出版了一些心理学或心理健康教育方面的图书，但不够系统，缺乏总体规划。正因为如此，我们组织了一批心理学专家、学者，编写了这套反映我国心理学发展及

心理健康教育理论成果的"新世纪心理与心理健康教育文库"。

"新世纪心理与心理健康教育文库"具有系统性。文库参照心理学学科体系和我国现实需要，分为基础理论、应用理论和技术与实践三个系列。

"新世纪心理与心理健康教育文库"具有权威性。文库是国家出版基金资助项目；文库撰稿人的选择面向全国，每一本图书都由该领域的专家学者撰稿；文库的统稿工作由国内权威心理学家和心理健康教育专家负责完成。

"新世纪心理与心理健康教育文库"具有前沿性。文库在全国范围选聘心理学和心理健康教育领域的专家学者撰稿，既可以吸收心理学与心理健康教育的权威理论和最新研究成果，也可以保证所选内容资料贴近时代、贴近生活、贴近实际。

"新世纪心理与心理健康教育文库"具有实用性。文库在强调系统性、理论性、科学性的同时，更加强调实用性。力求做到理论联系实际，给出的理论实用，给出的技术可行，给出的方法可操作。

"新世纪心理与心理健康教育文库"理论性、实用性、资料性、工具性兼备，是心理学与心理健康教育的"百科全书"。它可以作为从事心理与心理健康教育工作的管理者和研究者的参考书、工具书；可以作为心理健康教育教师继续学习、自我提高的自修图书；可以作为心理健康教育教师的培训用书；可以作为师范院校心理与心理健康教育专业的教材或参考书。

我们相信，"新世纪心理与心理健康教育文库"对于从事心理与心理健康教育工作的人士会有所帮助；对于我国的心理与心理健康教育工作会起到推动促进作用；对于促进人的心理和谐、促进社会心理和谐会发挥一定作用。

我们希望，这套文库能够得到广大心理与心理健康教育工作者的认可、接纳。

郑日昌

于京师园

前 言
Preface

　　随着社会的发展与进步，心理科学越来越显示出重要的价值。出于对个体成长和发展的关注，研究人类心理系统发生发展的过程和个体心理与行为发生发展规律的科学——发展心理学也越来越受到重视。从总体上看，自出生到成熟这一段时期是个体生长发育最旺盛、变化最快、可塑性最强的时期，因而备受心理学家、教育家以及孩子父母的关注。儿童心理学研究的对象正是从出生到未成年的儿童，它试图揭示人类个体从胚胎期开始，心理是如何从低级水平向复杂高级水平变化发展的，各个年龄阶段的心理发展特征怎样，心理发展的不同领域是否具有大体相同的发展特点，影响心理发展的主要因素又有哪些等令人感兴趣的问题，是一门兼具理论性与应用性的学科。

　　近年来儿童心理学领域内取得了引人注目的进展，需要有一本既充分反映现代儿童发展心理学领域的发展状况，又密切联系儿童发展心理学教学实践的书籍。《儿童心理学》正是基于这样的思考，并经多年来的教学实践而写就的。本书主要涵盖儿童心理发展的对象与任务、儿童心理发展的研究方法与设计、心理发展的基本理论、影响心理发展的遗传与环境因素，以及儿童在认知、智力、语言、情绪、人格、道德等各个领域的发展特点、趋势及影响因素等，全书计九章。在编写时，我们着重突出了以下的特色：

　　一是在内容的编排上，按照不同领域的发展来划分章节，这与大多数学术著作按年龄分章节有所区别。在按年龄还是按领域来编排本书内容的取舍上，我们认为按领域编排的优势在于能更好地帮助读者充分认识并思考不同领域心理发展的连续性。

　　二是在对传统发展心理学知识体系重新梳理后，充实了大量前沿成果与新近进展（包括理论与实验）介绍，如微观发生设计、生态系统理论、毕生发展观、行为遗传学对遗传与环境的看法、认知发展的领域一般性观点与领域特殊性观点、心理理论的研究、智力的PASS模型等方面的内容。我们认为，学术著作应"常编常新"，不断

反映学科领域内的新发展。

三是在体例上由内容提要、学习目标、关键术语、正文、专栏、思考与实践等部分构成，既强调系统知识、突出重点问题，又关注研究者发现问题、解决问题的逻辑过程，使读者在学习儿童心理学知识的同时，受到一些方法论及具体研究方法的熏陶。此外，这样的体例也有助于引发读者的阅读兴趣。

四是与心理学研究的生态化趋向相一致，特别是考虑到儿童心理学的学科特点，本书强调理论与实际的结合，如"专栏"内引用的材料有不少反映的是现实中发展心理学领域内的实际问题，"问题与思考"则进一步引导学生对本书各章所学知识及相关问题作深入的思考，或将实践中的问题与课本知识进行系统的整合。这在一定程度上有助于改变过去轻视应用研究的倾向。

上述这些特色是否达到了我们预期的效果，还有待于使用本书的广大读者来作出回答。

需要说明的是，由于篇幅所限，一些内容不得不忍痛割爱，原先设想的通过大量具体实例来充实本书的愿望，也只是做到了一部分。

除了书后所列的参考文献，我们在编写过程中还参考了不少有价值的国内外研究报告，限于篇幅，没有一一列出，在此向所有的研究者表示感谢。

对于书中的疏漏与不当之处，恳请同行与读者不吝指正。

桑　标

目 录

Contents

第一章　绪论 ……………………………………………… 1
第一节　儿童心理学的研究对象与任务 ……………………… 1
第二节　儿童心理学的形成 …………………………………… 5
第三节　儿童心理发展的主要特点 …………………………… 9
第四节　儿童心理学的基本研究方法 ……………………… 12
第五节　儿童心理学的常用研究设计 ……………………… 16
第六节　儿童心理研究中的伦理道德 ……………………… 23

第二章　儿童心理学的基本理论 …………………………… 25
第一节　成熟势力说 ………………………………………… 26
第二节　行为主义观 ………………………………………… 27
第三节　社会学习论 ………………………………………… 30
第四节　精神分析论 ………………………………………… 31
第五节　相互作用论 ………………………………………… 35
第六节　社会文化理论 ……………………………………… 38
第七节　生态系统理论 ……………………………………… 40
第八节　毕生发展观 ………………………………………… 43

第三章　心理发展的遗传与环境因素 ……………………… 47
第一节　遗传对心理发展的影响 …………………………… 48
第二节　环境对心理发展的影响 …………………………… 57
第三节　遗传与环境的辩证关系 …………………………… 64

第四章　认知发展 …………………………………………… 71
第一节　早期感知能力的发展 ……………………………… 72
第二节　皮亚杰的认知发展理论 …………………………… 78
第三节　认知发展的信息加工观 …………………………… 86

第四节 领域特殊性研究：心理理论的发展 …………………… 93

第五章 智力发展 ……………………………………………… 101
第一节 智力与智力理论 …………………………………… 101
第二节 智力的发展 ………………………………………… 107
第三节 智力发展评定 ……………………………………… 116

第六章 语言发展 ……………………………………………… 128
第一节 前言语发展 ………………………………………… 129
第二节 语言的发展 ………………………………………… 133
第三节 语言获得理论 ……………………………………… 145

第七章 情绪发展 ……………………………………………… 150
第一节 儿童情绪及其评定 ………………………………… 151
第二节 情绪表达的发展 …………………………………… 154
第三节 情绪理解的发展 …………………………………… 163
第四节 情绪调节的发展 …………………………………… 168

第八章 人格发展 ……………………………………………… 174
第一节 生物学因素与人格形成 …………………………… 175
第二节 家庭因素与人格发展 ……………………………… 182
第三节 同伴与人格发展 …………………………………… 196
第四节 自我的发展 ………………………………………… 202

第九章 道德发展 ……………………………………………… 212
第一节 道德发展的理论 …………………………………… 213
第二节 亲社会行为及其发展 ……………………………… 222
第三节 攻击行为及其发展 ………………………………… 227

参考文献 ……………………………………………………… 236

第一章 绪 论

【本章提要】

儿童心理学是研究 0—18 岁个体心理发生、发展、变化的科学，具有理论性与应用性兼具的特点。本章从六个方面论述儿童心理学的基本框架：第一节主要探讨儿童心理学的研究对象与任务，并且将研究任务概括为描述儿童心理发展的普遍模式、解释和测量个别差异、揭示儿童心理发展的原因和机制、探究环境对心理发展的影响以及提出帮助与指导儿童发展的具体方法等几个方面。第二节主要从儿童观的形成与转变、科学儿童发展心理学产生的两大背景，描述儿童心理学学科的形成过程。第三节从心理发展的连续性与阶段性、方向性和不可逆性、不平衡性、个别差异、关键期、心理年龄特征等多个角度，分析心理发展的主要特点。第四节概述了儿童心理学研究中一些基本的研究方法。第五节从研究设计的角度，对儿童心理学领域中最常用的相关设计、实验设计、横断设计与纵向设计、微观发生设计、跨文化研究等进行了详细的分析介绍。第六节则针对儿童心理学的研究对象，阐述有关研究中的伦理道德问题。

【学习重点】

1. 了解儿童心理学的研究对象与研究任务。
2. 认识科学儿童心理学产生的背景和标志。
3. 把握心理发展的主要特征。
4. 掌握并能结合实际运用儿童心理学的基本研究方法。
5. 掌握并能结合实际运用儿童心理学的常用研究设计。
6. 明确儿童心理发展研究中所要遵循的基本伦理道德。

【重要术语】

儿童心理学 关键期 临床法 横断设计 纵向设计 微观发生设计 跨文化研究

第一节 儿童心理学的研究对象与任务

儿童心理学（child psychology）是研究个体从出生到成熟（0—18 岁）心理与行为发生发展规律的科学。就人类个体心理的发展而言，从出生到成熟这一段

时期是生长发育最旺盛、变化最快，同时也是可塑性最强的时期，因而备受心理学家的关注。

在这里，我们有必要提一下儿童心理学与发展心理学的关系。发展心理学（developmental psychology）是心理学的重要分支领域之一，是研究人类心理系统发生发展的过程和个体心理与行为发生发展规律的科学。

从系统研究的角度看，发展心理学是指通过对种系或动物演化过程的研究，考查动物心理如何演化到人类心理，以及人类心理又如何从原始、低级的心理状态演化到现代、高级的心理状态，这是广义的发展心理学。它包括主要研究低级动物心理如何演化到类人猿心理的发展历程，以揭示动物演化过程中心理发生发展大致图景的比较心理学（又称动物心理学），以及主要研究生活在不同社会历史阶段的各个民族的心理并加以对照，以勾画出人类心理发展历程大致轮廓的民族心理学。

从个体研究的角度看，发展心理学则是探究从人类个体的胚胎期开始一直到衰老死亡的全过程中，个体心理是如何从低级水平向复杂高级水平变化发展的，这是狭义的发展心理学。它着重于揭示各个年龄阶段的心理特征，并探讨个体心理从一个年龄阶段发展到另一个年龄阶段的规律，具体包括婴幼儿心理学、儿童心理学、青年心理学、中年心理学和老年心理学。

我们不难看出，儿童心理学是发展心理学的一部分，而正因为儿童期在个体成长发展过程中所处的特殊地位，事实上许多发展心理学就是以儿童为研究对象的发展心理学。当然，随着老龄化社会的到来和研究者们对"发展"这一概念理解的拓展，使用发展心理学这一说法的研究者越来越多，其主要目的在于关注人的毕生发展（尤其是儿童期以后）以及老年人的认知功能。

了解了儿童心理学的主要研究对象以后，我们就可以来看儿童心理学的研究任务了。儿童心理学的研究任务可以突出地以"WWW"来表示，即 what（是什么），揭示或描述心理发展过程的共同特征与模式；when（什么时间），这些特征与模式发展变化的时间表；why（为什么），对这些发展变化的过程进行解释，分析发展的影响因素，揭示发展的内在机制。

如果更具体些，我们可以将儿童心理学的主要研究内容概括为以下几个方面。

一、描述儿童发展的普遍行为模式

儿童心理学学科的创立，最根本的目的是要揭示发展的普遍行为模式。行为模式是指个体在解决问题的活动过程中所表现出来的现实的心理发展水平，它既包括外显的行为特质，也包含内在的心理特征。儿童的行为模式是知、情、意等领域整合而成的现实的心理组织系统，因此，儿童的身体动作是怎样发展变化

的，认知的发展变化如何，语言是怎样发展的，情绪的发展变化特点怎样，人格特征如何，等等，共同构成了儿童心理学的主要研究框架。

真正的心理发展模式应该具有普遍意义，即能反映生活在各种社会文化背景下的儿童共同具有的发展过程。儿童的动作发展模式、语言获得模式、皮亚杰（J. Piaget）所描述的儿童思维发展阶段等，都是儿童心理发展的普遍模式。这里我们主要以儿童动作发展的普遍模式为例加以说明。

儿童动作的发展是在脑和神经中枢、神经、肌肉控制下进行的，因此动作的发展与其身体的发展、大脑和神经系统的发育密切相关。动作的发展遵循以下三个规律：

1. 从上到下。儿童最早发展的动作是头部动作，其次是躯干动作，最后是脚的动作。他最先学会抬头和转头，然后是翻身和坐，接着是使用臂和手，最后才学会腿和足的运动，能直立、行走、跑跳。任何一个儿童的动作发展总是沿着抬头—翻身—坐—爬—站—行走的方向成熟的。

2. 由近及远。儿童动作发展从身体中部开始，越接近躯干的部位，动作发展越早，而远离身体中心的肢端动作发展较迟。以上肢动作为例，上臂首先成熟，其次是肘、腕、手，手指动作发展最晚。

3. 由粗到细。儿童先学会大肌肉、大幅度的粗动作，在此基础上逐渐学会小肌肉的精细动作。例如，四五个月的婴儿想要拿面前的玩具时，往往不是用手，而是用手臂甚至整个身体，更谈不上用手指去拿玩具了。随着神经系统和肌肉的发育，加之儿童的自发性练习，动作逐渐分化，儿童能逐步控制身体各个部位小肌肉的动作。儿童用手握铅笔自如地一笔一画地写字，往往要到六七岁才能做到。

二、解释和测量个别差异

对心理发展普遍模式的描述，为我们提供了儿童心理成长的基本框架。而就每个个体而言，尽管心理发展遵循普遍的模式，但必须注意到发展的个体差异是巨大的：不仅发展的速度、最终达到的水平各不相同，而且各种心理过程和人格特征也不相同。

刚刚出生的孩子，就有明显的个体差异，心理学家认为，儿童是带着先天气质特征降临于世的，这些先天气质特征更多地受儿童神经系统活动类型的影响，也部分地反映了胎儿期受到的环境刺激状况。在儿童的智力发展领域，个体差异以不同的方式体现：有的儿童早慧，有的儿童天生有智力缺陷；有的儿童擅长言语方面的智力，有的儿童则在操作、推理方面具有优势。儿童更是体现出多姿多彩的人格特征：有的活泼、外向、热情、喜爱交往；有的沉稳、内向、不太合群。

儿童个体间的差异是如何形成的？这些差异怎样才能得到准确的评估？如何科学地解释儿童彼此之间的个体差异？儿童心理学要对这些问题作出恰如其分的解答。目前，儿童的气质特点可以通过母亲的观察与感受、气质量表来加以评估；智力测验是了解儿童智力发展的最可靠的工具，自 1905 年第一个智力测验量表问世以来，智力测验在儿童个体差异测量中运用最为广泛；通过纸笔测验、投射测验等手段，我们也能较好地了解儿童的人格特点。

三、揭示儿童心理发展的原因和机制

我们不仅要了解儿童心理发展的普遍模式和存在的个别差异，从本质上说，更需要揭示儿童心理发展的原因和机制，从而构建有关心理发展的理论体系。

皮亚杰对儿童思维发展机制的揭示大大丰富了我们对儿童思维本质的认识，他描述了不同年龄阶段儿童思维发展的本质差异：感知动作阶段的儿童，思维离不开动作的参与，动作是思维的来源与过程；前运算阶段的儿童，思维从动作思维向具体形象思维转化；具体运算阶段的儿童，获得了守恒概念，思维具备了运算的性质，但运算的对象只能停留在具体的对象上；形式运算阶段儿童思维的机制是可摆脱具体的事物而进行抽象的运演。而"内化与外化的双向建构"（同化与顺应）则是贯穿于整个思维发展过程并使思维发展水平出现量变与质变的内在原因和机制。

就儿童语言获得而言，争论的焦点在于：为什么儿童能在出生后的短短三、四年内，就能基本上掌握并运用本民族的语言？母语不同、语言环境不同，为什么儿童语言发展会经历如此相似的历程？围绕这些焦点问题，有人提出存在先天的语言获得机制，也有人强调模仿在儿童语言获得中的巨大作用。

可以说，对心理发展原因和机制的揭示，不仅有助于我们更好地遵循儿童心理发展的规律，也使我们对儿童心理发展的培养与干预具有了科学的依据。

四、探究环境对儿童心理发展的影响

决定心理发展的因素主要是遗传与环境。遗传的作用在孩子出生时就已经充分体现了，环境则在儿童成长过程中不断地施加影响。

儿童生活的环境各种各样，这些环境因素也被视为儿童行为的生态圈。在这些生态环境中，儿童接触时间最长、影响最大的几个因素分别是家庭、学校和社区。在儿童成长的不同阶段，这些生态环境对儿童的影响是不同的。就家庭而言，父母的养育方式、文化水平与职业状况、父母个性、亲子关系的质量、家庭类型（完整家庭还是单亲家庭）、家庭的物质生活条件等是对儿童发展产生影响的主要因素。学校中的师生关系、同伴关系、班级凝聚力、教师的教学与管理方式等，对不同的儿童会产生不同的影响。在社区环境方面，邻里关系、社区文化

娱乐设施、社区社会支持体系等是较为重要的环境变量。

就目前而言，受到普遍关注的环境因素主要有独生子女家庭的环境因素以及网络化社会这种全新的环境因素等。了解不同的生态环境对儿童发展的影响，既有助于揭示心理发展的原因和机制，更可以为营造儿童健康发展的生态环境提供科学的指导。

五、提出帮助与指导儿童发展的具体方法

总体而言，儿童心理学是一门理论密切结合实际的学问。理论的构建不仅仅是为了解释种种心理现象发生发展的过程与原因，更应该结合社会实际和儿童的需要来指导他们健康地发展。描述儿童心理发展的模式、测量和解释发展的个别差异、揭示儿童心理发展的原因和机制，以及探究不同的外在环境对心理发展的影响，其最终目的是为了帮助儿童顺利地度过每个发展阶段，帮助儿童解决发展中遇到的困难或暂时的障碍。例如，通过对儿童早期依恋现象的探讨，可以提出有助于儿童形成安全依恋的有效方法；通过对学龄初期儿童认知与行为特点的探讨，可以提出培养儿童注意力集中、行为自我控制的有效手段，从而减少儿童的多动行为。

第二节　儿童心理学的形成

心理学有着"悠久的过去，短暂的历史"，儿童心理学也不例外。自古以来，儿童多半被认为是成人的雏形，"只是比较小、比较弱、比较笨的成人，随着年龄的增长，变得强壮聪明起来，显露出身上确实始终存在的成人特征"。

一、早期的儿童观

在古希腊、古罗马社会，受到"人是自由的"哲学观点的影响，柏拉图（Plato）、亚里士多德（Aristotle）等人把儿童视做理性的动物、能动的主体。亚里士多德提出了"自由教育"的观点。它是以发展自身为目的的教育，一方面是要促进人的身体、情感和智慧的和谐发展，另一方面是要促进人的理性的充分发展。亚里士多德所强调的"自由教育"应该是非常广泛和广博的，所以希腊人发展了一种课程，即后世著名的七艺：文法、修辞、辩证法、算术、几何、天文、音乐。"自由教育"的思想内涵一直传承至古罗马时代，影响甚为久远。

与柏拉图、亚里士多德等人同时期的孔子提出从人性的角度看待儿童，他认为只要是有学习的愿望的儿童都应得到教育。孟子则对儿童的"性"进行了更多诠释，他认为"性"即指儿童的本性、天性，提出了儿童的"性善论"，认为帮助儿童"存善性，明人伦"便是教育目的。此后另有哲学家荀子提出儿童"性恶论"的观点，主张教化儿童便是去恶扬善的过程。虽与孟子的思想背道而

驰，但荀子仍是从人性角度看待儿童。中国古代的士大夫们也提倡培育儿童全面发展，从而衍生出"六艺"的课程，包括"礼、乐、射、御、书、数"六种技艺。

但是儿童的独立人格并不曾得到认同，在门第等级观念根深蒂固的古代中国和欧洲，儿童的命运取决于出身，若非贵族、士大夫之后，儿童便是封建领主的私有财产。而古代中国"君君臣臣，父父子子"的伦理观点，也使儿童处处受制于成人世界，儿童本性中天真、活泼的特性全然遭到忽视。

除哲学思想外，宗教观点在盛行时期更能折射当时的儿童观。《圣经》中有关儿童的观点可以从《旧约全书》和《新约全书》中得到反映。《旧约全书》中的观点是，儿童是被剥夺权利的、邪恶的人，他们生来就有原罪。对这些天生的罪人需要严加管制，以免他们变得更为邪恶。而《新约全书》中则提到，儿童天生是无罪的，是善良的，只要环境不影响他们的正常成长，他们长大就是好人。中世纪欧洲的基督教多信奉《旧约全书》中的儿童观，鞭打、虐待儿童的事件时有发生。

西方早期的儿童观也可以在艺术作品中得到很好的反映。儿童最早出现在绘画艺术中，大约在 12 世纪，那时画中的儿童不如说是"缩小了的成人"。13 世纪以后，艺术作品中的儿童如天使、圣婴耶稣、裸体小男孩普托（Putto）等开始像儿童了。但儿童在很大程度上只是作为成人社会的一个组成部分，被点缀在成人之间。

文艺复兴运动（公元 14 世纪到 17 世纪）的强有力冲击引起了社会结构和家庭观念的更替，"自由教育"的传统得到复兴，进而导致儿童观的变革。到 15 世纪末，出现了很多关心儿童利益与教育的趋向，印刷术的使用助长了这一趋势，有关儿童护理与教育的文字材料都流传开来。但由于文艺复兴的主旨在于恢复古希腊、古罗马的文化，因而针对儿童的教材多半是古典科目，教育方式也是强制的、较死板的。

新教改革后，由于新的中产阶级关于人的观念和伦理学意识的加强以及小家庭的逐步出现，尊重和保护儿童的趋势越来越明显。一直到 17 世纪以后，一种全新的儿童概念逐渐形成，人们开始注意到儿童甜美、纯洁、逗人喜爱的天性，把儿童作为有个性的人来了解和抚爱了。从此以后，养育健康而又有成就的孩子就成为父母最关心的事情。

二、科学儿童心理学的产生

科学儿童心理学的产生，除了与近代社会的发展、近代自然科学的发展密切相关外，有两大因素起了直接的推动作用。

（一）自然主义教育运动的影响

从 18 世纪后期到 19 世纪中期，随着社会观念的变化发展，越来越多的人认

识到尊重儿童、发展儿童天性的重要性，越来越重视利用儿童心理的特点与规律去教育儿童。

捷克教育家夸美纽斯（Johann Amos Comenius, 1592—1670）提出，教育必须贯彻适应自然的原则，所谓适应自然，包括两层含义：一是遵循自然界的"秩序"；二是依据人的自然本性和身心发展的规律进行教育。他把儿童从出生到成熟分为四个年龄阶段，并编写了第一本以儿童年龄特征为基础、系统讲述科学知识的书《世界图解》。此外，夸美纽斯还提出了一系列符合儿童特点并能促进儿童心理发展的教育与教学原则。夸美纽斯的儿童观对儿童心理学的产生具有重要的影响。

图1-1　夸美纽斯

英国哲学家洛克（John Locke，1632—1704）提出了"白板说"，认为人的心灵在出生时就如一块白板，一切知识和观念都是从后天的经验中获得的。洛克将父母描述为理性的家庭教师，他们能够通过认真的指导、有效的例证以及对优秀行为的奖赏等方式将儿童塑造为任何他们想要的样子。洛克推荐的育儿实践远远领先于他的时代，并为现在的研究所支持。例如，他建议父母不要借助金钱和糖果来奖励孩子，而是应当通过表扬和赞许来表示嘉奖。洛克还反对体罚，他认为："反复在学校里挨打的儿童，经历过恐惧和气愤，就不会重视书籍和教师。"洛克的哲学使人们对待儿童的方式由严厉转变为亲切和爱怜。在他看来，儿童心理发展的差异90%是由教育决定的。他强调要培养儿童的兴趣，发展儿童的独立能力，并认为良好习惯的培养应从很小的年龄就开始。

图1-2　洛克

法国思想家卢梭（Jean-Jacques Rousseau, 1712—1778）再次提出并强调了教育的自然适应性原则。在卢梭看来，"自然"一词主要是指一种事物保持其本来面貌与原始倾向，外界不强加干预的意思。涉及教育时，自然主要指儿童的天性。

卢梭认为，儿童是"高贵的野蛮人（noble savages）"，他们生来就被赋予了一种是非意识，并有一套可以使他们有序、健康成长的普遍进程表。他的儿童观集中体现在他的教育哲理小说

图1-3　卢梭

《爱弥尔：论教育》一书中。通过虚构的儿童爱弥尔从出生到成人的教育过程，卢梭系统地阐明了他的儿童心理学思想和教育观点。他认为，儿童虽然不是成人，但也不是成人的宠物和玩物。他首先是一个"人"，有自己的意识和情感的人。成人要尊重儿童，对儿童的教育要遵循"自然的法则"，应按照他们的本性，考虑他们的年龄特征。他根据自身对儿童发展进程的理解，将儿童的年龄特征分为四个阶段：1. 出生—2 岁，是身体发育较快的时期；2. 2—12 岁，是"理智睡眠"或外部感觉发展时期；3. 12—15 岁，是发展理智的时期；4. 15 岁—成年，为"激动和热情"时期，这时期主要应实施道德教育。卢梭关于儿童天性中包含自由、理性和善良因素的结论，以及他呼吁保护儿童纯真天性，让儿童个性充分发展的主张，在当时产生了巨大的影响。

意大利著名教育家蒙台梭利（Maria Montessori, 1870—1952）是蒙台梭利教育法的创始人。她的教育理念建立在对儿童的创造性潜力、儿童的学习动机及儿童作为一个个人的权利的信念的基础之上，视儿童为"具有潜在生命力"的个体。

图 1-4　蒙台梭利

蒙台梭利曾提出过颠覆传统的观点："儿童是成人之父，是现代人的教师。"她尊重儿童的情感和人格，提倡由孩子自己主动地去受教育。只有当儿童自己决定了学习的方向和速度时，他们才能学得最好。蒙台梭利教育法的直接目的是帮助儿童形成健全人格，主要内容包括个别教育与团体教育，前者通过区域活动进行，后者通过主题活动进行，两者相辅相成。教育方法以"有准备的环境"为核心，在蒙台梭利看来，儿童成长所需要的环境有别于成人世界，养育者应该在了解儿童身心发展特点的基础上给予他适合"潜在生命力"发展的环境。至于教师与儿童之间的关系，蒙台梭利认为应以儿童为主体，教师是儿童活动的观察者和指导者，要给予儿童最多的自由活动的权利，只在适当的时候指引儿童。蒙台梭利的儿童观和教育理念传播到了世界各地，对此后的儿童教育产生了深远的影响。

从总体上看，自然主义教育运动的盛行，一方面强调儿童的身心发展有其自然规律，教育应当顺应儿童的天性，应遵循和尊重这些规律而不是与其对抗；另一方面，对了解儿童心理提出了更高、更迫切的要求。

（二）进化论的影响

由拉马克（Jean-Baptiste de Lamarck）最初提出的进化论思想，经达尔文（Charles Robert Darwin）的系统科学研究，在他的一系列著作中得到了充分的体现。在《人类的由来和性选择》（1871）中，达尔文提出"人猿同祖"，并认为人与动物具有心理上的连续性；《人类和动物的表情》（1872）则进一步分析了

人类与动物表情上的共性和共同的发生根源。他提到："尽管人类和高等动物之间的心理差异是巨大的，然而这种差异只是程度上的，并非种类上的。我们已经看到，人类所自夸的感觉和直觉，各种感情和心理能力，如爱、记忆、注意、好奇、模仿、推理等，在低于人类的动物中都处于一种萌芽状态，有时甚至处于一种十分发达的萌芽状态。"达尔文不仅从种系演化的途径研究了人类心理的发生与发展，也从个体变化的途径研究了个体心理的发生与发展。他认为，通过对儿童的观察研究可以了解人类心理的发展，并揭示动物心理向人类心理的演变过程，儿童成了研究进化的最好的自然实验对象。达尔文根据长期观察自己孩子心理发展的记录而写就的《一个婴儿的传略》（1876），是儿童心理学领域早期的专题研究成果之一。

图1-5　达尔文

科学儿童心理学的产生，以1882年德国生理学家和心理学家普莱尔（William Thierry Preyer，1842—1897）的《儿童心理》一书的出版为标志。《儿童心理》是第一部科学、系统的儿童心理学著作，包括儿童感知的发展、儿童意志（或动作）的发展、儿童理智（或言语）的发展。在该书中，普莱尔通过对自己孩子从出生到3岁的系统观察与描述，肯定了儿童心理研究的可能性，并阐述了遗传、环境、教育在儿童心理发展中的

图1-6　普莱尔

作用。《儿童心理》的问世，给科学儿童心理学奠定了最初的基石，普莱尔也因此被誉为科学儿童心理学的奠基人。

继普莱尔之后，美国心理学家霍尔（Granville Stanley Hall）于20世纪初首次用问卷法对儿童青少年的行为、态度、兴趣等作了广泛、系统的调查研究，在西方社会掀起了一股"儿童研究运动"，对儿童发展心理学的学科发展起了极大的推动作用。此外，法国的心理学家比奈（Alfred Binet）首创的用智力量表进行个体差异鉴别，美国心理学家格塞尔（Arnold. L. Gesell）提出的婴幼儿发育常模，以及行为主义心理学的代表人物华生（John B. Watson）建立的儿童情绪的条件反射理论等，都对学科的形成与完善作出了贡献。

第三节　儿童心理发展的主要特点

发展是指个体随年龄的增长，在相应环境的作用下，整个反应活动不断得到改造，日趋完善、复杂化的过程，是一种体现在个体内部的连续而又稳定的变

化。发展变化从开始到成熟大致体现为：一是反应活动从混沌未分化向分化、专门化演变；二是反应活动从不随意性、被动性向随意性、主动性演变；三是从认识客体的外部现象向认识事物的内部本质演变；四是对周围事物的态度从不稳定向稳定演变。

发展首先是一系列的变化，但并非所有的变化都可称为发展：只有那些有顺序的、不可逆的，且能保持相当长时间的变化才属于发展。例如，暂时的情绪波动以及思想和行为的短暂变化就不包括在发展之内。发展通常使个体产生更有适应性、更具组织性、更高效和更为复杂的行为。概括起来，发展具有以下一些鲜明的特点。

一、连续性与阶段性

心理的发展变化是连续的，还是分阶段的？发展心理学家们存在着争议。强调发展是由外部环境所决定的心理学家，认定发展只有量的累积，即发展是一小步一小步渐进的，不存在什么阶段；强调发展主要由内部成熟或遗传所决定的心理学家，更倾向于发展是有阶段的，是跳跃式地以产生新的行为模式的形式展开的。目前较为综合的看法是，心理发展既体现出量的积累，又表现出质的飞跃。当某些代表新质要素的量积累到一定程度时，就会导致质的飞跃，也即表现为发展的阶段性。

二、方向性和不可逆性

正常情况下，心理发展具有一定的方向性和先后顺序，既不能逾越，也不会逆向发展。例如，个体动作的发展，就遵循自上而下、由躯体中心向外围、从粗动作到细动作的发展规律。此外，儿童体内各大系统成熟的顺序是：神经系统、运动系统、生殖系统；大脑各区成熟的顺序是：枕叶、颞叶、顶叶、额叶；脑细胞发育的顺序是：轴突、树突、轴突的髓鞘化。这种方向性和不可逆性在某种程度上体现出基因型在环境的影响下不断把遗传程序编制显现出来的过程。

三、不平衡性

个体从出生到成熟并不总是按相同的速度直线发展的，而是体现出多元化的模式，表现在：不同系统的发展速度、起始时间、达到的成熟水平不同；同一机能系统特性在发展的不同时期（年龄阶段）有不同的发展速率。从总体发展来看，幼儿期出现第一个加速发展期，然后是儿童期的平稳发展，到了青春发育期又出现第二个加速期，然后再是平稳地发展，到了老年期开始出现下降。

四、个别差异

尽管一个正常儿童的发展总是要经历一些共同的基本阶段，但发展的个体差

异仍然非常明显，每个人的发展优势（方向）、发展的速度、高度（达到的水平）往往是千差万别的。例如，有的人观察能力强，有的人记性好；有的人爱动，有的人喜静；有的人善于理性思维，有的人长于形象思维；有的人早慧，有的人则开窍较晚。正是由于这些差别，才构成了多姿多彩的人类世界。

五、关键期

奥地利动物习性学家洛伦兹（K. Z. Lorenz）在研究小鸭和小鹅的习性时发现，它们通常将出生后第一眼看到的对象当做自己的母亲，并对其产生偏好和追随反应，这种现象叫"母亲印刻（imprinting）"。心理学家将"母亲印刻"发生的时期称为动物辨认母亲的关键期（critical period）。关键期的最基本特征是，它只发生在生命中一个固定的短暂时期。例如，小鸭的追随行为典型地出现在出生后的24小时内，超过这一时间，"母亲印刻"现象就不再明显。

人类的胎儿在胚胎期（2—8周）是机体各系统与器官迅速发育成长的时期，若受到外界不良刺激的影响，相比较于个体成长的任何其他时期，最易造成先天缺陷。

心理学家所运用的关键期是指，人或动物的某些行为与能力的发展有一定的时间，如在此时给以适当的良性刺激，会促使其行为与能力得到更好的发展；反之，则会阻碍发展甚至导致行为与能力的缺失。有四个领域的研究可以证实关键期的存在：鸟类的印刻、恒河猴的社会性发展、人类语言的习得以及哺乳动物的双眼视觉。

一般而言，运用关键期这一概念，通常意味着缺失了关键期内的有效刺激，往往会导致认知能力、语言能力、社会交往能力低下，且难以通过教育与训练得到改进。有研究者认为，关键期的缺失对人类发展所造成的负面影响，通常在极端的情况下才难以弥补，对人类大部分心理功能而言，也许用敏感期（sensitive period）这样的概念更为合适。各种心理功能成长与发展的敏感期不同，在敏感期内，个体比较容易接受某些刺激的影响，比较容易进行某些形式的学习。在这个时期以后，这种心理功能产生和发展的可能性依然存在，只是可能性比较小，形成和发展比较困难。例如，运动技能的学习关键期在10岁左右结束，如果一个人在此之前学习一种乐器，那么他经过较少的练习就能够演奏这种乐器，并且很容易保持这种技能。然而，如果一个人在10岁以后学习乐器，他仍然可能成为出色的演奏家，只是他必须进行更多的练习，付出更大的代价，即所谓"事倍功半"。

专栏1.1 "狼孩"

印度发现的"狼孩"，是关键期缺失的典型事例。1920年，美国牧师辛格在

印度发现两个"狼孩"，小的两岁，不久就死去了；大的约八岁，取名卡玛拉。这两个"狼孩"被从狼窝里救出来的时候，她们的行为习惯和狼一样，白天睡觉，夜晚嚎叫，爬着走路，用手抓食。她们怕水、怕火，从不洗澡。在辛格的悉心照料和教育下，卡玛拉花了两年时间才学会站立，四年学会6个单词，六年学会直立行走，七年学会45个单词，并学会了用碗吃饭和用杯子喝水，到卡玛拉17岁去世时，她的智力仅仅相当于4岁儿童的发展水平。

六、心理年龄特征

个体的心理年龄特征是指在发展的各个阶段中形成的一般的（具有普遍性）、本质的（具有一定的性质）、典型的（具有代表性）心理特征。毫无疑问，一切发展都是和时间相联系的，心理年龄特征和个体的实际年龄、生理年龄有关。但与此同时，心理年龄特征并不意味着每个年龄都有相应的年龄特征。在一定的条件下，发展的心理年龄特征具有相对稳定性；随着社会生活和教育条件等环境的改变，也有一定程度的可变性。"成熟期前倾"就典型地反映了由于物质生活条件的改善，青少年生理发育普遍提前，与此相应的心理年龄特征也提早出现。

依据心理发展的年龄特征，可以对发展的阶段进行划分。研究者根据不同的发展维度来看待人生的发展阶段，如达维多夫和艾利康宁（V. V. Davidov & D. V. Eliconing）以儿童的活动特点来划分个体发展的早期阶段，皮亚杰以智慧发展的不同类型来区分个体发展的阶段等。

不论以何种标准来进行划分，发展的心理年龄特征总有相当的整体结构性，表现在个体成长过程中主导的生活事件和活动形式上、智力与人格发展等方面的特点上，而不是表现为一些无关特征的并列和混合。

第四节　儿童心理学的基本研究方法

研究方法是旨在达到研究目的的手段。心理学的研究通常要达到以下一些目的：1. 描述，对所要研究问题的表象予以翔实的陈述或记录，作为进一步研究的基础；2. 解释，根据研究资料分析发现各因素间的相关关系或因果关系，借以解释问题表象背后的真相；3. 预测，根据对问题原因的相关关系或因果关系的了解，预测将来在同类情境下问题重复发生的可能性；4. 控制，根据描述、解释与预测所掌握到的问题性质，对造成问题的因素加以控制，使同类问题不再发生；5. 应用，将研究结果或研究方法扩大应用于其他方面，或用以解决生活中的实际问题。

儿童发展心理学的基本研究方法包括观察法、调查法、测验法、评估法、临床法、心理生理法等几种。

一、观察法

心理与行为通常表现为可观察到的活动。在个体的成长发展过程中，研究者利用感觉器官，或借助于其他仪器设备，有目的、有计划地对被观察者的外部行为进行考查，从而探究其心理与行为发展的规律，这种方法就称为观察法。观察可以在自然情境中进行，通过对儿童青少年的行为作直接的观察与记录，从而获得有关行为变化的规律，属于自然观察法；如果观察是在预先设置的情境中进行，则为控制观察法。

运用观察法进行儿童心理发展的研究，要处理好三方面的问题。首先，在"单盲"情况下，观察的效果才较为客观可靠。通常的做法是，为了避免被观察者受到干扰，从而有意识地做出或是回避某种行为，研究者往往在实验室设置单向玻璃观察墙，观察者在玻璃墙的一侧，借助于单向玻璃可观察到另一侧儿童的活动，而被观察者并不知道有人在观察自己。其次，要避免观察者的偏见，即观察要客观、真实，观察者不应受儿童其他心理特征的影响。再次，事先准备观察单（checklist），并及时作好记录。例如，研究者要比较离异家庭与正常家庭儿童的攻击行为的差异，首先要建立攻击行为的分类系统和程度等级表，并界定出记录方法。攻击行为可分为"言语攻击"和"行动攻击"两类，"言语攻击"又可分为"骂人"、"讽刺挖苦"等，"行动攻击"又可分为"推人"、"打人"等，并对攻击的严重性定出等级。这样的观察记录，既不会遗漏相关的攻击行为，也有助于探究与攻击行为有关的环境因素。

观察法的主要优点是被观察者在自然条件下的行为反应真实自然，且研究者的操作简便易行。其主要缺点是观察资料的质量容易受观察者能力和其他心理因素的影响，而且，它只能有助于研究者了解事实现象，而不能解释其原因是什么，即只能回答"是什么"的问题，不能回答"为什么"的问题。同时，研究人员只能被动地等待心理行为的发生，而不能主动地控制其发生。因此，观察法常常被用做发现问题的一种前期研究方法。

专栏 1.2　观察法重新受到重视

随着实验室实验和测量法的兴起，观察法曾长时间受到冷落。但是，近年来由于实验室实验固有的缺陷日益明显，加之习性学理论影响的不断扩大，观察法又重新受到人们的重视，并被大量运用。观察法重新受到重视的原因有五（张文新，1999）：

1. 由于观察法可以提供儿童日常生活中的行为情况，所以它回击了对心理学研究描述性不强的批评。

2. 观察法具有较高的生态效度。

3. 观察法避免了实验室实验中实验变量的操纵可能遇到的伦理问题。

4. 现代化电子技术为观察法的使用提供了新的手段，如录像带可以重播、慢放，可以对被观察的行为事件进行仔细、准确的编码分析等。

5. 新的统计方法使研究者能够对观察所获的数据作出因果推断。

二、调查法

调查法是指从某一总体中按照一定的规则抽取特定的样本，收集这些研究对象的相关资料，进而通过对样本的分析研究来推论总体情况的研究方法。调查可采用两种不同方式进行。

一种方式是问卷调查，也称问卷法（questionnaire method），由研究人员事先拟好问卷，被调查者在问卷上回答问题。

调查问卷通常由两部分构成。一部分是有关个人资料的问题，即个人属性变量，其中的项目一般包括性别、年龄、教育、职业等。为了避免由于署名所造成的调查结果的欠真实性，许多调查采用了匿名的做法，项目的具体名称和数量也根据研究目的而确定。另一部分是所要填写的问题，答题方式通常有判断、选择、简答等，被调查者在各个问题上的回答就是其反应变量。对低年龄儿童所进行的调查，由于儿童文字理解和书写方面的局限，经常是由父母或教师来填写的，如儿童行为评定量表。调查研究的主要目的之一就是分析被研究者的属性变量与反应变量之间的关系，即不同性别、年龄、教育程度、职业等的各类人员对问卷中所涉及的问题，是否存在态度上的显著差异。

调查法的优点是能够收集到大量的资料，使用方便，并且效率高，故而被广泛应用于发展与教育心理学、社会心理学的研究中。调查法的缺点是研究结果难以排除某些主客观因素的干扰，为了进行科学的调查，得出恰当的解释，必须有经过预先检验过的问卷和受过培训的调查者，有能够反映总体的样本，还要采用正确的资料分析方法。调查法与观察法一样，只能有助于了解事实现象是什么，不能解释为什么，因此，还需要采用其他方法（如实验法）来弥补其不足。

另一种方式是访谈调查，也称访谈法（interview method），由调查者对被调查者进行面对面的提问，然后随时记录被调查者的回答或反应。

访谈法有两个主要的优点。其一，它允许受访者以尽可能接近于他们日常生活思维的方式来展现自己的想法。其二，访谈法可以在相当短的时间内提供大量的信息。例如，在一个小时内，我们就能从一位儿童的父母那里获得广泛的育儿信息——这要比我们在相同的时间内观察所得的信息多得多。

访谈的主要问题在于人们对自身想法、情感和经历的报告可能是不准确的。有的儿童可能会编造答案以取悦访谈者。当被问及过去事件的时候，儿童也可能难以精确地回忆起曾经发生的事情。并且由于访谈依赖于言辞能力和表达能力，因此它可能会低估言语能力较差的那些个体的能力。

三、测验法

测验法是指采用一套标准化的测验题目，按规定的程序，对个体心理的某一方面进行测量，然后将测量结果与常模作比较，对心理发展水平或特点作出评定或诊断的研究方法。现有的儿童心理测验包括动作技能测验、智力测验、语言能力测验、个性测验等。测验大多采用纸笔方法，也有一些采用投射方法，或借助于计算机进行测验。一般而言，使用测验法研究儿童心理发展的有效性和可靠性取决于测验本身的科学性，以及测验者运用测验工具的规范性及其解释。

四、评估法

评估的主要目的在于鉴别存在风险的目标人群中有关发展的重要特征。评估法适用于从新生儿到老年人的所有人生阶段。例如，可以借助新生儿行为评估表（Neonatal Behavioral Assessment Scale，NBAS）来评估新生儿的健康状况如何；运用陌生情境测验，评估婴儿的依恋状况；或者是使用智力量表，评估来自贫困家庭的儿童可能的认知发展延迟。这样的评价方式，首先可以使研究者了解被评估者的发展现状，更重要的是，还可以对将来的发展进行预测。

评估与测验不同的地方在于，尽管有时也通过测验的方式来进行评估，但测验更强调标准化的实施，评估则具有相对的灵活性。一方面，被评估的对象是主导；另一方面，由于种种原因，特别是评估对象年龄偏小、被评估时并不能做到完全配合等，需要评估人员在许可的范围内，作出一些即时的、适当的调整。从这个意义上来说，评估工作需由受过良好训练的人员来实施，而且评估人员需要具备临场判断的能力。对一般的目标人群而言，如果被评估为处于某种发展的高危状态，一定的教育、政策改变、干预等措施，可以降低这些高危状况最终可能导致的风险。

五、临床法

临床法（clinical method）又称诊断法，由著名儿童心理学家皮亚杰所倡导。临床法实际上是自然主义的观察、测验和精神病学的临床诊断法的综合运用，包括对儿童的观察、谈话与儿童的实物操作三个部分。通过对这三方面材料的分析和综合，可以了解儿童思维发展的规律。皮亚杰在研究儿童思维的特点时，更着意于了解儿童对问题的错误回答。正是借助于临床法，皮亚杰发现了儿童思维的质的特点。这种方法要求事先确定与儿童交流的目的、内容，然后与儿童进行面对面的交谈，并强调研究者本身敏锐的观察力以及在向儿童提问或布置情境时的主动性。可以说，临床法发展了标准智力测验和精神分析交谈的优点，避免了上述方法的不足，在儿童认知发展和应用领域，发挥着越来越重要的作用。

六、心理生理法

随着科学技术的发展，心理生理法（psychophysiological method）为心理学研究者试图揭示认知和情感反应的生理基础奠定了基础。心理生理法旨在测量生理过程与行为之间的关系，探明哪些中枢神经系统结构对发展和个体差异有所影响，并有助于研究者鉴别出那些不能清楚报告内部体验的婴幼儿的心理经验。

自主神经系统的不随意活动（心率、血压、呼吸、瞳孔扩张和应激激素水平的变化）对心理状态极度敏感。譬如，心率可以用来推断婴儿是在茫然地望着一个刺激物（心率稳定），还是在加工信息（心率降低），抑或是在忧虑紧张（心率增加）。同时，心率的变化也与兴趣、气愤和悲伤等情绪相关，自主神经的活动模式也与害羞、社交性等气质问题相关联。

脑功能测量的引入丰富了自主神经活动的指标。研究者使用脑电图（electro-encephalogram，EEG），将电极固定在被试的头皮上并以此来记录大脑的电活动。从深度睡眠到觉醒，不同的唤醒状态均与 EEG 脑电波相联系，这使研究者可以了解到唤醒状态随年龄而发生的变化。儿童高兴或悲伤的情绪状态变化也会对 EEG 模式造成不同的影响。借助于事件相关电位（event-related potentials，ERP），可以分析与特定事件相伴的特定脑电波。例如，当一个在说英语的家庭中成长的三个月大的婴儿听到英语、意大利语和荷兰语时会表现出不同的脑电波模式，这既说明婴儿能够区分这三种语言，同时也表明不同的语言会牵涉不同的脑区（Shafer, Shucard & Jaeger, 1999）。

功能性脑成像技术（functional brain-imaging techniques）能够产生脑活动的三维图像，提供某些能力的特定脑区的精确信息。功能性磁共振脑成像（functional magnetic resonance imaging，fMRI）是一种最好的心理生理学方法，在使用时，研究者会给儿童呈现一个刺激，然后通过电磁侦测到大脑血液的变化，并产生激活脑区的计算机成像。近来，fMRI 已经被用来研究有严重学习与情绪问题儿童的脑组织和脑功能随年龄发生的变化（Pine, 2001；Rivkin, 2000）。

第五节　儿童心理学的常用研究设计

在选择研究设计时，研究者会挑选那些最有可能保证其假设得到验证的方式来开展一项研究。在有关人类行为及其发展的研究中，主要的设计方法有两种：相关设计和实验设计。在儿童心理学研究中，除了这两种设计方法外，还有横断设计、纵向设计、微观发生设计和跨文化研究。

一、相关设计

在相关设计（correlational design）中，研究者一般会在自然生活环境中收集个体的信息，而不会去花费力气改变个体的经验。随后，他们会考虑被试的特点

与其行为或发展之间的关系。设想一下，如果我们希望回答一些这样的问题：父母与子女间互动的风格与孩子的智力是否有一定的关联？进入托儿所是否会促进儿童与其同伴之间的友谊？对儿童的虐待和忽视怎样影响儿童对自身以及对他们与同伴之间关系的感受？在这样一些情况下，研究者所感兴趣的情境是难以或者不能被安排和控制的，他们必须以现存的环境来开展研究。

在相关研究设计中，研究者常常会使用相关系数（correlation coefficient）来描述两种测量或变量之间的相互关联程度。相关系数的取值在 +1.00 到 -1.00 之间。数字大小表明了关系的强度差异。零相关表示没有关系，而数值越接近于 +1.00 或 -1.00，就表示关系越强。举例而言，-0.78 的相关是高相关，-0.52 是中相关，而 -0.18 则是低相关。需要注意的是，+0.52 与 -0.52 的相关强度是一样的。数字的符号代表关系的方向（direction of the relationship）。正号（+）意味着当一个变量的取值增加时，另一个变量的取值也会增加。而负号（-）则说明当一个变量的取值增加时，另一个变量的取值会减少。

相关研究有一个主要的缺点，就是它不允许我们进行因果推断。比如说，倘若研究发现随着父母放任的增加，儿童自我控制力下降。这是否说明由于父母放任的增加，从而导致了儿童自我控制力的下降？图 1-7 显示了这一相关的几种可能解释。第一种可能，的确是父母的放任型养育导致了儿童自我控制力缺乏。第二种可能是情况恰好相反，即由于儿童因自我控制力缺乏而难以教养，导致了父母的放任型养育。当然还有一种可能的原因则是，二者都是由其他如基因倾向、贫困和社会历史环境等因素共同导致的。

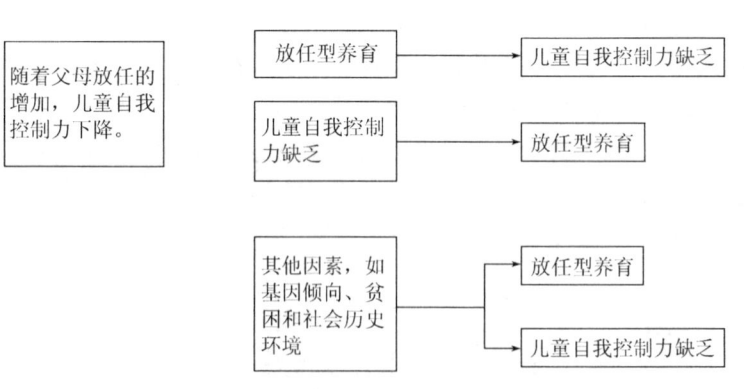

图 1-7　相关数据的可能解释

二、实验设计

由上可见，要真正探究事件一和事件二之间的因果关系，最好是采用有变量控制的实验设计。实验设计是在控制的条件下系统地操纵某种变量的变化，来研

究这种变量的变化对其他变量所产生的影响。由实验者操纵变化的变量即自变量（independent variable），或称实验变量（experimental variable），由自变量引起的某种特定反应即因变量（dependent variable）。换言之，自变量是调查者期望它能够引起另一个变量变化的变量，而因变量是调查者期望它能受自变量影响的变量。实验需要在控制的条件下进行，其目的在于排除自变量以外的一切可能影响实验结果的无关变量（irrelevant variable）。为了控制无关变量，实验者必须设立实验组和控制组，并使两个组除了在自变量的变化上存在差异外，其他各个方面的条件大致相同。在实验中，实验者系统地操纵自变量，客观地观测这两组的反应（即因变量）是否有差异，以确定因变量受自变量影响的情况，从而探究自变量与因变量之间的因果关系。

因此，实验法不仅能够有助于研究者揭示"是什么"的问题，而且能进一步探究问题的根源"为什么"。一旦揭示了变量之间的因果关系，以后对同类现象进行处理时，就可以根据其刺激预测结果，根据其结果也可了解原因，甚至可以人为地设计某些刺激，以得到所希望的结果。所以，通过实验法可以实现心理学描述、解释、预测及控制行为等科学研究的目的。

实验法可分为实验室实验和现场实验。实验室实验（laboratory experiment）是在严密控制实验条件下借助一定仪器所进行的实验。实验室实验的最大优点是对无关变量进行了严格控制，对自变量和因变量作了精确测定，精确度高。其主要缺点是研究情境是人为设计的，容易脱离实际情境，因而难以将结论推广到日常生活中去。

现场实验（field experiment）是在家庭、学校、工厂等实际生活情境中对实验条件作适当控制所进行的实验。例如，要研究发现教学法对初中二年级学生物理成绩的影响，实验者在一个班进行发现法教学，在另一个对等的班进行平常的教学，之后对两个班的物理成绩进行比较分析，就可以找到教学法与学习效果之间的因果关系。现场实验的优点是把心理学研究与日常工作结合起来，研究的问题来自现实，具有直接的实践意义。其缺点是容易受无关因素的影响，不容易严密控制实验条件。

三、横断设计

对儿童发展感兴趣的科学家，尤其需要考查一些与被试年龄变化有关的信息。为了回答有关发展的问题，研究者必须对相关实验方法加以扩展，纳入能够在不同年龄均可实施的测量。而纵向设计和横断设计就是特殊的发展研究策略。在纵向设计与横断设计中，年龄比较都构成了研究设计的基础。

横断设计（cross-sectional design）又称横断研究，是指在同一时间内，对不同年龄组被试进行观察、测量或实验，以探究其心理发展规律或特点的研究

设计。

横断研究最突出的优点是可以在短时间内收集到较多的资料，有助于描述心理发展的规律与趋势；此外，样本也易选取与控制。因此这种设计成本低，省时省力，见效快，目前发展心理学的研究多采用这一设计。其不足在于，由于被试的取样是几个年龄点，带有人为拼凑的性质，故不足以确切地反映出个体心理发展的连续性和转折点。依据横断研究所描绘出的心理发展曲线有可能受到"出生组效应"（cohort effect，也称世代效应）的影响，即不同世代群体由于所处社会文化、历史条件和遭遇历史事件的不同而表现出心理发展上有差异的现象。例如，如果测量青少年、成年人、老年人对摇滚音乐的兴趣，可能会得到这样的结论：兴趣随年龄增长而减弱。但事实上，这更可能与不同的社会时代对音乐的兴趣变化有关。还有一个典型的例子就是，利用横断研究得出的数据表明，60岁以后智力大幅度下降。那么，这种下降是年龄发展本身引起的呢，还是由于老年组被试的受教育程度不及年轻被试引起的呢？这就需要作进一步的深入分析。此外，横断研究还不能说明发展的因果关系，如无法解释早期经验对后期心理发展的影响。

四、纵向设计

纵向设计（longitudinal design）又称追踪研究，是指在较长的时间内对同一群被试进行定期的观察、测量或实验，以探究心理发展的规律或特点。例如，为了考查智力的成长过程，美国心理学家推孟（L. M. Terman）从1921年开始对1 528名超常儿童进行追踪研究，积累了这些被试从童年到老年的智力发展资料。

纵向设计研究的跨度可以相对较短（几个月到几年），也可以很长（十年或者整个一生的时间）。纵向研究的特点是，通过长期的追踪研究，可以获得心理发展连续性与阶段性的资料，从而系统、详尽地了解量变与质变的规律。由于它追踪每个被试随时间流逝而表现出的行为，因此研究者可以鉴别出发展的一般模式及个体的差异。纵向研究还有助于探明早期发展与未来心理发展的联系，对了解发展的原因与机制十分有益。这些都是横断研究无法达到的。

尽管纵向研究有其自身的优点，然而它也招致了一些问题。比如说，被试可能会离开或因搬迁、厌烦等其他原因而放弃，这往往会导致有偏样本（biased samples），它不再能够代表研究者希望将其调查发现加以推广的人员。另外，历经重复研究，研究的对象可能会变得具有"应试智慧"，产生练习效应（practice effects），从而在研究中有更佳的表现，但这却不是由发展本身所导致的。此外，纵向研究也体现出周期长、费用大的不足。

专栏 1.3 媒体暴力与社会行为：基于不同研究设计的结论

有关媒体对儿童心理发展的影响，引发了研究者们的普遍关注。安德森等

（Anderson & Bushman, 2002）总结了运用不同研究设计得出的有关媒体暴力与儿童攻击行为的研究结果（见图1-8）。

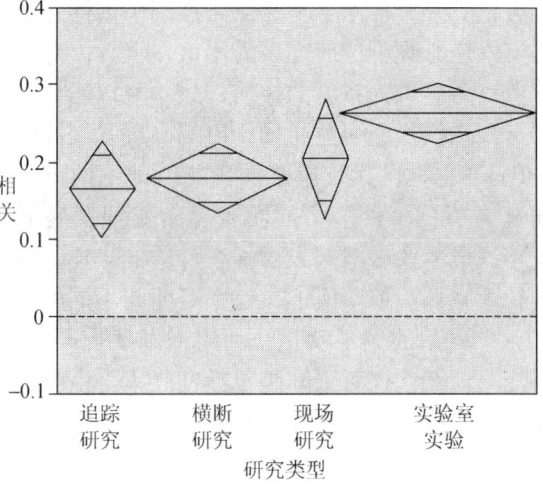

图1-8 基于不同研究设计的媒体暴力与儿童攻击行为

图中，菱型的宽度代表研究项目数的比例。46项纵向研究涵盖4 975名被试，86项横断研究包括37 341名被试，28项现场研究有1 976名被试，124项实验室实验涉及7 305名被试。菱形的居中粗线代表主效应值。

五、微观发生设计

微观发生设计（microgenetic design）是纵向研究的一种变式。该方法的主要特点是，给儿童呈现一项新任务，并在一连串间隔紧密的时间段中观察儿童从开始学习到稳定掌握该任务的情况。在这一"微观世界"的发展中，研究者可以精确地观察到变化是如何发生的。这种方法对研究认知发展特别有益，如研究者可以考查儿童在获得阅读、数学和自然科学等方面的知识时所使用的策略。

微观发生设计的三个关键特征是：1. 观察跨越从变化开始到相对稳定的整个时期；2. 观察的密度与现象的变化率高度一致；3. 研究设计对观察行为进行精细的反复实验分析，以推测产生质变和量变的过程（Siegler & Crowley, 1991）。

新近的一项微观发生研究考查了幼儿错误信念理解与抑制技能出现的先后关系（Flynn et al, 2004）。研究者以21名均龄为3岁半的幼儿为被试，每四周重复进行2项错误信念理解任务和2项执行控制任务。所有参加正式实验的被试在第一阶段的测查中均未能通过所有错误信念理解任务和执行控制任务，即尚未获得心理理论和抑制技能。研究结果表明，大部分儿童在很好地理解错误信念之前都能在一项执行控制测验上有很好的表现。可以认为，当儿童在完成错误信念任务

时，需要抑制现实的、具有优势的关于物体当前位置和当前形态的表征（参见第四章第四节）。因此结果支持执行控制是心理理论发展的必要条件这样的观点，而不是心理理论的发展促进了自我控制。

不过，微观发生设计在实施过程中有许多困难。研究者必须专心地研究若干小时的录像，多次分析被试的每个行为。另外，儿童变化所需的时间是难以预测的，它取决于儿童的能力与任务要求之间细致的匹配；而练习效应也会歪曲微观发生设计的研究结果。

六、跨文化研究

跨文化研究（cross-cultural study）的兴起源于两方面的原因。首先，随着社会的发展，人类的交往越来越频繁。来自不同地区和文化背景的人们之间的交往，使心理学家日益迫切地感到，需要研究不同社会文化环境中人们的心理过程和特点有何异同，以便增进人与人之间的相互理解。其次，心理学的研究是通过对样本的考查来对普遍结论进行推断的，但样本是否具有足够的代表性，一直受到人们的质疑。例如，格雷厄姆（Grahm，1992）曾采用内容分析法分析1992年前美国心理学会所发行的6种重要期刊中1 500篇论文的研究对象，发现前5年的被试中白人占96%，后5年的被试中白人占98%。只根据对白人研究的结果，自然未必都能推论解释其他人种的心理特质。

跨文化研究正是在这样的背景下得以蓬勃发展。跨文化研究亦称交叉文化研究，在儿童发展心理学领域，是指通过对不同社会文化背景的儿童进行研究，以探讨儿童心理发展的普遍规律及不同的社会文化条件对儿童心理发展的影响。跨文化研究始于人类学，并逐渐成为行为和社会研究的重要方法之一。

心理学研究中，一般将社会文化视为恒常条件，研究其中个人或群体行为的差异；而跨文化研究则将同一文化背景中个人与群体行为的差异当做恒常，将文化模式当做变因，以研究不同文化中群体的心理与行为差异，考查文化因素对儿童心理发展的影响，从而明确人类心理与行为发展变化的文化普适性和差异性。因此，跨文化研究的最突出意义是有助于检验、修正并完善有关心理发展的理论。

跨文化研究的实质是进行文化间的比较。这就要求从不同文化中收集到的数据资料及其处理方法具有文化等值性。马尔帕斯（Malpass，1986）等曾区分出三种文化等值性：一是机能等值，指不同文化背景下的个体对同一问题作出反应时产生的行为表现出基本相同的心理机能；二是概念等值，指不同文化背景下的个体对特定刺激物的意义有共同的理解；三是测量等值，即从不同的文化中收集数据资料的心理测量方式具有可比较性。齐茨和方富熹（1991）进一步认为，研究对象的对等性、研究对象分类系统的机能对等性、样本的可比性、测验和作业

■ 儿童心理学

任务的可比性、程序的可比性、动机的可比性、言语的可比性等，都是跨文化研究中必须注意到的问题。

专栏 1.4 青少年的"狂飙期"问题

传统上，青少年期一直被视为"狂飙期"，那么，"狂飙期"是否就是青少年的普遍心理特点呢？美国著名人类学家米德（M. Mead）在 1939 年出版的著作《萨摩亚人的青春期生活》中提出了一个非常有意思的问题："引起我们的少男少女烦闷的困惑，是由于青春期本身还是文明？"

米德为什么会提出这样的问题？正如我们已经注意到的，青春期是情绪冲突和反抗权威的时期，那么这种情形仅仅是由于怀春时期所发生的生理变化使然，还是由于社会中的某些因素所造成的呢？

为了回答这个问题，米德在萨摩亚岛住了九个月，在三个毗邻的小村子里研究了五十个少女。使米德感到惊奇的是，对萨摩亚的少女而言，青春期并不是一段困难的时期。这在一定程度上是源于萨摩亚社会的宁静淡泊。

根据米德所述，萨摩亚人对周围事物缺乏深刻感受，也不会将整个情感或情绪完全投注进去。儿童在一个多成年人的环境中成长，他们与其他人的感情关系分散而且相当淡薄。婚前性行为是不足为奇的。她们很早就了解生命的事实——出生、性与死亡，而且并不神秘地加以限制。此外，萨摩亚人的生活并不具有美国社会的多样选择性，因此萨摩亚的青年男女并没有紧张情绪冲突或抗拒等特征。所以米德认为，美国青年男女所具备的特征，应该根源于西方世界的社会制度与传统。

看来，青春期的某些心理特征未必完全就是年龄特征的产物，社会的飞速发展与价值多元为青春期的动荡不安埋下了深深的伏笔。米德据此认为，"狂飙期"并非是青少年的典型年龄特征，我们文化中的价值多元和选择性造成了工业社会中青少年成长中的无所适从。

从 20 世纪 70 年代末开始，我国发展心理学家对不同民族的儿童进行了长期系统的关于皮亚杰认知发展理论的跨文化研究。研究人员以皮亚杰学派的认知作业任务如数概念、守恒、序列、类包含、分类、比例等测查儿童，以探讨儿童认知发展的一般规律和不同文化环境中儿童认知表现上的差异。大量研究表明，儿童认知发展呈阶段性，并且阶段的顺序是不变的；儿童在完成各种守恒任务时经过不同的发展水平，儿童给出的解释理由类型也显示出一定的顺序性；具体运算阶段各项守恒实验通过的顺序在不同地区和不同民族中大体是一致的。这为皮亚杰理论的文化普适性提供了有力的事实依据（方富熹，1997）。

近年来的研究表明，个人主义或集体主义是决定个体的行为与价值观念的两

种基本不同的文化变量，来自个人主义文化背景的个体表现出个人主义的价值和
行为，而来自集体主义文化背景的个体则表现出集体主义的价值和行为。研究者
感兴趣的是，这两种不同的文化变量如何对儿童个体心理机能的发展产生不同的
影响。有关这方面的研究越来越多。

第六节　儿童心理研究中的伦理道德

儿童心理学的研究对象和参与对象是未成年人，这就更要求强调研究中的伦
理道德原则。美国儿童发展研究会（Society for Research in Child Development）于
1990 年颁布了儿童研究的伦理标准，具有很强的参照意义。其主要内容包括以
下几个方面。

一、避免伤害

儿童在研究中有免受身体或心理伤害的权利，研究者不应该使用可能对儿童
身心造成伤害的研究操作。如果对研究的有害影响存有疑虑，研究者应当征求其
他人的意见。如果可能存在伤害，那么研究者应当寻找其他方式获取所需信息或
者放弃研究。

在心理学的研究中，研究对象出现心理伤害的可能性显然要大于身体方面的
伤害。然而，心理伤害比身体伤害难以判断，因为它看起来模糊不清。可能会导
致心理伤害的一些实验操作包括使参与者产生消极情绪或消极自我形象的操作。
当然，要避免心理伤害并不意味着研究对象在整个研究过程中就不能体验到任何
不愉快的事情。

二、知情同意

包括儿童在内的所有被试，有权以适合于他们理解水平的语言，获得所有可
能会影响他们参与意愿的针对研究问题的解释。由于儿童的认知能力所限，他们
对研究的目的、意义，以及对自身的影响尚难完整把握，因此，当儿童作为被试
时，应当获得其父母和能够代表儿童利益的其他人（如学校领导）的知情同意，
而且最好是书面的同意。儿童和代表他们利益的成人有权利在任何时间终止参与
研究。

三、保护隐私

在研究过程中，儿童有权隐瞒所有能鉴别他们身份的信息。他们的这一权利
同样也适用于书面报告和任何对研究的非正式讨论。保护隐私涵盖数据收集以及
论文发表这两个阶段。

四、告知结果

儿童有权以适合于他们理解水平的语言来获悉研究的结果。此外，由于在告知结果时，研究者的言语可能会不经意地给父母和儿童带来紧张感，因而研究者在报告结果、作出评估性陈述或者提出建议时，应该特别谨慎。

五、有益处理

如果在调查中，实验处理被确信为是有益的，那么控制组的儿童有权得到其他可行的有益处理。

【问题与思考】

1. 儿童心理学主要解决哪些理论与实际问题？
2. 心理发展具有哪些主要特点？
3. 何为心理发展的关键期？关键期概念对把握儿童心理发展具有什么意义？
4. 查阅国内的心理学核心期刊，了解目前我国儿童心理学领域主要的研究热点与相关结论。
5. 儿童心理学经常会运用横断研究与纵向研究设计。这两种方法有何优缺点？哪些方面的研究更适合运用横断研究法，又有哪些方面的研究更适合运用纵向研究法？
6. 跨文化研究的目的和意义是什么？研究中需要注意哪些方面的问题？
7. 尝试提出儿童心理发展中某一领域内的研究问题，并选用合适的研究设计与方法说明你的研究方案。

第二章　儿童心理学的基本理论

【本章提要】

理论是一组可以用来描述、解释和预测行为的有序、完整的陈述。在儿童心理学领域，许多有影响的心理学家不仅开展了卓有成效的科学研究，更进一步提出了描述、解释和预测个体行为发展的理论。这些理论，有影响的包括格塞尔的成熟势力说、华生和斯金纳的行为主义观、班杜拉的社会学习论、弗洛伊德与埃里克森的精神分析理论、皮亚杰的相互作用论、维果斯基的社会文化理论、布朗芬布伦纳的生态系统理论以及以巴尔特斯为代表的毕生发展观。这些理论观点，既有传统、经典的理论，又有新近逐步形成起来并越来越产生广泛影响的理论。本章即围绕上述理论，阐述有关儿童心理学的理论基础，从而有助于我们真正把握儿童心理发展的原因和机制。

【学习重点】

1. 了解格塞尔的成熟势力说。
2. 理解并把握华生和斯金纳行为主义观的异同。
3. 把握班杜拉社会学习论的核心思想。
4. 理解并把握精神分析理论对心理发展的解释。
5. 深入领会皮亚杰相互作用论的实质。
6. 把握社会文化理论的主要观点及其现实意义。
7. 把握生态系统理论与毕生发展观的主要内涵。
8. 了解毕生发展观的基本思想。

【重要术语】

经典条件作用　操作性条件作用　社会学习理论　观察学习　适应　格式同化　顺应　平衡　社会文化理论　最近发展区　生态系统理论　毕生发展观带有补偿的选择性最优化

理论是一组可以用来描述、解释和预测行为的有序、完整的陈述。例如，一个用于解释婴儿和抚养者之间依恋关系的好理论应当：1. 描述（describe）婴儿在试图从他们所熟悉的成人那里获取关爱和安抚时的行为；2. 解释（explain）

婴儿如何以及为何会发展出这样一种渴望与抚养者相联系的强烈愿望；3. 预测（predict）这种情感联结对未来人际关系的影响。

之所以说理论是重要的工具，主要源于下述两个原因。首先，理论为我们观察儿童提供了有效的构架。换言之，理论会给我们所见到的问题提供指导和说明。其次，为研究所证实的理论，常常会成为实际行动的可靠根据。在儿童心理学领域，若某种理论有助于我们理解个体发展，我们就会更好地获悉如何去做，从而改善儿童的家庭养育环境、学校教育政策和社会福利制度，促进儿童的成长与发展。

本章所探讨的有关儿童心理学的理论基础，涉及成熟势力说、行为主义观、社会学习理论、精神分析理论、相互作用论、社会文化理论、生态系统理论和毕生发展观。

第一节　成熟势力说

成熟势力说简称成熟论，其代表人物是美国心理学家格塞尔（A. Gesell，1880—1961）。在其研究过程中，格塞尔和同事们不仅重视临床观察，还通过向家长发放调查表，收集大量婴幼儿发展状况的资料。

格塞尔认为，个体的生理和心理发展，都是按基因规定的顺序有规则、有次序地进行的，发展是由机体成熟预先决定与表现的。例如，人类生命是从单细胞开始的，受精卵通过分裂形成胚胎，胚胎越来越分化逐渐形成机体的不同器官和系统，然后演变为胎儿，胎儿的发展同样主要受基因控制。格塞尔把通过基因来指导发展过程的机制定义为成熟。出生以后，成熟继续指导着个体的发展。因此，成熟是推动个体发展的主要动力。当然，这时除成熟以外，支配心理发展

图 2-1　格塞尔

的因素还有学习。但二者所起的作用是不同的，成熟是一个内部因素，决定着心理发展的方向和模式，而学习是一个外部因素，对个体的发展不起决定作用。没有足够的成熟，就没有真正的发展与变化；脱离了成熟的条件，学习本身并不推动发展。

专栏2.1　双生子爬楼梯研究

格塞尔的观点源自于他的双生子爬楼梯研究。1929 年，他首先对双生子 T 和 C 进行了行为基线的观察，确认他们发展水平相当。在他们出生第 48 周时，对 T 进行爬楼梯、搭积木、肌肉协调和运用词汇等训练，而对 C 则不进行训练。训练持续了 6 周，其间 T 比 C 更早地显示出某些技能。到了第 53 周当 C 达到爬

楼梯的成熟水平时，对他开始集中训练，发现只要少量训练，C 就赶上了 T 的熟练水平。进一步的观察发现，55 周时 T 和 C 的能力没有差别。据此，格塞尔断言，儿童的学习取决于生理上的成熟，成熟之前的学习与训练难有显著的效果。

在成熟论看来，个体心理发展具有方向性，如动作的发展就遵循由上而下、由中心向边缘、由粗到细这样的发展规律。发展取决于成熟，而成熟的顺序取决于基因决定的时间表，因此年龄便成为心理发展的主要参照物。格塞尔收集整理了数以万计儿童的发展行为模式，于 1925 年推出了格塞尔行为发育诊断量表（即年龄常模），后经多次修订，并被翻译成多种文字。1974 年修订版本的各年龄测试内容包括幼儿行为的五个方面：适应、大运动、精细运动、言语与个人—社会行为。每个儿童可以通过与同龄人的行为发育常模进行比较，来判断其心智发展水平。该诊断量表在临床实践中运用十分广泛，成为当今儿科临床和儿童心理发展研究的一个重要参照。

格塞尔认为，成熟是通过从一种发展水平向另一种发展水平突然转变而实现的，发展的本质是结构性的。只有结构的变化才是行为发展变化的基础，生理结构的变化按生物的规律逐步成熟，而心理结构的变化表现为心理形态的演变，其外显的特征是行为差异，而内在的机制仍是生物因素的控制。儿童在成熟之前，处于学习的准备状态。所谓准备，是指由不成熟到成熟的生理机制的变化过程，只要准备好了，学习就会发生。在发展的进程中，个体还表现出极强的自我调节能力。

如果说卢梭当年关于儿童发展根据一套进度表的说法还只是哲人的推理，那么，格塞尔则已经通过长期的、大量的观察和归纳，以科学的方式为我们展示了成熟机制的作用。格塞尔强调成熟并不是说人类行为完全取决于遗传因素，而只是表明身体成长为心理发展和个性形成提供了天然的物质基础。但不可否认的是，成熟论过于注重基因规定的顺序，对外在环境与教育的作用关注不足。

第二节　行为主义观

一、早期行为主义的基本观点

美国心理学家华生（J. B. Watson, 1878—1958）是行为主义心理学的创始人。华生倡导的行为主义主要有以下三个原则。

1. 心理的本质就是行为，心理学研究的对象就是可观察到的行为，而不是意识。华生否认遗传在个体成长中的作用，认为一切行为都是刺激（S）—反应（R）的学习过程，通过刺激可以预测反应，通过反应可以推测刺激。

华生对待儿童心理发展的基本观点源于洛克的"白板说"，认为儿童生来其心理类似一块白板，日后心理的发展就是在这块白板上学习建立起 S—R 联结的

■ 儿童心理学
....

过程。发展是行为模式和习惯的逐渐建立和复杂化，是一个量变的过程，因而不体现出阶段性。

2. 心理学的研究方法也应该是客观的方法。华生为行为主义者提出的研究方法有四：观察法、条件反射法、言语报告法、测验法。其中，条件反射最初是俄国生理学家巴甫洛夫提出的，但它后来在心理学中的广泛运用则主要归功于华生。

图 2 - 2　华生

3. 心理学研究的目标是"预测人的行为，并控制人的行为"。从刺激—反应的公式出发，华生认为遗传得来的只是数量甚微的简单反射而已，它们对日后的心理发展并没有多少作用，而环境与教育是行为发展的唯一条件。他（1930）曾说："给我一打健康的、发育良好的婴儿，和符合我要求的抚育他们的环境，我保证能把他们随便哪一个都训练成为我想要的任何类型的专家——医生、律师、巨商，甚至乞丐和小偷，不论其才智、嗜好、倾向、能力、禀性及其宗族如何。"

专栏2.2　通过条件反射习得害怕

华生运用条件反射理论所做的婴儿害怕实验，为心理发展的行为决定论作了最有力的说明。男孩艾伯特 11 个月时与小白鼠玩了 3 天，后来，当艾伯特开始伸手去触摸白鼠时，身后突然响起了钢条的敲击声。艾伯特受到了惊吓，但没有哭。第二次，当他的手刚触摸到白鼠时，钢条又被敲响，他猛然跳起，向前摔倒，开始哭泣。如此反复多次，以后当白鼠单独出现时，艾伯特会表现出极度恐惧，转过身去，躲避白鼠。在这个实验里，白鼠成为剧烈声响的替代刺激，引发了艾伯特的条件反应。华生据此解释说，任何行为（包括情绪），不论是积极的还是消极的，都可以通过条件反射习得。华生进而说明，艾伯特虽然起初形成的条件作用是对白鼠的恐惧，以后则泛化到多种毛皮动物，并且对毛皮上衣和圣诞老人的胡子也产生恐惧。

华生提示，许多成年人的厌恶情绪、恐怖症、畏惧和焦虑，虽然本人给不出什么合理的解释，但是很可能也是多年前由某一条件作用过程引起的。应该看到，这样的实验本身是有违道德的，但不可否认，它为行为的习得与消除提供了事实依据。

早期行为主义心理学的建立对当时心理学的发展是有益的，因为它强调客观与实证，把重点从对意识的过多关注转向行为研究的广阔天地，注重刺激与反应间的可预测关系，有助于促进我们对儿童行为发展进程的了解。但由于华生排斥对中间心理过程的研究，因此早期行为主义发展观难以解释个体高级心理过程的

发展机制；同时又过分强调环境和教育的作用，虽然在行为矫治方面有独到的实际意义，但它否定了儿童自身在发展中的主动性和能动性，忽视了心理发展的阶段性和年龄特征。

二、操作性条件作用对行为获得的解释

美国心理学家斯金纳（B. F. Skinner, 1904—1990）传承了华生的行为主义基本信条。与华生不同的是，斯金纳用操作性条件作用来解释行为的获得。他认为，行为分为两类，一类是应答性行为，另一类是操作性行为。应答性行为是经典条件反射中由特定的、可观察的刺激引发的反应行为，如在巴甫洛夫实验室里，狗看见食物或灯光就流唾液，食物或灯光是引起流唾液反应的明确的刺激。

图 2 – 3　斯金纳

操作性行为是指在没有任何能观察到的外部刺激的情境下的有机体行为，它似乎是自发的，如白鼠在"斯金纳箱"中的按压杠杆行为就找不到明显的刺激。人们对这类行为的开始的刺激总是不了解的，有机体发出的反应实际是被强化刺激所控制。在一个操作性行为出现之后，如果有一个作为强化物的事件紧随其后发生（即"强化依随"），那么该操作性行为发生的概率就会大大增加。斯金纳设计了一种被后人称为"斯金纳箱"的实验装置，并通过观察记录白鼠、鸽子等动物在"斯金纳箱"中的行为表现，来说明操作性条件作用的形成。

应答性行为比较被动，由刺激控制；操作性行为代表着有机体对环境的主动适应，由行为的结果所控制。

斯金纳认为，人的行为大部分是操作性的，如游泳、写字等，行为的习得与及时强化有关。因此，可以通过强化来塑造儿童的行为。个体偶尔发出的动作得到了强化，这个动作后来出现的概率就会大于其他动作。行为是一点一滴地塑造出来的，每一个塑造出来的行为可以组合成统一完整的反应链，从而使个体的发展越来越朝向人们预期的方向接近。

按照斯金纳的观点，人类语言的获得就是通过操作性条件作用形成的：父母强化了孩子发音中有意义的部分，从而使孩子进一步发出这些音节，导致语言体系的最终掌握。斯金纳同时也认为，得不到强化的行为就会逐渐消退。因此，这一理论不仅适合于儿童新行为的获得与塑造，也同样对不良行为的矫正有指导意义：最常用的途径就是对儿童的不良行为予以"忽视"，即不予强化。

斯金纳的行为发展观在行为矫正和教学实践中产生了巨大的影响。成人对儿童有意义行为的及时强化、对不良行为的淡然处置、程序教学过程中的小步子信

息呈现、及时反馈与主动参与等，至今仍是强化与控制个体行为发展的有效途径。事实上，斯金纳的努力使人们对行为的认识更接近现实，他也因此位列美国心理学会评选出的 20 世纪最有影响力的 100 位心理学家之首。当然，不可否认的是，斯金纳的操作性条件作用观点仍然具有明显的机械主义色彩。

总体而言，行为主义发展观的最基本要旨，便是主张心理发展只是量的不断增加过程，是由环境和教育塑造起来的。

第三节　社会学习论

以华生和斯金纳为代表的新老行为主义学派主要通过对动物（如白鼠、鸽子等）的实验来建构理论，并用这些理论来解释人类的行为。这些理论受到抨击的一个重要原因是忽视了行为的社会因素。美国心理学家班杜拉（A. Bandura，1925—　　）的社会学习理论在某种程度上弥补了这种不足。

在班杜拉看来，儿童总是"张着眼睛和耳朵"观察、模仿、学习那些有意的和无意的反应，因此，他强调观察学习在行为发展中的作用，并且用实验法研究了儿童的观察学习过程。观察学习是一种普遍的、有效的学习，班杜拉将它定义为：经由对他人的行为及其强化性结果的观察，一个人获得某些新的反应，或现存的反应特点得到矫正。同时在这一过程中，观察者并没有外显的操作性反应。与斯金纳将学习与行为发展视为操作性条件作用的结果不同，班杜拉认为并非所有的学习都依赖于直接强化，在很多情况下，

图 2-4　班杜拉

学习者输入的信息是 S 和与其相对应的榜样的 R，S 与 R 的结合作为信息被学习者所接受。在这种情况下，榜样所受到的强化对于学习者来说是一种替代强化，在替代强化基础上发生的学习就是观察学习：通过观察他人（榜样）所表现出的行为及其结果，儿童既不需要直接作出反应，又不需要亲自体验强化，就可以完成学习，故这种学习也可称为"无尝试学习"。

班杜拉认为，人类许多复杂的行为都是通过观察学习获得的。学习不是被动的外部因素直接强化的结果，而是一个主动的过程，正如班杜拉所言，"人是在观察的结果和自己形成的结果的支配下引导自己的行为"。儿童在游戏中的行为、流行歌曲的传播等，观察或模仿所起的作用更大。通过对攻击行为、亲社会行为的研究，班杜拉坚定了"榜样的力量是无穷的"这一看法。

除了观察学习过程中的替代强化，个体还存在着自我强化。自我强化是个体在自身的行为达到自己设定的标准时，以自己能支配的报酬方式来增强、维持行为的过程。儿童用自我肯定或自我否定的方法来对自己的行为作出反应，而自我

肯定或自我否定的标准则来自儿童周围的范型（即榜样），儿童往往以自己的行为是否比得上范型而确立个人标准。成人在儿童的个人标准形成过程中发挥这样的作用：当儿童的行为达到或超过范型的榜样行为时，成人会表示喜悦、鼓励或奖赏；当儿童的行为未达到榜样行为时，成人会表示失望。儿童据此建立起一套自我评价的标准，并以此来调整自己的行为，从而获得发展。

观察学习或许更接近于儿童的真实学习过程。尽管班杜拉也以研究行为为主，但社会学习理论开始注意到人、人的行为和环境的相互影响。主张儿童可以通过行为作用于他们的环境，并经常通过有效的方式改变他们的环境，这是社会学习理论对传统行为主义的重要突破。

第四节　精神分析论

一、弗洛伊德的主要理论观点

（一）人格的结构

精神分析论的创立者是奥地利心理学家弗洛伊德（S. Freud, 1856—1939）。在弗洛伊德的早期著作中，他将心理结构分为意识、前意识和潜意识三个部分，其中潜意识主要被解释为压抑的愿望与本能冲动，前意识是平时并未被意识到但随时可以进入意识的观念。在他的后期著作中，弗洛伊德的人格结构理论得到发展。弗洛伊德将人格划分为三个部分，分别称为本我（id）、自我（ego）和超我（superego）。

本我又称伊底，是人格中最原始的部分，由一些与生俱来的冲动、欲望或能量构成，"仿佛像一锅沸腾的兴奋物"。本我不知善恶、好坏，不管应该不应该、合适不合适，只求立即得到满足，是无意识的、非道德的，它受快乐原则的支配，是人格中的生物成分。快乐原则使个体将紧张减少到能够忍受的程度，如性欲的满足、饥饿的消除都能产生快乐。

自我是个体出生以后，在外部环境的作用下形成的。儿童需要的满足依赖于外界是否能提供相应的条件，有时需要能及时得到满足，但很多时候不能及时得到满足。在这种个体与环境的关系中，儿童逐步形成了自我这种心理组织。自我遵循现实原则，是人格的心理成分，它一方面使本我适应现实的条件，从而调节、控制或延迟本我欲望的满足，另一方面还要协调本我和超我的关系。弗洛伊德还形象地将自我与本我比喻为骑手与马之间的关系：马提供能量，而骑手则指导马朝着他想去的路途前进。但有时候，骑手也不得不沿着马想走的路行进。

超我是人格的最高部分，是个体在社会道德规范的影响下，特别是在父母的管教下将社会道德观念内化而成的。超我包括自我理想和良心：自我理想是一套引导儿童努力发展的理想标准；良心则由父母的禁令（如"你不应该"）构成。儿童由于畏惧父母或成人的惩罚，不得不接受他们的规则并自觉地遵守它，并把

它转变为自己行为的内部规则，便形成了良心。如果自己的行为符合自我理想，个体就感到骄傲；如果自己的行为违反了良心，个体就感到焦虑。因此，超我遵循的是至善至美原则，是人格的社会成分。

人格中的三个部分分别代表着三种不同的力量，本我追求快乐，自我面对现实，超我则追求完美，所以冲突是不可避免的。

专栏2.3 弗洛伊德的生平

按照弗洛伊德的观点，一个人成年以后的思想、人格在很大程度上植根于他过去的生活经历，那么，若要理解弗洛伊德的思想，就更应该了解一下他的生平。

图2-5 弗洛伊德

弗洛伊德出生在奥地利弗赖堡的一个犹太人家庭，父亲是个羊毛商，在弗洛伊德4岁时，全家迁居到了维也纳，1938年由于受纳粹迫害而避难伦敦。弗洛伊德的母亲是他父亲的第二任妻子，在弗洛伊德出生时，父亲已经41岁了，母亲才21岁。父亲与第一任妻子有过两个儿子，在弗洛伊德出生的那一年，他的父亲同时也做了祖父；而母亲则正好与父亲前妻的次子同岁。这样的家庭结构，加上弗洛伊德又是他母亲所生的六个孩子中的长子，深得她的宠爱，这使得弗洛伊德与母亲之间建立起一种相当深厚的依恋关系。而弗洛伊德与父亲的关系同与母亲的关系恰好相反，母亲溺爱他、赞许他，但父亲则没有这样偏袒，有时对他显得冷漠和粗暴，和母亲对他的评价形成很大的反差。有种种迹象表明，弗洛伊德早早地对父亲存有潜在的逆反心理。对母亲的依恋、对父亲的嫉恨深刻地影响了弗洛伊德以后的生活、思想和事业。

弗洛伊德最伟大的贡献是发明了精神病的精神分析治疗法。主要著作包括《释梦》（1900）、《性欲三论》（1905）、《论无意识》（1915）、《自我与本我》（1923）、《焦虑问题》（1926）、《自我和防御机制》（1936）。其学说对心理学、医学、人类学以及史学、文艺、哲学都产生了深远的影响。

（二）心理性欲的发展

行为主义观强调对外在行为的研究，而精神分析论则着重对"无意识"的探究。在弗洛伊德看来，存在于潜意识中的性本能是心理的基本动力，心理的发展就是"性"的发展，或称心理性欲的发展。弗洛伊德所指的"性"，不仅包括两性关系，还包括儿童由吮吸和排泄产生的快感、身体的舒适、快乐的情感。人在不同的年龄，性的能量——力比多（libido）投向身体的不同部位，弗洛伊德称

这些部位为性感区（erogenous zone）。在儿童的成长过程中，口腔、肛门、生殖器相继成为快乐与兴奋的中心。早期力比多的发展变化决定了人格发展的特征和心理生活的正常与否。以此为依据，弗洛伊德将儿童的心理发展分为五个阶段。

1. 口唇期（oral，0—1 岁）。新生儿的吸吮动作既使他获得了食物和营养，也是他快感的来源。因此口唇是这一时期产生快感最集中的区域，婴儿也会把手指或其他能抓到的东西塞到嘴里去吸吮。弗洛伊德认为，寻求口唇快感的性欲倾向一直会延续到成人阶段，接吻、咬东西、抽烟或饮酒的快乐，都是口唇快感的发展。

2. 肛门期（anal，1—3 岁）。此时儿童的性兴趣集中到肛门区域，排泄时产生的轻松与快感，使儿童体验到了操纵与控制的作用。

3. 性器期（phallic，3—6 岁）。在这个阶段，儿童开始关注身体的性别差异，开始对生殖器感兴趣，性欲的表现主要在于"俄狄浦斯情结"（Oedipus complex），即男孩对自己的母亲有性兴趣（又可称恋母情结），而女孩则过分迷恋自己的父亲（又可称恋父情结）。恋父（母）情结最终要受到压抑，因为儿童惧怕同性父母的惩罚。

4. 潜伏期（latency，6—11 岁）。进入潜伏期的儿童，性欲的发展呈现出一种停滞或退化的现象。早年的一些性的欲望由于与道德、文化等不相容而被压抑到潜意识中，并一直延续到青春期。由于排除了性欲的冲动与幻想，儿童可将精力集中到游戏、学习、交往等社会允许的活动之中。

5. 青春期（genital，11、12 岁开始）。在青春期，性的能量大量涌现，容易产生性的冲动。青少年的性需求朝向年龄接近的异性，并希望建立两性关系。弗洛伊德的女儿安娜·弗洛伊德认为，青少年竭力想要摆脱父母的束缚，也容易与父母产生冲突。青少年通常会采用剧烈运动来消耗体力，从而达到排解性的压力或宣泄内心焦虑与不安的目的。

二、埃里克森的主要理论观点

埃里克森（E. H. Erikson，1902—1994）是新精神分析的代表人物之一。埃里克森把个体从出生到临终的一生称为生命周期。埃里克森关心个体发展中的人格结构，认为个体在发展中逐渐形成的人格，是生物的、心理的和社会的三方面因素构成的统一体。在人格的发展过程中，要经历顺序不变又相互联系的八个阶段。每个阶段都有一个普遍的发展任务，这些任务都是由个体成熟与社会文化环境、社会期望间不断产生的冲突或矛盾所规定的。在任何一个阶段，如果个

图 2 - 6　埃里克森

体解决了冲突，完成了该阶段所要求的任务，就能形成积极的人格品质，相反则会形成消极的品质。个体就是这样在不断的解决冲突、克服心理社会危机、完成发展任务的过程中从一个阶段向下一个阶段过渡。当然，埃里克森强调，如果个体在某一阶段未能很好地解决发展任务，他还可以通过教育等措施在下一阶段得到补偿。

埃里克森所指的心理社会发展阶段包括以下八个阶段。

1. 基本的信任对不信任（basic trust versus mistrust，0—1 岁）。此阶段的发展任务是获得信任感，克服不信任感。婴儿出生后就有种种生物性需求，要吃、要抱、要睡、要有人逗他等，一旦这些需要得到满足，他就会产生对周围的人及其世界的信任感。而当婴儿必须要等待很长时间才能得到舒适，或者他们受到苛刻的对待时，他们就会产生不信任感。这种对人和环境的基本信任感是以后各阶段发展的基础，尤其是青年期形成同一性的基础。

2. 自主对羞耻和疑虑（autonomy versus shame and doubt，1—3 岁）。此阶段的发展任务是获得自主感，克服怀疑与羞怯感。儿童的动作能力发展很快，必要的认知和语言能力也已具备，还多多少少形成了与父母、同伴社会交往的经验，他们开始喜欢独立探索周围世界，藐视外部世界的控制，显示自己的力量。"我来"、"我不"成为一些孩子的口头禅。要使孩子获得自主感，父母要给孩子一定的自由，并鼓励他做力所能及的事。如果父母对儿童限制过多、批评过多、惩罚过多，就会使儿童产生对自身能力的怀疑与羞怯感。

3. 主动对内疚（initiative versus guilt，3—6 岁）。此阶段的发展任务是获得主动感，克服内疚感。儿童可以在言语和行动上更广泛地探索和扩充他们的环境，主动性大大增加。在主动探索的同时，如果父母过多地要求儿童作出自我控制，或者是儿童与别人的自主性发生冲突，他们就会产生内疚感。

4. 勤奋对自卑（industry versus inferiority，6—11 岁）。此阶段的发展任务是获得勤奋感，克服自卑感。儿童开始进入学校，意味着进入了真正意义上的社会。为了努力完成学习任务、与他人共处，儿童必须勤奋努力。当儿童在家庭、学校或与同伴共处时的消极经历使他们产生无能感时，他们就会感到自卑。

5. 同一感对同一感混乱（identity versus identity confusion，青春期）。此阶段的发展任务是建立自我同一感，防止同一感混乱。所谓自我同一感是一种关于自己是谁，在社会上应占什么样的地位，将来准备成为什么样的人以及怎样努力成为理想中的人等一系列的感觉。跨入青春期的个体，由于身体迅速发展、性的成熟，以及所面临的种种社会义务与选择，会对过去怀疑，对将来迷茫，现实的自我与理想的自我难以统一，这就是同一感危机。如果个体在进入青春期之前，有较强的信任感、自主感、主动感和勤奋感，就容易实现自我同一感。

6. 亲密对孤独（intimacy versus isolation，成年早期）。恋爱与婚姻是这一阶

段的主要特征，所以个体的发展任务是获得亲密感，避免孤立感，体验着爱情的实现，积极的成果是亲密。由于早期受挫，一些个体不能建立亲密关系并长期保持孤立。

7. 繁殖对停滞（generativity versus stagnation，成年中期）。个体主要通过生儿育女，获得生殖感而避免停滞感，体现着关怀的实现，积极的成果是关怀后代。而在这些方面表现欠佳的人会感觉缺乏有意义的成就。

8. 自我整合对绝望（integrity versus despair，成年晚期）。在体验了人生的众多喜怒哀乐后，个体在这一阶段的主要任务为获得综合的完善感，避免对自己的失望和厌恶感，体现着智慧的实现，积极的成果为体验完成人生的使命感。与此相反，那些对过去的生活感觉不满意的老人会惧怕死亡。

精神分析论强调性本能、潜意识与情感在发展中起至关重要的作用。心理的发展是有阶段的，生命的最初几年具有十分重要的意义，任何成人阶段表现出来的行为都能在个体的早期经验中找到根源，因此，对儿童早期经验的关注尤显重要。在个体的发展过程中，来自各方面的因素都可能导致心理性欲的发展偏离常态。

第五节　相互作用论

皮亚杰（1896—1980）是瑞士儿童心理学家，1955 年在日内瓦创立"国际发生认识论中心"并任主任，代表性著作有《儿童的语言和思维》（1923）、《儿童的判断与推理》（1924）、《儿童道德的判断》（1932）、《儿童智慧的起源》（1936）、《发生认识论导论》（1950）、《结构主义》（1968）、《儿童心理学》（1966）等。皮亚杰一生最大的贡献是创立发生认识论的理论体系，通过儿童心理学，特别是儿童智慧心理学，把生物学与认识论和逻辑学相贯通，以揭示认知

图 2 - 7　皮亚杰

增长的机制，从而把传统认识论改造成为一门实证的经验科学。

一、心理发展的影响因素

人们普遍认为："皮亚杰的事实是儿童心理学最可靠的事实。"但皮亚杰自己认为他是认识论者，他认为传统的认识论只看到高级水平的认识，换言之，只看到认识的某些最后结果，看不到认识本身的建构过程。正是在比奈实验室担任研究助理的这段时间里，皮亚杰开始对儿童在智力测验中的回答产生了浓厚的兴趣。在他看来，儿童的回答只是一种表象，而儿童为什么这样回答，又为什么那样回答，才接近于不同年龄儿童认识与智慧的本质。因此，他每天下午都亲自与

儿童谈话，目的就是想要了解儿童本来的面目。他还进一步认为，研究儿童的逻辑，是了解人类心智发展的基础。

皮亚杰既是一个结构论者，又是一个建构论者。他认为，认识的获得必须用一个将结构主义和建构主义紧密联系起来的理论来说明，也就是说，每一个结构都是心理发生的结果，而心理发生就是从一个较初级的结构过渡到一个较复杂的结构的过程。皮亚杰既反对先验论，又反对经验论。他认为儿童心理的发生发展不是先天结构的展开，也不完全取决于环境的影响。在他看来，发展受四个因素的共同影响，这四个因素是：成熟、自然经验、社会经验以及平衡化。其中第四个因素是决定性因素。

1. 成熟。成熟主要指机体的成长，特别是大脑和神经系统的成熟。皮亚杰曾引用生理学的研究成果，认为一些行为依赖生理结构和神经通路的作用。他认为，生理成熟是心理发展的必要条件但不是充分条件。借助成熟，个体可以获得发展的可能性，但要使这种可能性变成现实，必须通过机能的练习和习得的经验，并且，儿童的年龄渐长，自然和社会环境影响的重要性将随之增加。

2. 自然经验。自然经验主要是通过与外界物理环境的接触而获得的知识，它可分为两类。一类是物理经验，它是主体的个别动作作用于客体所产生的有关客体位置、运动和性质的经验，这些知识经验是有关客体本身的，如物体大小、轻重、软硬、颜色等。物理经验的本质特征是起源于物体本身，即使主体不去作用于它，它的性质也依然存在。二是数理逻辑经验，它是主体对一系列动作之间关系协调的经验，是在反复的主客体相互作用的基础上建立起来的。这类经验本质上不是客体的，如果没有主体对客体的反复动作，数理逻辑经验也就不存在。例如，儿童从玩耍鹅卵石的过程中发现，无论石子如何排列，其总数保持不变。这一经验并不是石子本身具有的物理特性，而是个体通过自己的计数动作与动作的协调而获得的。皮亚杰特别强调数理逻辑经验对儿童认知发展的作用。

3. 社会经验。社会经验指社会相互作用和社会传递，主要有语言、教育和社会生活等。皮亚杰认为，社会经验对人的影响比自然环境对人的影响要大得多。在他看来，教育作为社会经验的一个方面，对儿童心理发展具有重要影响，良好的教育在一定程度上能加速认知发展。但教育并不能使儿童逾越某一认知发展的阶段，不能改变发展的阶段顺序，因而教育对发展的影响也是有条件的。可见，皮亚杰并没有把社会经验视为发展的决定因素。

4. 平衡化。皮亚杰认为，认识或者说思维既不是单纯来自于客体，也并非单纯来自于主体，而是来自于主体对客体的动作，是主体与客体相互作用的结果。思维的本质是适应，可以用格式（scheme）、同化（assimilation）与顺应（accommodation）、平衡（equilibrium）来说明适应过程。

思维起源于动作，动作（最初是先天无条件反射）在相同或类似环境中由

于不断重复而得到迁移或概括，即形成格式。格式的复杂水平直接决定了思维水平的高低。格式类似于其他学者所认为的认知结构。同化是指将环境刺激纳入机体已有的格式，以加强和丰富机体的动作，引起格式量的变化；当机体的格式不能同化客体，须建立新的格式或调整原有格式，引起格式质的变化以适应环境，就是顺应。同化与顺应既相互对立，又彼此联系。

例如，年幼儿童刚学会个位数加法，当遇到"3 + 4 = ?"这样的问题时，可以借助于已有的格式（即个位数加法规则），得出"7"的结论，这基本上就是同化作用。此外，当遇到"3 + 8 = ?"这样的问题时，原有的个位数加法规则已无法解决类似的问题，需要借助于新的加法进位规则（也就是建立新的格式），才能得出正确的结论，这便是顺应过程。而一旦儿童形成了加法进位规则，那么在遇到类似问题时，求解过程也就又只需同化过程便可实现。当然我们应该注意到，后一种同化过程，其认知水平已远远高于前面一种同化过程。

在个体的成长发展过程中，会不停地遇到外来刺激，通过同化与顺应机制，机体的格式从相对较低水平的平衡，到该平衡被打破，发展到相对较高水平平衡的建立，个体的心理水平也相应达到了一个新的台阶。可以说，某一水平的平衡是另一较高水平的平衡运动的开始。不断发展着的平衡状态，就是整个心理的发展过程。尽管在解释影响发展的因素时，皮亚杰也肯定了成熟、自然经验、社会经验的作用，但显然更突出强调了平衡的地位。他提出："平衡化是发展的基本因素，并不是一种夸张；平衡化甚至是协调其他三种因素的必要因素。"平衡不是一种静止的、固定的状态，而是一个持续地追求更好状态的连续的过程。

二、认知发展的阶段

皮亚杰认为，认知（或智慧）的发展是整个心理发展的核心，通过对认知（或智慧）发展阶段的描述，能展示心理发展的基本特征。他认为发展进程是一个具有质的差异的连续阶段，心理发展阶段出现的先后顺序固定不变，每一阶段都有其独特的格式或认知结构。前一阶段的结构是后一阶段的基础，发展阶段具有一定程度的重叠和交叉，各个阶段与特定的年龄相联系。他把个体认知发展的过程划分为以下四个阶段。

1. 感知运动阶段（sensorimotor stage，0—2 岁）。该阶段的主要特点是儿童依靠感知动作适应外部世界，构筑动作格式，即思维与动作密切相连。在该阶段的后期，儿童建立了初步的因果关系概念，开始认识到主体既是活动的来源，也是认识的来源。

2. 前运算阶段（preoperational stage，2—6 岁）。由于符号功能与象征功能的出现，思维得以从具体动作中摆脱出来，表象思维与直观形象思维成为该阶段的主导。皮亚杰通过"三山实验"证实，自我中心是该阶段的主要思维特征。

此外，由于儿童不能很好地区分心理的和物理的现象，思维还具有"泛灵论"的特点，即儿童倾向于将活动着的任何物体都视为有生命的。在儿童的绘画作品及童话中，"泛灵论"都有充分的体现。

3. 具体运算阶段（concrete operational stage，7—11 岁）。在这一阶段，个体的思维具有了内化性、可逆性、守恒性以及整体性等特性。儿童是否具有守恒概念是具体运算阶段区别于前运算阶段的主要标志。所谓守恒，是指儿童认为物体尽管从外表上看来由一种状态转变为另一种状态，但实质上其物质含量既没有增加，也没有减少。这表明儿童的思维已不再简单地受客体知觉特征的影响。当然，尽管此时儿童已有了运算性的心理操作，但这些心理操作仍需要具体对象作为依托。在这一年龄阶段，儿童形成了完整的分类系统，能依据某种可定量的维度排列客体（序列概念），能认识事物间的关系而不仅仅是事物的绝对特征（关系思维），能同时思考客体的整体与部分（类包含概念）。

4. 形式运算阶段（formal operational stage，12 岁以后）。形式运算阶段又称命题运算阶段，与前一阶段相比，其最大的特点是儿童的思维已摆脱具体事物的束缚，而着眼于抽象概念上。也就是说，他们能把内容与形式区分开来，对假设进行推理。因此，这一时期的思维更具灵活性、系统性和抽象性。

第六节 社会文化理论

一、人的高级心理机能

维果斯基（Lev Vygotsky，1896—1934）领导的"社会文化历史学派"（又称维列鲁学派，以维果斯基、列昂节夫和鲁利亚等学者为代表人物）通过大量的实验研究证实：社会文化历史条件作用于高级心理机能可能产生的物质基础——人脑，成为人所特有的高级心理机能起源。该学派还研究了这种高级心理机能起源的发生模式。

维果斯基认为，人类在适应自然和改造自然的过程中，首先出现了物质性的生产工具。在人的工具生产中凝结着人类的间接经验，即社会文化知识经验，这就使人类的心理发展规律不再受生物进化规律所制约，而受社会历史发展的规律所制约。更进一步，由于这种间接的"物质生产的工具"，导致在人类心理上出现了"精神生产的工具"，即人类社会所特有的语言和符号。生产工具和语言符号的类似性就在于它们使间接的心理活动得以产生和发展。所不同的是，生产工具指向外部，它引起外在客体的变化；符号指向内部，它影响人的行为。控制自然和控制行为是相互联系的，因为人在改造自然时也改变着人自身的性质。

图 2-8 维果斯基

维果斯基认为，人的心理之所以不同于动物心理，就是因为人具有一切动物所没有的高级心理机能，更有必要将低级心理机能与高级心理机能进行区分。所谓低级心理机能，是依靠生物进化而获得的心理机能，它是在种族发展的过程中出现的，如感知觉、不随意记忆、形象思维、情绪等心理过程等均属于低级心理机能。高级心理机能是社会历史发展的结果，它以人类社会特有的语言和符号为中介，受社会历史发展规律的制约，思维、有意注意、高级情感、逻辑记忆等心理过程则属于高级心理机能。维果斯基认为高级心理机能具备以下特点：1. 高级心理机能是随意的、主动的；2. 高级心理机能的反映水平是概括的和抽象的；3. 就其实现过程的结构而言它们是间接的，是以符号或词为中介的；4. 它们在起源上是社会文化历史的产物，受社会规律的制约；5. 从个体发展来看，它们是在人际交往过程中产生并不断发展起来的。

二、心理发展的内化说

在皮亚杰看来，发展的影响因素大部分是"由内向外"起作用的，环境所起的作用是鼓励或阻止发展。维果斯基则刚好完全相反，强调环境和社会因素在儿童发展中的作用。维果斯基提出心理发展的实质是在环境和教育的影响下，个体的心理在低级心理机能的基础上逐渐向高级心理机能转化的过程。他认为，人类的精神生产工具或"心理工具"就是各种符号。运用符号使心理活动得到根本改造，这种改造转化不仅在人类发展中，而且也在个体的发展中进行着。儿童早期还不能使用语言这个工具来组织自己的心理活动，心理活动的形式是"直接的和不随意的、低级的、自然的"。只有掌握语言这个工具，才能转化为"间接的和随意的、高级的、社会历史的"心理机能。新的、高级的、社会历史的心理活动形式，首先是作为外部形式的活动而形成的，以后才逐渐内化，转化为内部活动后才能"默默地""在头脑中进行"。

维果斯基认为，发展大部分得益于"由外向内"的影响因素，即个体通过内化从情境中吸取知识，获得发展。儿童的许多学习发生在与环境的相互作用中，这个环境决定了大部分儿童内化的内容。当成人和更有经验的同伴帮助儿童掌握具有文化意义的活动时，他们与儿童之间的交流就会变成儿童思考的一部分。当儿童内化了他们与成人及同伴对话的特点时，他们就能使用内部语言来引导自己的思考和行为，并习得新技能（Berk，2001）。内化说是维果斯基心理发展观的核心思想之一。

三、最近发展区

维果斯基对儿童心理学的另一个突出贡献是提出了最近发展区（zone of proximal development, ZPD）的概念。维果斯基认为，至少要确定两种发展的水

平。第一种水平是现有发展水平，是指业已达成的某种心理机能发展水平（现实能力）。第二种水平是指在有指导的情况下，通过他人的帮助可达到的解决问题的水平（潜在能力）。ZPD是一种介于儿童看得见的现实能力（表现）和并不是显而易见的潜在能力（表现）之间的潜能范围。换句话说，ZPD是指一种儿童无法依靠自己完成，但可在成人和更有技能的儿童帮助下完成的任务范围。发展变化本质上是不同时期一系列最近发展区的获得。

最近发展区是一个动态的概念，处于某一年龄阶段的儿童，其最近发展区在一定条件下转变为下一个年龄阶段的现实发展水平，而下一个阶段又有自己的最近发展区。最近发展区概念在教学领域受到了极为广泛的重视。在维果斯基看来，教学的可能性是由学生的最近发展区决定的，"教学应走在发展的前面"。它有两层含义：一是教学在发展中起主导作用，它决定着儿童的发展，决定着发展的内容、水平、速度及智力活动的特点；二是教学创造着最近发展区。教学一方面要适应学生的现有水平，但更重要的是要发挥教学对发展的主导作用。

和皮亚杰一样，维果斯基不仅对儿童的正确反应感兴趣，而且对他们的不正确反应感兴趣。维果斯基认为我们不仅需要重新考虑如何看待儿童的认知能力，而且要重新考虑儿童心理发展的测量方法。从一个静止的评估环境转向一个动态的评估环境是维果斯基提出的一个建议。与静止性评估环境不同，在动态评估环境中，儿童和实验者的相互作用不会因为儿童的错误回答而终止，相反，实验者会给儿童提供一些有助于问题解决的指导性暗示，以观察儿童在成人帮助下解决问题的能力。无疑，这样的情境与方式能使我们的探索超越儿童现有的表现。

在维果斯基的理论指导下，近期的研究集中于成人给儿童什么支持和刺激。有研究者提出了脚手架（scaffolding）概念。当成人根据儿童表现水平调整有关的指导后，有效的脚手架便出现了。例如，当儿童是一个新手时，成人提供直接的手把手的指导。当儿童变得更有能力时，成人的帮助随儿童的成就而减少。

第七节　生态系统理论

对于"人类和他所处的环境"这样的问题，在布朗芬布伦纳（Urie Bronfenbrenner，1917—2005）之前，儿童心理学家研究儿童，社会学家研究家庭，人类学家研究社会，彼此间关联不大。布朗芬布伦纳从生物和生态的角度来看待人类发展，在社会科学各个学科之间建造起桥梁，有助于找出哪些因素对人类发展是最为重要的。

图2-9　布朗芬布伦纳

一、生态化运动与生态发展观

生态发展观是在一系列强调环境作用的理论观点和实证研究的基础上逐渐形成和发展起来的。这种观点在关注环境作用的基础上，进一步把生态学思想引入发展心理学，在 20 世纪八九十年代，有关个体成长和发展的研究受"生态化运动"（the ecological movement）的影响，研究者将目光更多地聚焦于现实环境中活生生的个体。

生态发展观的一个重要理论前提是：行为或心理是人与环境的函数，心理学研究应将自然环境作为必不可少的研究单元。不同的研究者对生态或环境的定位有所不同：有的侧重于关注环境的主观或心理特征，有的侧重于关注环境的客观或社会物理特征。这种差异反映了研究者在看待真实环境和知觉到的环境（actual and perceived environment）之间存在着的差异。在这个差异的大框架内，还存在着采用个体解释模型（individual explanatory models）和群体解释模型（group explanatory models）的差异。由此，可以将行为或心理视为四个维度不同程度整合的结果，即知觉到的环境、真实的环境；个体、群体。模型 $B = f$ [（真实环境 + 知觉到的环境），（个体 + 群体）] 代表了生态发展观对心理和行为发展的解释，该模型可以说是对早期场心理学所主张的"行为是环境与个体的函数，即 $B = f(E, P)$"的修正和补充。

按照生态发展观，儿童的发展是一个渐成过程——在发展过程中，遗传和非遗传因素一起选择性地控制着导致心理行为表现复杂性的基因表达，儿童的心理发展变化不过是儿童发展的生态环境系统适应性调节的必然结果。生态发展观的基本思想体现为：

1. 有机体处于一个复杂关联的系统网络之中，既不能孤立存在也不能孤立行动；

2. 所有有机体均受到来自内部和外部动因的影响；

3. 个体主动塑造着环境，同时环境也在塑造着个体，个体力求达到并保持与环境的动态平衡以适应环境。

因此，生态发展观强调心理发展的研究，应在家庭、学校、社会等自然与社会生态环境中进行，以揭示真实自然条件下的心理发展规律；关注儿童发展，更应关注儿童发展的生态环境系统。

二、生态系统理论

布朗芬布伦纳有关发展的生物生态模型（bioecological model，1979，1993）是生态发展观的代表，对情境影响儿童发展作了最细致、最彻底的解释。由于儿童受生物性影响的气质与环境共同铸就了发展，所以布朗芬布伦纳将他的观点描述为一种生物生态模型。他提出了四种环境系统，由小到大（也是由内到外）

分别是：微系统（microsystem）、中系统（mesosystem）、外系统（exosystem）以及宏系统（macrosystem）。从微系统到宏系统，对儿童的影响也从直接到间接（见图2-10）。

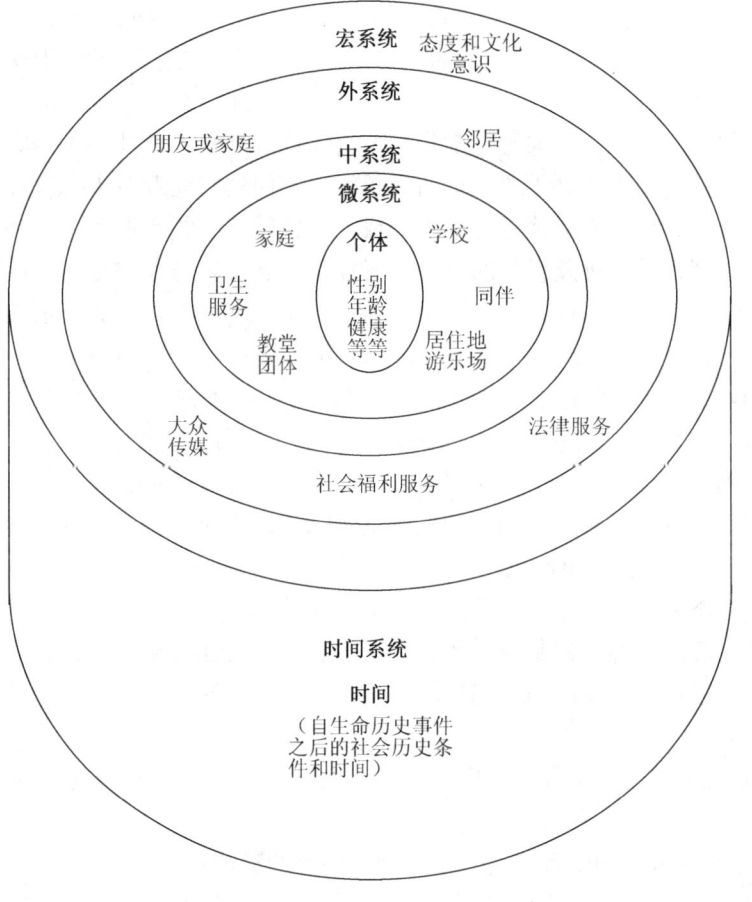

图2-10　生物生态模型

微系统是指对儿童产生最直接影响的环境，主要有家庭、学校、同伴及网络。微系统是处于特定环境中的个体的活动方式、角色模式和人际关系模式，环境所具有的特殊物理、社会及符号特征能够容许、促进或抑制个体在该环境中的活动方式，以及个体与该环境之间持续进行的相互作用方式。在这一层次上理解儿童的发展，应当谨记所有的关系都是双向的。这就是说，不光成人会影响儿童的行为，而且儿童受生物和社会影响的特性（他们的身体特征、人格和能力）也会影响成人的行为。例如，一个友善、专心的儿童可能会博得成人积极、耐心的反应，而一个易分心的儿童更可能受到约束和惩罚。当这些彼此交互的作用随时间的流逝而反复发生时，它们就对发展产生了持久性的影响（Bronfenbrenner，

1995）。微系统对社会文化传递的作用最为直接。

中系统是指个体与其所处的微系统及微系统之间的联系或过程。例如，儿童的学业进步不仅取决于他/她在班级中的活动，而且还受父母参与学校生活和孩子自己在家中继续学习程度的影响（Epstein & Sander, 2002）。

外系统是指那些个体并未直接参与但却对个人有影响的环境，如传媒、社会福利制度等。这些社会环境可以是正式的组织，如父母的工作场所、社区的健康和福利机构。比如说，灵活的工作日程安排、父母双方照料孩子的带薪假期、孩子生病时父母的病假，这些都是工作环境协助父母抚育儿童、间接促进孩子发展的方式。外系统的支持也可以是非正式的，如家长的人际网络（能为他们提供亲情、友情甚至是经济支持的那些朋友和延伸家庭）。

宏系统是一个文化系统，涵盖社会的宏观层面，比如价值取向、生产实践、风俗习惯、发展状况等。宏系统包容着微系统、中系统及外系统。

除了上述环境系统以外，还存在着一个时间系统（chronosystem），用于解释成长的时间维度。生活事件的变化可能是源于儿童外界环境的作用，同时，这些变化也可能是源于儿童自身，因为在成长的过程中，儿童会选择、修正和创造他们自己的环境和经验。而儿童选择、修正和创造环境和经验的方式又取决于他们自身的身体、智力、人格特点和环境机遇。

因此，在生态系统理论看来，发展既不是由外界环境所控制的，也不是由个体的内部倾向性所决定的。而应当说，儿童既是环境的产物又是环境的缔造者，儿童与环境共同建构起一个相互依赖、共同作用的网络。人与环境之间达到最佳拟合有利于心理发展，如果拟合不理想，人就会通过适应、塑造或更换环境来提高拟合度。关注人—环境的拟合度，为现实状态下个体的心理发展研究提供了新思路。

相对于精确的实验室实验结果，自然生态条件下的行为观察能更真实地把握个体发展的整个图景，参考价值或许也更大。

第八节　毕生发展观

传统上的发展心理学，关注的是从出生到发育成熟这一阶段个体的成长与发展。因此，从某种程度上说，发展心理学几乎就等同于儿童心理学。从 20 世纪 60 年代后期开始，受系统科学方法论的影响，以及现代社会逐步向老龄化过渡，加之发展心理学本身研究范围的拓展，越来越多的心理学家开始将人的毕生发展作为研究对象，毕生发展观（lifespan development perspective）也逐步成为发展心理学中的主流趋势。因此，尽管本书主要阐述的是儿童心理发展，但为了更好地明晰儿童发展与人的一生发展之间的内在联系，仍然非常有必要介绍有关毕生发展的心理学思想。

德国柏林的 Max Planck 人类发展研究所（Max Planck Institute for Human Development）是目前毕生发展领域内的研究中心，该研究所的巴尔特斯（P. B. Baltes，1939—2006）是毕生发展心理学研究的倡导者和代表人物，其研究奠定了毕生发展心理学的理论基础与研究范式。

下面简要介绍毕生发展观的基本思想。

一、个体发展是整个生命发展的过程

人的一生都处在不断的发展变化中，从生命的孕育到生命的晚期，其中的任何一个时期都可能存在发展的起点和终点。传统的心理发展观主张心理发展从生命之初开始，儿童青少年是发展的主要年龄阶段，到成年期处于稳定，到了老年阶段，心理衰退则成为其主要特征。因此，传统的心理发展观强调早期发展经验对以后发展的重要性，认为后继的发展直接取决于先前的经验。毕生发展观则主张心理发展不仅取决于先前的经验，而且也与当时特定的社会背景等因素有关，因此，一生发展中任何阶段的经验对发展均有重要的意义，没有哪一个年龄阶段对于发展的本质来说特别重要。

二、个体的发展是多方面、多层次的

心理和行为发展的各个方面，甚至同一方面的不同成分和特性，其发展的进程与速率是不相同的。表现在个体身上，有些方面的发展变化可以表现为一条不断平稳上升的直线，有些方面则可能表现为一条波动的曲线；有的方面先慢后快发展，有的方面则先快后慢发展，也有的方面是终生保持不变或是终生都在不断地改变。例如，在智力发展领域，巴尔特斯将智力分成认知机械（mechanics of cognition）和认知实用（pragmatics of cognition）两种成分，或称液态机械和晶态实用，基本对应于卡特尔（1971）所提出的液态智力和晶态智力。认知机械反映了认知的神经生理结构特性，它随生物进化而发展，以信息加工基本过程的速度和准确性为指标。目前的研究主要集中在信息加工的速率、工作记忆和对无关信息的抑制三方面，其中以工作记忆的研究为核心。认知实用主要与知识体系的获得和文化的作用密切相关，它多以言语知识、专业特长等为指标，其中以才智（wisdom）为典型指标。认知机械与认知实用有着不同的发展轨迹，前者在成年早期就开始衰退，呈较明显的倒 U 形发展趋势；后者在成年期后仍不断增长，只是增长的速度明显变慢，并在老年后期出现衰退（见图 2-11）。

毕生发展观以一种更为全面的眼光来审视发展。它认为发展并不简单地意味着功能上的增加，生命历程中任何时候的发展都是获得与丧失、成长与衰退的整合，任何发展都是新适应能力的获得，同时也包含已有能力的丧失，只是其得与失的强度与速率随年龄的变化而有所不同。以语言的发展为例，在个体获得本民

族语言的同时，其对其他语言的发音能力明显降低了。

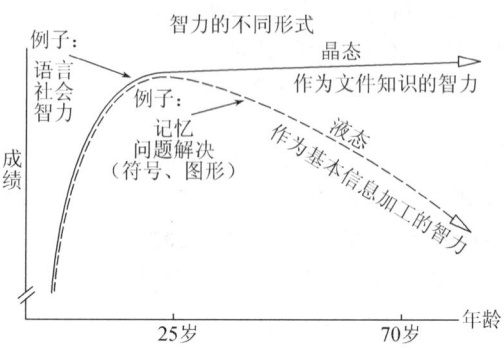

图 2 - 11　认知机械和认知实用的发展

三、个体的发展是由多种因素共同决定的

毕生发展观认为，主要有三类影响系统决定个体的发展：一是年龄阶段的影响，主要指生物性上的成熟和与年龄有关的社会文化事件，包括接受教育的年龄（如 6 岁入学、18 岁高考等）、女性更年期、职业事件（如退休）等，而青少年的发育是最典型的年龄阶段的影响。二是历史阶段的影响，指与历史时期有关的生物和环境因素，如战争、经济状况等。当今的儿童都在网络世界里成长，称其为"网络一代"是历史阶段的影响。三是非规范事件的影响，指对某些特定个体发生作用的生物与环境因素，包括疾病、离异、职业变化等，对每个人而言，所遇到的非规范事件都不一样，其影响的效果也可能截然不同。可以说，这三类影响系统共同决定了个体一生发展的性质、规律和个体间的差异。

四、个体发展是带有补偿的选择性最优化的结果

在巴尔特斯等人看来，选择、最优化、补偿三者之间的协调（orchestration）存在于个体发展的任何过程之中。毕生发展是带有补偿的选择性最优化（selective optimization with compensation，简称 SOC）的结果。

选择是指个体对发展的方向性、目标和结果的趋向或回避。最优化是指获取、优化和维持有助于获得理想结果，并避免非理想结果的手段和资源。补偿则是由资源丧失引起的一种功能反应，主要有两种类型：创造新手段以达到原有的目标或调整目标。

毕生发展观所产生的影响是巨大的，借助这种观点，我们可以更全面、更深刻地理解人的发展过程，以及不同年龄阶段在生命历程中的意义与价值。

【问题与思考】

1. 你是如何理解行为主义发展观的？

2. 试述弗洛伊德和埃里克森发展观的异同。

3. 一个 4 岁大的孩子害怕黑暗，晚上不愿意去睡觉。若要对该问题的形成加以解释，精神分析学家与行为主义者的观点会有怎样的不同？

4. 依据相互作用论的观点，同化与顺应是心理发展的主要机制。你是如何理解的？试举例说明。

5. 最近发展区观点对儿童心理发展与教学有怎样的启示？

6. 生态系统理论如何解释个体心理的发展？

7. 如何理解个人发展是带有补偿的选择性最优化的结果？

8. 对于本章所介绍的儿童心理发展的理论，请你分别作出评价。

第三章 心理发展的遗传与环境因素

【本章提要】

心理发展主要受遗传与环境两方面因素的影响。在心理学历史上，从未间断过心理发展的遗传—环境之争，或者说天性—教养之争。本章主要探讨在儿童发展阶段，遗传与环境是如何相互作用以影响个体心理发展的。第一节从大脑与中枢神经系统的发育、动物与人类遗传作用的研究、人类的主要遗传疾病等视角，分析了遗传在心理发展中的影响作用。第二节则从胎内环境、动物与人类的早期经验，以及家庭、学校与社会文化背景等环境因素入手，系统地探讨了环境对心理发展的影响。基于单纯由遗传决定或由环境决定的心理发展几乎是不存在的，遗传因素与环境因素对心理发展的作用是相互依存、相互渗透的，因而在第三节，我们重点从遗传与环境在心理发展中各自"起多少"作用以及"怎么样"起作用上，进一步解释了遗传与环境的辩证关系。

【学习重点】

1. 把握大脑与中枢神经系统的发育特点及其与心理发展之间的关系。
2. 了解遗传在心理发展中的作用。
3. 了解环境在心理发展中的作用。
4. 把握遗传与环境在心理发展中的辩证关系。

【重要术语】

天性—教养之争　同卵双生子　唐氏综合症　遗传力　共享环境　非共享环境　遗传—环境关联

心理的发展究竟是先天遗传的结果，还是环境影响使然？这个问题涉及人们对影响心理发展的因素的看法，也是历史上从未间断过的遗传—环境之争，或者说是天性—教养（nature-nurture）之争。从早期的遗传决定论和环境决定论两大阵营，到"二因素论"的调和，再到主客体相互作用论，发展心理学家对遗传、环境、个体能动性在发展中的作用作了多方面的探讨。随着基因工程研究的兴起，心理学家对影响发展的因素又开始了新一轮的重新审视。本章主要对影响心理发展的遗传与环境因素进行介绍与分析。

第一节　遗传对心理发展的影响

无论是动物还是植物，遗传是保持生物性状的最普遍现象，所谓"种瓜得瓜，种豆得豆"，"龙生龙，凤生凤"。遗传因素在个体身上体现为遗传素质，主要包括机体的构造、形态、感官和神经系统的特征等通过基因传递的生物特性，而其中最主要的是大脑和神经系统的解剖特点。遗传素质在精子和卵子结合的一刹那就已经决定了，它是心理发展的生物前提和自然条件。

一、大脑与中枢神经系统的发育

人类心理发展遗传效应的体现离不开大脑和神经系统。大脑和神经系统是儿童心理发展的物质基础。在母亲怀孕的第4周，胚胎首先形成的系统就是神经系统。最先发展的是神经系统的低级部位，此时受精卵中出现第一根神经管，能对外界刺激作出反应。第8周大脑皮层已粗略分化，胎儿对母体信息比较敏感。到了第26周，胎儿大脑皮层已经基本上具有和成人大脑一样的沟回以及皮层结构，这是大脑形态上的初步发展（见图3-1）。人脑皮层的细胞主要是在怀孕第15—18周形成的，到出生后2岁，脑细胞不断分裂，数目增加，体积继续增大。2岁以后脑细胞停止增殖，但发育仍在进行。

（一）脑重量的增加

新生儿出生时的脑重量约400克，已达到成人脑重的25%，而同时期新生儿的体重仅为成人体重的5%左右（新生儿体重约3千克，成人体重平均为60千克）。出生后儿童脑重量随年龄增长而增加，增长的速度表现为先快后慢，到6、7岁时儿童的脑重接近成人水平，约1 280克，相当于成人脑重的90%。以后的增长就很缓慢，到20岁左右停止增长。

（二）脑皮层结构复杂化

出生后脑的发展主要在于脑皮层结构的复杂化和脑机能的完善化。研究发现，儿童大脑重量的增加并不是神经细胞大量增殖的结果，而主要是神经细胞结构的复杂化和神经纤维的伸长。新生儿的大脑皮层表面较光滑，沟回很浅，构造十分简单，以后神经细胞突触数量和长度增加、分支增多，神经纤维开始以不同的方向越来越多地深入到皮层各层，神经元之间的联系也越来越丰富，这都导致大脑重量的迅速增加（见图3-2）。

与此同时，大脑神经纤维逐步髓鞘化。神经纤维髓鞘的作用类似于电线外部的那层绝缘体，它可以保证神经兴奋沿一定的道路迅速传导。新生儿出生时，脑的低级部位（脊髓、脑干）已开始髓鞘化。接下来是与感觉运动有关的部位髓鞘化，然后是与运动系统相关的部位，最后是与智力活动直接相关的顶叶、额叶区髓鞘化。到6岁末，儿童基本完成所有皮层传导通路的髓鞘化。

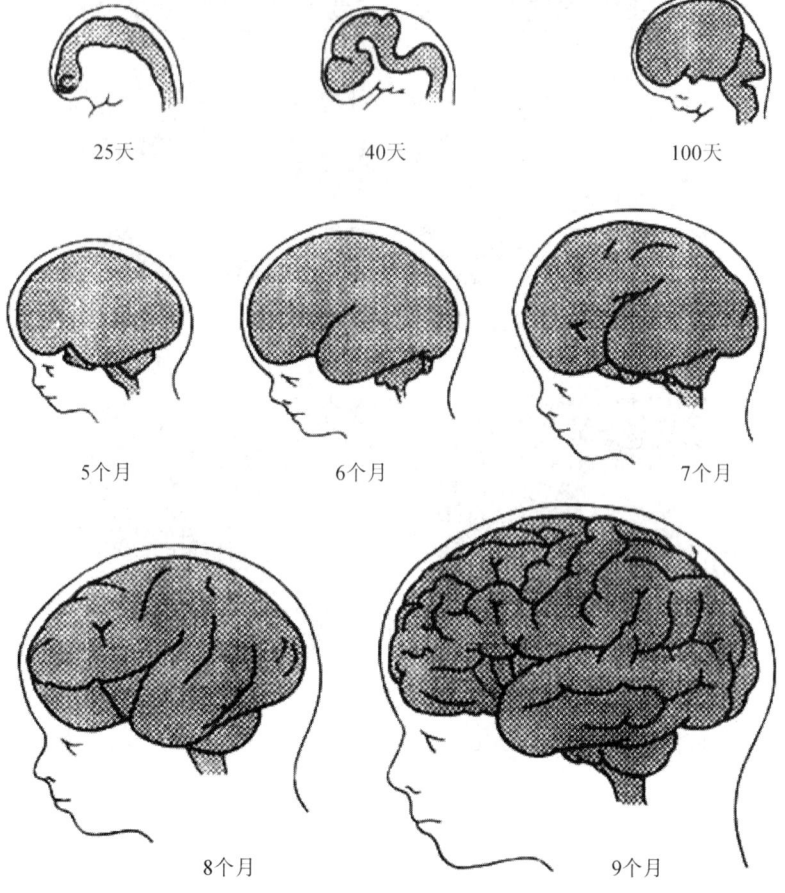

25天 40天 100天

5个月 6个月 7个月

8个月 9个月

图 3-1 大脑皮层的发育

　　大脑皮层机能的发展，不仅表现在兴奋过程中，还表现在抑制过程中。儿童年龄越小，兴奋过程的优势就越明显，兴奋也特别容易扩散。随着大脑机能的发展，皮层抑制机能也相应得到发展，抑制行为也逐渐精确而稳定。大脑皮层抑制机能的发展是大脑机能发展的重要标志之一，皮层抑制机能发展的前提之一便是大脑神经纤维髓鞘化。

　　到 7 岁左右，儿童的大脑两半球皮层已发展得相当成熟。除额叶区尚不够成熟外，皮层细胞结构分化基本结束。此后，神经细胞突起的分支继续增大，神经元之间的联系进一步加强，大脑两半球皮层的机能开始完善。到 12 岁左右，额叶区内神经元之间的联系以及该皮层区与大脑其他皮层区之间的联系已经成熟，标志着脑结构在形态上发育基本完成。

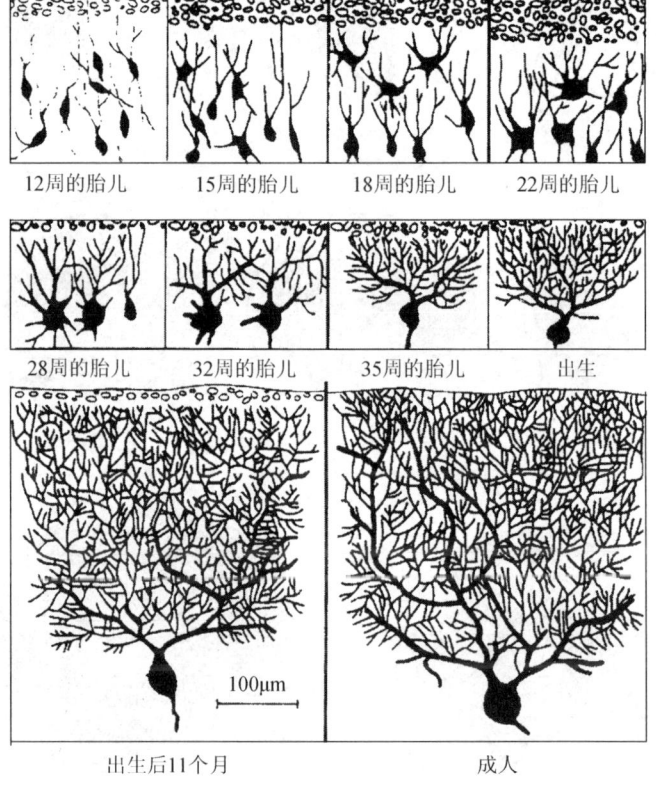

图 3 - 2　从胎儿到成人的大脑神经联系

专栏 3.1　从脑电特征看儿童的脑发育

借助于脑电频率，也可以考查大脑与神经系统的发育过程。人脑电波有多种形式，其中 α 波是人脑活动的最基本节律，频率为 8—13 次/秒，α 波在成人时呈现频率相当稳定。θ 波的频率一般在 4—7 次/秒，正常成人在觉醒状态下很少出现 θ 波。δ 波的频率一般为 0.5—3 次/秒，意味着皮层活动性降低，正常成人在觉醒状态下绝少出现。

刘世熠（1962）发现儿童脑电图的发展趋势是：新生儿的脑电多为 δ 波，并且表现不规则、不对称、不成形。随儿童年龄增长，脑电波趋向规律，频率升高。一般 5 个月时枕叶开始出现 θ 波；1—3 岁时 δ 波减少，θ 波增多，同时出现少量 α 波。4—7 岁时 θ 波减少，α 波增多；8—12 岁时 θ 波开始从枕叶、颞叶、顶叶消失，α 波占主要地位；13 岁左右脑电波基本达到成人水平。

若以儿童的脑电活动频率基本上达到 α 波范围与 θ 波基本消失作为成熟的指标，则儿童的枕叶到 9 岁基本成熟，颞叶到 11 岁基本成熟，而全皮质（指枕叶、颞叶与顶叶）则到 13 岁才基本成熟。可见儿童大脑各区的成熟顺序是按照枕叶

→颞叶→顶叶→额叶的方向进行的（见图3-3）。

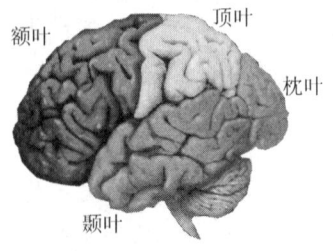

图3-3　儿童脑发展成熟顺序示意图

（三）神经可塑性

神经可塑性是指先天预定的神经结构或功能具有一定的适应性和可变性，并具有一定的学习能力。过去人们曾认为神经损害是难以恢复的，与其他组织（如肌肉和皮肤）相比，其可塑性非常小。最近的研究提示，脑的可塑性比人们想象得要大。

大脑早期可塑性表现为可变更性和代偿性。可变更性是指某些细胞的特殊功能可变更，代偿性是指一些神经细胞能代替邻近受损伤的神经细胞的功能。但这些必须发生在早期，过了一定敏感期，缺陷将永久存在。可塑性还表现为中枢神经系统受损伤后，仍可在功能上形成通路，如轴突绕道投射，树突出现不寻常的分叉，并产生非常规性的神经突触，以达到代偿的目的。

通过学习或训练所进行的智力开发，是脑的可塑性的一种重要表现。脑科学研究表明，脑的可塑性至少体现在三个层次上：突触可塑性、神经元条件性活动以及皮层功能代表区的可塑性。

研究发现，儿童大脑神经突触的成长呈倒U形的特点。新生儿的突触密度较之成人要低，然而在出生后的几个月中，婴儿大脑中突触的形成超过了成人的水平。到4岁时，突触密度在脑的所有领域已经达到顶峰，并超过成人水平的50%。到青春期左右，剪除过程（pruning process）使得突触在数量上减少，这种减少过程持续到成年期，达到成熟水平（Johnson，1997）。

专栏3.2　早期心理发展不成熟及其适应功能

我们可以明显地看到，与其他灵长类的婴儿相比，刚出生的人类婴儿不论身体、感知觉还是智力上的发展，都不够成熟和老练，需要父母投入更多的时间与护理，需要更长时间的成长与发育，才能达到成熟。这也意味着人类的发展相对有些迟滞。

发展不成熟（immaturity）的观点认为，不成熟不等同于发展不良，它可能在儿童生活和发展中发挥着相当大的适应作用；童年的某些方面并非必然是为成

年期作准备，它可能只具有使儿童适应其当时环境的作用。因此，不成熟不应直接与无效相联系，相反，它为进化过程中机体的新变化提供了时间和机会。

发展不成熟具有适应作用。例如，年幼儿童有限的运动能力，使他们不能远离父母到处走动，因而减少了遇到各种风险的可能性。此外，幼儿往往过高估计自己的能力，对自己将来的表现往往持比较乐观（当然往往比较不现实）的预期，并且较少根据自己过去的失败经历来预测自己将来的表现。这种无视自己局限而仍保持乐观的态度，以及不成熟的元认知发展水平，可能鼓励儿童去尝试各种他们目前尚不能掌握的更多样和更复杂的行为，从而促进长远的认知收益。

发展不成熟还为人类发展提供了易变性与可塑性。人类社会的复杂性高，可变性大，这就迫使人类比其他物种更多地依赖于成长过程中的学习和行为塑造来获得成功。延长发育最重要的是与大脑和行为的可塑性有关，缓慢的成长为人类提供了易变性，以使他们在生命中能随环境的差异而产生更多的变化。尤其重要的是，年幼儿童的大脑由于尚未成熟，不会刻录每一件事，在进一步发展的过程中可以重新刻录或"连线"，这就增加了认知和行为的可塑性。

（四）大脑的反射活动

脑的基本活动就是反射活动。儿童运用各种感官接受来自体内外的刺激，然后通过大脑的分析加工作出反应。通过各种反射活动，儿童与外界取得平衡。

新生儿的大脑皮层尚未成熟，神经活动主要是在皮层下部位进行的一些先天遗传的无条件反射。这些无条件反射对于新生儿的生存、适应以及唤起父母的关注和照料具有至关重要的意义（见表3-1）。

表3-1　新生儿的反射活动

反射	刺激	反应	消失的年龄	功能
眨眼反射	强光照射眼睛或在靠近头的地方拍手	婴儿快速合上眼睑	持续终生	保护婴儿免受强刺激伤害
觅食反射	触摸嘴角周围的面颊	头转向刺激源	三周（此时发展为自主的转头行为）	帮助婴儿找到奶头
吮吸反射	手指放在婴儿的嘴上	有规律地吮吸手指	四个月后被自主的吮吸行为代替	提供喂养的可能
游泳反射	将婴儿脸朝下放在水池中	婴儿的双臂和双腿会做出游泳样的划水动作	4—6个月	如果掉到水里，能帮助婴儿生存

（续表）

反射	刺激	反应	消失的年龄	功能
摩罗（惊跳）反射	水平地抱着婴儿的背部，让头稍下垂；或突然出现一个巨大声音	婴儿做出"拥抱"状的动作，弓背，伸腿，双臂外展伸直，然后双臂收拢呈抱物状	6个月	在人类过去的进化史中，此反射可能有助于婴儿抱紧母亲
抓握反射	将手指放在婴儿手上，按压手掌	自动地去抓手指	3—4个月	为婴儿自主的抓握行为作准备
强直性颈部反射	婴儿平躺时把它的头转向一侧	婴儿以"击剑"姿势躺着：与头所转方向同侧的手臂伸直，对侧手臂弯曲	4个月	可能是为婴儿自发的伸手取物作准备
行走反射	双手放在婴儿腋下，抱住婴儿，使其光脚接触平地	婴儿能像走路那样两脚轮流迈步	体重增长较快的婴儿2个月后消失，体重轻的婴儿会再持续一段时间	为婴儿自主行走作准备
巴宾斯基反射	从足尖到足跟，触击婴儿脚底	脚趾呈扇形张开，足部向内卷曲	8—12个月	未知

这些无条件反射还具有两方面的重要价值。首先，一些反射为稍后发展的复杂动作技能打下了基础。例如，强直性颈部反射可能是在为婴儿自主的伸手取物行为作准备。当婴儿以"击剑"姿势平躺着时，他们会很自然地盯着眼前的手。这个反射可能鼓励婴儿将眼睛的视觉与手臂的动作整合在一起，最终发展为伸手取物。其次，大多数新生儿反射在6个月内就消失了，因此，它们的消失时间可以作为神经系统是否成熟或有无障碍的一种指标。如果在应该消失的时候依然存在，则表明脑和神经系统的发育有可能不正常。这也就意味着，随着大脑皮层的发育，皮层下无条件反射逐渐减少，婴儿对行为的自主控制逐渐增加。

二、遗传作用的研究

（一）动物的行为遗传

对动物进行选择性繁殖，可以看到一些遗传效应。屈赖恩（R. C. Tryon）依据走迷津能力的高低将一群最初未加挑选的白鼠分类，选择其中聪明的公鼠与聪明的母鼠配对、繁殖，迟钝的公鼠与迟钝的母鼠配对、繁殖，再对子代白鼠走迷津的能力进行考查。这样重复到第七代，聪明组与迟钝组的表现相差极为明显：聪明组白鼠进入盲路的次数要大大低于迟钝组白鼠（见图3-4）。这说明，动物的某些行为能力具有明显的遗传效应，不同遗传素质的白鼠具有截然不同的学习

能力。

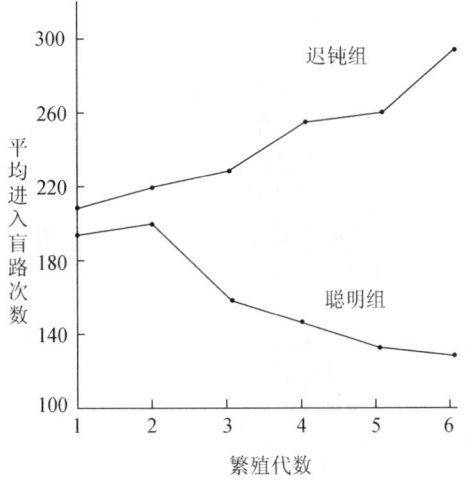

图 3 - 4　选择性繁殖与白鼠走迷津错误次数间的关系

　　动物的行为遗传实验所得的结果虽不能简单地推论到人类，但可以说明学习能力的遗传是存在的。

（二）家谱与血缘分析

1. 家谱分析。家谱分析是通过对某个"标志对象"（即具有某一特征或某种异常行为的典型个案）的家庭历史、亲属关系的调查，以分析这种特征在该家系中出现的频率。

　　英国遗传学家高尔顿（F. Galton）坚持以遗传的观点来解释个体差异。他认为遗传在发展中起决定作用，儿童的心理与品性早在生殖细胞的基因中就已经决定了，发展只是这些内在因素的自然展开，环境和教育只起引发作用。高尔顿运用名人家谱调查法，从英国的政治家、法官、军官、文学家、科学家和艺术家等名人中选出 977 人，调查他们的亲属中有多少人成名。结果发现，名人的亲属中有 332 人也同样出名。而对照组中是人数相等的普通人，他们的亲属中只有 1 个名人。高尔顿认为，两组群体出名人比率如此悬殊，证明能力受遗传决定。在随后对名人的孩子与教皇的养子进行的比较调查还发现，教皇养子成名的比率不如名人之子多，高尔顿认为教皇养子的环境条件与名人之子相仿，因而名人之子成名更多的原因在于遗传而不是环境。

2. 血缘关系研究。血缘关系研究是通过探查家族中不同亲密关系的亲属之间的基因遗传相似程度（即血缘关系的远近）与他们的某些心理特征之间的相似程度，来推测遗传对心理发展的作用。研究表明，智商之间的相似性与遗传基因之间的相似性的确存在相关性。图 3 - 5 反映的是来自八个国家的"智慧"测验相关系数，可见遗传特性越接近，智慧的相关程度就越高。

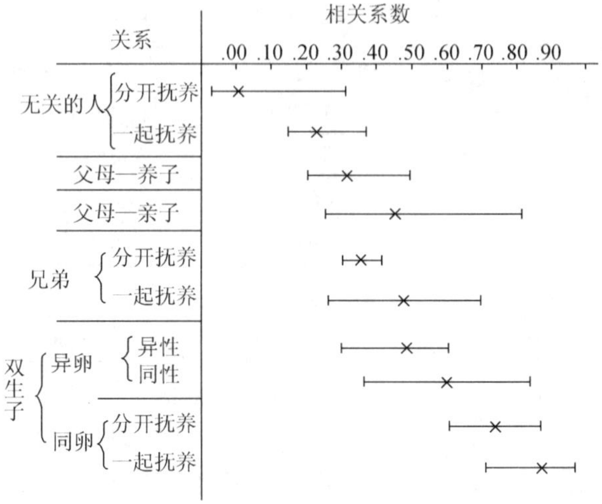

相关系数

| 关系 | .00 .10 .20 .30 .40 .50 .60 .70 .80 .90 |

无关的人 { 分开抚养 / 一起抚养

父母—养子

父母—亲子

兄弟 { 分开抚养 / 一起抚养

双生子 { 异卵 { 异性 / 同性 } 同卵 { 分开抚养 / 一起抚养 }

图3-5 来自八个国家的"智慧"测验相关系数

家谱、血缘分析虽有一定的价值，但由于家族往往不仅在遗传上有联系，而且相当长时期是共处于相似的环境，因而由此推断遗传对某个特征的决定作用似过于绝对。

（三）双生子对比研究

对同卵双生子（identical 或 monozygotic twins）与异卵双生子（fraternal 或 dizygotic twins）或普通兄弟姐妹的比较，是研究遗传对心理发展作用的最有效的途径。同卵双生子是由同一个受精卵分裂而成的两个胚胎各自发育成的两个个体，两者具有几乎完全相同的遗传特性。因此，同卵双生子所表现出来的心理与行为上的相似性，可以看成是遗传对发展所起的作用；同时可以把同卵双生子心理与行为发展的差异归因于环境因素。而异卵双生子之间与普通兄弟姐妹之间一样，皆只有50%的共同基因，因此，异卵双生子之间的发展差异与普通兄弟姐妹之间应无太大区别。这样，我们可以通过对比同卵双生子与异卵双生子对内的行为差异，来分析某种行为的遗传效应。

有研究者（Buss & Plomin，1975）选取了139对四岁半的同卵和异卵双生子，就情绪稳定性、活动性（爱动或好静）、社会性（活泼或羞怯）三种人格特质进行了评定。结果发现，在这三种人格特质上，同卵双生子之间的相关均显著高于异卵双生子之间的相关（见表3-2）。

表 3 - 2　双生子之间人格特质的相似程度

人格特质	男孩间的相关		女孩间的相关	
	同卵双生	异卵双生	同卵双生	异卵双生
情绪稳定性	0.68	0.00	0.60	0.05
活动性	0.73	0.18	0.50	0.00
社会性	0.63	0.20	0.58	0.06

经双生子对比研究后发现，人的体征的遗传制约性比行为能力的遗传制约性要大，其中发色、眼色的遗传最为明显；不同的心理行为受遗传的制约程度不同，如言语、空间、数等能力的遗传一般要大于记忆、推理方面的遗传；人格方面也存在着遗传效应，如美国和以色列的研究人员发现，个性中的好奇心与第11 对染色体上的基因有联系，而在第 17 对染色体上则存在与焦虑有关的基因。

三、遗传疾病

我们知道遗传物质的载体是染色体，遗传物质是 DNA（脱氧核糖核酸）。它们的变化往往使人类引起遗传疾病。遗传疾病一般由基因突变和染色体异常造成。

基因突变是细胞内遗传物质的化学成分、DNA 链上某一小段由于某种原因所引起的分子结构的变化。突变发生后按照各种遗传方式传递给后代。基因遗传病传代规律复杂，可分为常染色体显性遗传、常染色体隐性遗传、性连锁显性遗传、性连锁隐性遗传等。

染色体异常是由于细胞核内染色体数目减少或增加，染色体某一节段的缺失或易位造成的，能从光学显微镜中看到，由于每一染色体内包含有近千个基因，因此染色体异常往往表现为多种缺陷的综合征，病情比较严重。

唐氏综合征（Down's syndrome）是最常见的染色体先天缺陷，它又称为先天愚型、伸舌样白痴。它是以身体和智力的迟钝为特征的，并且患者有相当独特的外貌特征。患者一般脸形圆满，两眼旁开，塌鼻梁，口小舌大，伸舌流涎，耳朵畸形，另外还有一些不正常的特征，如蹼指或蹼足（俗称"通关手"），牙齿异常，用笨拙的扁平脚行走。他们较易患白血病和心脏病，常因呼吸道感染导致早夭。由于医学技术的进步以及对唐氏综合征患者的及时治疗，他们的生命期已经大大地延长。与其他类型的（如多动的、任性的、不能控制行为的）异常儿童相比，大多数唐氏综合征儿童充满感情、安静、性格较开朗，因而更有可能被关在家里待很长一段时间。这种由遗传所导致的智力缺陷，目前尚没有有效的途径来加以克服，处理方法是使儿童的潜能尽可能得到充分的发展。

1959 年，有人证实了唐氏综合征是由于第 21 号常染色体上的偏差所引起。

这是遗传学上的重要突破，也是首先得到证明的由常染色体的异常引起人类疾病的病例。它归因于第 21 号常染色体的易位或没有分离。在易位时，21 号染色体的一部分附加到另外的染色体上，通常是附加到第 13、14、15 或 22 号染色体上，这样，虽然出现的仍然是 46 条染色体，但是它们的正确排列遭到了破坏。更常见的是染色体没有分离，患病的个体在第 21 对常染色体上有三条染色体，所以这种病也被称做 21 三体综合征，这多余的染色体分配可能是生殖细胞在减数分裂过程中出现的，是减数分裂失败的一种结果。

唐氏综合征可以在出生前通过羊膜穿刺来加以检测。在羊膜穿刺时，一根穿刺针插入羊膜囊，囊包围着胎儿，羊水被移动，这种液体含有胎儿身上脱落的细胞，因为每个细胞含有个体的遗传信息，检查这些细胞就可以知道某种染色体和新陈代谢异常的存在。怀孕的第十六周左右是进行羊膜穿刺的最好时间。在这个时候，有足够的胎儿细胞落在羊水中，而且这时胎儿还小，不会因穿刺而被伤害；另外这时如发现有异常，人工流产是足够早和安全的。

第二节 环境对心理发展的影响

一、胎内环境

环境因素对一个人的影响从受精卵形成的那一刻就开始了。子宫是影响个人成长的最早的环境，又称为胎内环境。一个胎儿与另一个胎儿所受到的胎内环境影响有很大的不同。孕妇的身体健康状况，接触烟酒、毒品及其他药物的情况，怀孕时的年龄，母亲的情绪状态以及分娩状况（如早产或难产）等都可能直接或间接地影响胎儿心理的发展。这里我们分析几个主要的胎内环境因素。

（一）母亲的年龄

一般说来，随着发育成熟，女性从 18 岁开始，约有 30 年左右的生殖期。母亲在生育时的不同年龄会对下一代产生或多或少的影响。

母亲年龄对胎儿的影响主要指两方面：母亲年龄偏小与年龄偏大。年龄太小（18 岁以下）生育，胎儿体重过轻、神经缺陷的可能性增加，这是婴儿死亡的主要原因。年轻母亲分娩困难的概率要高于正常孕妇，也较可能得并发症，如贫血。而母亲年龄偏大，尤其是 35 岁以后生育，易出现分娩困难和死胎增多，另外出现唐氏综合征的可能性会大大增加。因此，20 余岁应该是生育的最佳年龄。

（二）母亲服药

药物对成长中的胚胎或胎儿会有潜在的影响，其作用的大小往往视使用的剂量、时间、次数及药物本身的性质而定。

20 世纪 60 年代初，西德的一家医药公司推出了反应停（Thalidomide）——该药可以减轻孕妇的恶心、呕吐、无名状的难受等常见的早孕反应，还有镇痛、定神、改进睡眠等作用，许多孕妇服用了。结果出现了近万名婴儿畸形：孩子或

是耳鼻发育不完全，或是心脏功能出现问题，最典型的是四肢特别短，上肢表现为挠骨、尺骨完全不存在，手好像直接从肩部长出。

除了反应停以外，某些口服避孕药因含有雌激素，也会伤及胎儿。麻醉剂、抗菌素等都会对胎儿的发展产生影响。母亲吸烟、酗酒对胎儿的危害也类似于药物对胎儿的影响。大量资料表明，吸烟的孕妇或连续暴露于充满烟雾环境中的妇女，早产的发生率、新生儿的发病率及死亡率比一般孕妇高。香烟中的尼古丁可引起周围血管的收缩，直接影响胎儿的血氧供给，同时妨碍了胎儿利用维生素C的能力，过量吸烟可致胎儿宫内发育迟缓。孕妇大量饮酒，会产生胎儿酒精综合征，表现为婴儿生长迟缓、早产、智力落后、身体畸形、患先天性心脏病等。

药物作用于胎儿的方式一般有两种：一种是透过胎盘，对胎儿和母亲产生同样的效果；另一种是药物改变了母亲的生理状况，从而也改变了子宫内的环境。给孕妇应用一种脊髓麻醉药物能使她的血压大大下降，但同时供给胎儿的氧气量也严重减少。因此，怀孕或可能已怀孕的妇女应避免使用任何药物，如果确有服药的必要，应在医生的指导下进行。在怀孕的早期，对胎儿的不利影响往往最大。一般妊娠7个月后，胎儿发育已较为完善，药物对他们的作用已大大降低。

（三）母亲的情绪

尽管母亲和胎儿的神经系统之间没有直接的联系，但母亲的情绪状态确实能够影响胎儿的反应和发展。一般而言，母亲所受到的短暂的不良情绪对胎儿的身体和精神不会造成大的危害。但是，如果母亲在怀孕期间遭受了直接的、重大的精神刺激，如丈夫亡故或是遭丈夫遗弃等，或者是长时间的紧张不安、焦虑或夫妻关系不和等，这些情绪状态导致体内的血管收缩，对胎儿的供血量也相应减少，长此以往，可造成对胎儿大脑发育的影响，并造成新生儿身体瘦小、体质差等问题，心理上则表现为易神经过敏与偏执。孕妇过于激烈波动的情绪，还有可能导致流产。

母亲受到的极度精神刺激或长时间刺激，一方面作用于大脑，并传递到下丘脑使母亲产生消极的情绪体验，另一方面使母体释放出一种叫儿茶酚胺的激素。这种激素会通过胎盘进入胎儿的血液，同样使胎儿体内发生化学变化，并通过植物神经系统与内分泌系统，使胎儿产生与母亲类似的情绪反应。

母亲的情绪与胎儿的情绪并不存在一一对应的关系。但母亲种种激烈的情绪反应，或长时间的消极情绪，会在胎儿身上产生累积效应，从而使孩子一出生就带有不良的心理状态。

二、早期经验

相对于人类而言，在动物身上进行有关早期经验的剥夺与早期环境条件的丰富性研究更具有现实可行性。动物繁殖与成长的周期短，因此能较快地看到研究

的结果，也不受人类道德原则的制约。研究者可以把动物实验的结果在一定程度上推论到人类。

（一）动物早期经验剥夺的研究

罗森兹韦格等（Rosenzweig et al, 1972）在加利福尼亚大学进行了小鼠生存环境对大脑发育影响的比较研究。一组小鼠被饲养在丰富的环境条件下，这些丰富的环境条件包括：大的笼子，有小梯、轮子、小箱、平台等"玩具"。另一组小鼠则置于单调的环境条件下，每天除了定时有食物供应外，没有丰富的环境刺激。4—10周以后，对两组白鼠分别进行解剖。解剖的结果是，成长于丰富环境的白鼠，大脑皮质更厚、更重，乙酰胆碱酯酶（acetylcholinesterase）、胆碱酯酶（cholinesterase）的活性更强，神经胶质细胞更丰富，细胞体与细胞核更大，突触联系更丰富。该研究充分说明早期丰富的环境刺激有助于动物大脑神经系统的发育。

哈洛（H. F. Harlow, 1970）和他的同事把刚出生的恒河猴隔离在特制的房间里，猴子成长所需要的物质条件都能得到满足，如食物与水都能自动供应，但不同人和其他猴子接触。研究发现，隔离时间长的恒河猴，会造成心理上的失调。这些猴子与其他处于正常环境的小猴相比，显示了许多异常的行为模式，如自己咬自己，表示害怕的怪相，走路身子摇晃，喜欢独自蜷缩在角落里，还有许多刻板的动作。幼猴行为失常的严重性与隔离时间的长短、隔离开始的时间有关。

（二）早期生活经验对儿童心理发展的影响

由于在孤儿院里，一个照料者往往要照看许多孩子，而且照料者经常被更换，因此，生活于其中的儿童很少受到社会刺激，也很少有机会与其他儿童建立关系。在有的孤儿院里，小孩子的婴儿床之间用布帘隔开，儿童没有机会看到外面，很少接收到知觉—认知信息。久而久之，这些儿童因为长时期躺在婴儿床上，逐渐变得忧郁，因此，当他们到了可以自己环视四周、探索世界的年龄，就表现出许多适应方面的缺陷。

墨森（P. H. Mussen）等心理学家总结了早期进孤儿院的孩子的发展状况，认为这些孩子与一般孩子有三方面的差异：孤儿院的孩子明显爱闹事（如脾气暴躁，欺诈偷窃，毁坏财物，踢打他人），更依赖大人（需要别人留意，要求不必要的帮助），更散漫和多动。研究者认为，与成长于正常家庭环境的孩子相比，生活在孤儿院的孩子往往既缺乏认知与社会性刺激，也缺乏应答性的反应，因而形成情绪与社会性方面的缺陷，并且一直持续到成年期。

研究发现，环境对于那些有危险遗传因素的个体影响更大。环境的影响通常还与关键期、早期经验等密切相关。在某些特定的时期，儿童的确会显著地从某种经历或环境因素中获益，或者是受到伤害。按照关键期的观点，这些经验是无法替代或是无法治愈的。不过同样有研究表明，儿童具有相当的恢复能力，他们

能够克服由于经验不足或操作不当所造成的绝大多数负面效应。

三、家庭

就影响力和影响广度而言，任何环境因素都比不上家庭。在家庭里，孩子们在游戏和探索客体的过程中，开始认识物质世界。家庭也将人与人联系在了一起，而且这种联系是独一无二的。对父母的依恋通常会持续一生，并成为个体在更广阔的社会空间如社区、学校和社会中建立人际关系的原型。在家庭中，孩子学会了本文化中的语言、技能以及社会和道德价值观。

（一）家庭动力系统

可以认为，家庭是一个复杂的互动的社会系统，各个系统之间发生着双向的调节作用，任何一个子系统的变化都会对其他子系统发生影响。家庭系统主要有以下这样几个特点。

1. 儿童不是被动的受影响者，抚养行为和儿童行为之间并不是单向的关系，他们之间的关系是相互的。儿童本身的特点影响着父母的教养行为，并且影响着父母的成长。

2. 家庭是一个复杂的社会系统，儿童的心理发展不是由单一因素决定的。大体上看，影响儿童心理发展的家庭因素可以分为直接因素和间接因素。直接因素指的是直接和儿童发生互动的因素，主要为父母的教养方式。间接因素指的是不直接与孩子发生互动的因素，主要有家庭关系、家庭结构（即家庭成员的组成，爷爷奶奶是否同住等）、家庭的经济状况、父母的受教育程度、父母的工作压力等。

3. 家庭系统是社会大系统的一部分，并受到社会系统的影响。存在于家庭之外的学校系统以及成长所处的社会文化系统与家庭子系统的关系最为密切。

4. 系统具有调节功能，随着儿童的发展，父母与孩子的互动方式会发生相应的变化。例如，当孩子掌握了新的技能时，父母就需要调整方式以应对孩子能力的增长。我们可以来对比一下父母和婴儿的相处方式与父母和正在蹒跚学步学话的小孩的相处方式。对于几个月大的婴儿，父母花大量的时间给孩子喂食、换尿布、洗澡、哄其睡觉。从出生到1岁，孩子的变化是非常显著的。1岁时，孩子会用手指着认出很多东西、叫出许多物体的名字，还会扶着家具走来走去。相应地，父母对孩子身体的照料会变少，会花更多的时间和孩子说话、做游戏，并教孩子遵守规则。这些新的互动方式促进了孩子运动、认知和社会技能的发展。

时代的发展也会引起家庭系统的不断变化。最近几十年来，人口出生率下降、离婚率升高、女性扮演的角色越来越多、社会对同性恋日益宽容、生育时间推迟，这些因素已经导致家庭变小，出现了更多的单身父母、再婚父母、同性恋父母、雇佣妈妈和双职工家庭，家庭变得比以往任何时期都更多样化。

（二）家庭环境与心理发展

家庭环境的质量是影响孩子心理发展的重要因素。西默洛夫等（Sameroff et al, 1993）对一个儿童样本从 4 岁追踪到 14 岁，并在这两个年龄时，用表 3 - 3 所列的危险因子项目对儿童的家庭环境进行了测量。结果发现，儿童的智商与危险因子数目之间存在着负相关，即家庭环境危险因子越多，儿童的平均智商越低。研究还发现，没有哪一个危险因子单独起关键作用，而是若干个因子在联合起作用。儿童 4 岁所经历的家庭危险因子，对 13 岁时的智商仍有预测作用，早期经历困难环境的儿童不但会存在智力发展问题，而且还会有其他方面的适应问题。

表 3 - 3   西默洛夫在家庭环境和智商关系研究中所用的危险因子项目

危险因子	基本描述
少数民族地位	家庭是非裔美国人家庭或波多黎各人家庭
职业	一家之主没有工作或从事技术含量很低的职业
母亲的受教育水平	母亲未完成高中学业
家庭规模	有四个或多于四个孩子
父亲缺失	父亲不在家里
压力大的生活事件	在儿童前四年里家庭至少经历 20 个压力大的事件
养育观念	父母对孩子和养育孩子的观念较为顽固和绝对化
母亲焦虑	母亲超乎寻常的焦虑
母亲心理健康状况	母亲的心理健康状况较差
母亲与孩子的互动	母亲与孩子没有良好的交流与沟通

专栏 3.3   社会经济地位与家庭功能

在工业化国家，人们根据做什么工作以及收入多少来划分阶层，这些因素决定着他们的社会地位和经济收入。研究人员以社会经济地位（socioeconomic status, SES）为指标，评价家庭在这一连续体上的位次。这个指标结合了三个相关但不完全重叠的变量：1. 受教育年限；2. 所从事的工作带来的声望和所要求的技能，这两者用来衡量社会地位；3. 收入，用来衡量经济地位。

SES 与做父母的时机选择、家庭规模相联系。以熟练工种、半熟练工种的体力劳动为职业的人（如机械师、卡车司机、保管员），与白领及专业人士相比，往往结婚早，生孩子也早，生的孩子也更多。在抚养孩子的价值观和期望上，这两类人也有差异。例如，在问到他们希望孩子具有什么样的个人品质时，低 SES 分数的父母更注重像顺从、礼貌、整齐、干净这样的外在特征，而高 SES 分数的父母则更注重像好奇心、幸福、自我导向（self-direction）、认知和社会成熟这样

的心理品质。

这些差异在家庭互动中也会反映出来。SES 得分高的父母会更多地和幼儿说话，给予他们更多的刺激和更大的自由探索空间。孩子长大后，高 SES 分数的父母会给孩子更多的温暖、解释和言语鼓励，并设置更高的发展目标。而低 SES 分数的家庭常出现诸如"你必须做，因为我告诉你了"的命令，以及批评和体罚。

四、学校

学校是一个正式机构，有目的地向孩子们传授他们需要的知识和技能，使他们变成对社会有益的人。学校教育作为特殊的环境和特殊的活动，是影响人发展的环境因素的重要组成部分。

学校是复杂的社会系统，影响到多方面的发展。学校教育是否对人的发展起主导作用，不仅取决于它本身的水平，而且取决于它和其他环境、活动影响之间的协调。不同的学校在物理环境上是不同的：学生们的体格不同、每个班级的学生数量不等、每个学生得到的学习和游戏空间不同。学校间的教育理念也有不同：有的老师认为孩子是消极的、可以被教育塑造的学习者；有的老师认为孩子是积极的、充满好奇心的、能自主学习的；还有的老师把孩子看做合作伙伴，在专家的指引下掌握新技能。此外，学校的社会生活也在许多方面不同，如学生的合作与竞争的程度；具有不同的能力、社会经济地位、种族背景的学生一起学习的程度；教室、过道、操场是安全的、人性化的还是有不安全隐患的；等等。

学校在促进儿童认知发展方面起着重要作用。跨文化研究发现，儿童多方面认知发展受到学校的深远影响，比之其他方面，学校的影响更为有力且更为连贯一致。研究表明，及时入学接受教育的儿童与那些没有接受正式学校教育的儿童相比，前者的认知发展明显更好。儿童在学校里学会了各种知觉分析技能，学会了记忆技巧，能对所学的材料进行精致化加工，掌握了记忆术；儿童逐渐掌握了归纳推理能力，学会了对具体概念进行抽象的能力，掌握了分析与综合的能力；通过学习，儿童能够更准确地理解语言所表达的更为抽象的关系，能够运用语言进行更为复杂准确的交流；最为重要的是，儿童通过在校学习，还学会了对自己的认知过程的更全面的认知和进行更合理的监控，即元认知。

为什么学校具有这么大的影响力呢？罗高夫（Rogoff, 1981）认为可能有以下四个原因：第一，学校教育直接教会了在校儿童必须谙熟的技能；第二，学校重视教给儿童抽象的能力，让他们学会找一般规律，触类旁通；第三，学校教育强调"校内"与"校外"的区别，"校内"所教的内容以言语传授为主，这种教育方式促进了儿童以言语为基础的抽象思维的发展；第四，所有学校的共同目标是为了提高受教育者的文化水平，儿童不但习得了抽象思维等能力，而且掌握了阅读技能，这无疑为他们了解世界打开了方便之门。

五、社会文化背景

只有把儿童放在大的社会文化背景中加以考查，才能完整地揭示其发展规律。社会文化背景是个体成长的宏系统，在这里，我们简要分析文化价值观和公共政策这两种社会文化背景在个体发展中所起的作用。

（一）文化价值观

面对"谁应该负责养育小孩"这样的问题，不同社会文化背景中的人们会给出不同的回答。比如，西方文化背景下，人们大多数会回答"如果父母决定要小孩，那么他们就应该作好照料小孩的准备"，"基本上都会自己抚养孩子，而不愿意别人来打扰他们的家庭生活"。这些回答反映了这些文化背景下公众所持的一个观点：照料和养育孩子是父母的责任。但与此同时，西方的一些黑人居住区、我国的一些农村地区还保持着大家庭（extended family）的传统，在这样的家庭中，父母和孩子往往与其他成年亲属共同生活。在这样的大家庭中，祖父母对年轻一辈起有益的指导作用。当碰到了工作、婚姻或育儿问题时，家庭成员间能相互帮助并提供情感上的支持，而且儿童的养育质量也得到了提高。

除此以外，不同的文化背景对集体主义（collectivism）和个人主义（individualism）的强调程度大不相同。在集体主义社会中，人们把自己看做群体的一部分，强调集体目标高于个人目标。在个人主义社会中，人们认为自己是独立的存在，主要关心他们自己的个人需求（Triandis, 1995）。西方文化比较推崇个人主义，东方文化则比较推崇集体主义。集体主义与个人主义的价值观还强烈地影响着一个国家保护儿童发展的方式。

（二）公共政策

儿童是社会中最需要帮助、关爱和保护的弱势群体。社会公共政策，尤其是儿童政策，是一个国家社会政策的重要组成部分，体现着国家和社会的主导理念和社会价值，也是国家和全社会儿童工作理论和实践的指导原则和基本依据。儿童就是未来，他们是明天的父母和公民。在儿童身上投资，将来在个体、家庭乃至国家层面上都会得到有价值的回报。相反，不对儿童投资将导致"经济效能低下，生产力丧失，必需技能短缺，高额的健康医疗费，监狱费用增长，国家将缺乏安宁、关怀和自由"。因此，在许多国家，儿童问题往往被置于社会经济政策议程的优先领域，作为关系国家兴旺发达的战略性问题被考虑，并体现在与儿童有关的各种福利政策上。

社会发展导致经济总量的快速上升，政府的财政也要相应投入到社会发展的不同领域，以促进儿童良好的身心发展。对美国 50 个州有关儿童的公共财政支出与儿童发展结果之间关系的比较发现，针对儿童的财政支出越多，儿童发展的各种指标上就越有良好的结果（Harknett et al, 2005）。研究者考查了儿童身心发展的四大领域：健康和死亡率、标准成绩测验、青少年期表现、社会经济地位，

这些领域分别有相应的指标（见表3-4）。

表3-4　儿童身心发展状况的评估指标

考查领域	指　标	具　体　描　述
健康和死亡率	婴儿出生死亡率	每1 000个1周岁以下婴儿中死亡的人数
	低体重儿发生率	婴儿出生时体重低于2 500g的百分率
	儿童死亡率	每100 000个1—14周岁的儿童中死亡的人数
标准成绩测验（学业成绩）	四年级数学成绩低分率	百分率
	八年级数学成绩低分率	百分率
	四年级阅读成绩低分率	百分率
	八年级阅读成绩低分率	百分率
	八年级写作成绩低分率	百分率
青少年期表现	高中辍学率	16到19岁未高中毕业且未在高中就读的人数百分比
	文盲率	16到19岁未在校就读且参加工作的人数百分比
	早育率	每1 000个15—19岁少女中怀孕生育的人数
	财产犯罪率	每100 000个10—17岁儿童中由于此类犯罪被逮捕的人数
	暴力犯罪率	每100 000个10—17岁儿童中由于此类犯罪被逮捕的人数
社会经济地位	儿童贫困率	百分率

（Harknett et al, 2005）

随着政府财政投入的增加，儿童身心发展状况的指标发生明显改善。可以发现，医疗卫生与教育方面财政投入的增加，对儿童发展的促进作用更加明显。例如，医疗卫生方面财政投入人均每增加100美元，1—14周岁儿童的死亡率就会降低6.9‰；教育方面财政投入人均每增加1 000美元，四年级数学成绩低分率下降9.2%、阅读成绩低分率下降10.5%，高中辍学率下降14.8%，早育率下降10.8‰。

第三节　遗传与环境的辩证关系

尽管我们分别探讨了遗传与环境因素在心理发展中的作用，但应该注意的是，遗传与环境因素对心理发展的作用并不是孤立的，而是相互依存、相互渗透的。单纯由遗传决定或由环境决定的心理发展几乎是不存在的。

首先，正常的心理活动必须具备正常的生理基础和遗传素质。遗传是儿童心理发展的必要物质前提，并奠定了个体心理发展差异的先天基础，规定了发展的高低限度，但它不能限定发展的过程以及所达到的程度。个体总是在各种各样的环境中成长与发展，发展的方向、过程、所达到的水平等更多地受环境与教育因素的制约。因此，可以这样认为：遗传与生理成熟为个体的心理发展提供了可能性，而环境将这种可能性变成现实性。

其次，环境对于某种心理特性或行为的发生发展所起的作用，往往有赖于这

种特性或行为的遗传基础。由于个体心理发展的内部条件（如遗传基础、成熟水平等）不同，环境的效应也就不同。

再次，遗传和环境对心理发展的相对作用在个体发展的不同阶段和不同领域所产生的作用都不一样。在发展的低级阶段，以及一些较简单的初级心理机能（如感知、动作、基本言语等）方面，遗传与成熟的制约性较大；而在发展的高级阶段，以及较复杂的高级心理机能（如抽象思维能力、道德、情感等）方面，则环境和教育的制约性较大。

在本节，我们尝试对遗传与环境在心理发展中各自"起多少"作用以及"怎么样"起作用作进一步的解释。

一、"起多少"的问题

通过遗传力估计值和一致率两种方法，可以推断遗传在复杂的人类特征中所起的作用。我们来仔细看一下这些方法得出来的结果，以及这些方法的局限性。

（一）遗传力

遗传力（heritability）是指在一定时间、一定群体的某种特质（比如智力）的全部变异中，可以归因于遗传差异的比率。也就是说，相对于环境因素的差异，群体某种特质的差异有多大程度源于遗传因素的差异。遗传力的概念只适用于群体而不适用于个体，例如，就智商（IQ）而言，它所解释的是存在 IQ 差异的一个样本群体，其 IQ 差异的来源，是全部或主要来自遗传，还是全部或主要来自环境，抑或是两者共同导致了 IQ 的差异。

可以通过统计方法计算出遗传力指数来对遗传力进行估计。该指数的范围是0—1，0 表示全部的差异均源于环境，1 则表示全部的差异归于遗传。一般而言，遗传力指数约在 0.4—0.7 之间，随着儿童年龄的增长，遗传力指数随个体获取对环境掌控能力的增加而增加，儿童期的遗传力指数通常较低，成人期的遗传力指数则较高（McGue et al, 1993；Plomin, 1990）。此外，遗传力指数具有样本特殊性（sample-specific），即只适用于所研究的样本，不能随意将其推广至其他样本。

在儿童和青少年双生子样本中，智力的遗传力估计值是 0.50，说明遗传结构的差异可以解释智力的一半变化（Plomin, 1994）。收养儿与亲生父母的智力分数相关比与养父母智力分数的相关高，该发现进一步证明了遗传的作用（Scarr & Weinberg, 1983）。

遗传力研究还发现，遗传因素对人格也很重要。对于像社交性、情绪表现、活动水平这些特质而言，从双生子身上得到的遗传力估计值处于中等水平，在0.40—0.50 之间（Rothbart & Batesk, 1998）。

（二）一致率

用来推断遗传对复杂特征影响的另一种方法是一致率（concordance rate），

■儿童心理学

即当双生子中的一方具有某种特质时，两个人都表现出这种特质的可能性有多大的百分比。最典型的是通过判断情绪和行为障碍是否一致出现，来分析遗传的作用。

一致率从0%—100%不等。0%是指双生子中的一个有某种特质，而另一个却从来没有过。100%意味着如果双生子中的一个有某种特质，则另一个也肯定具有。如果同卵双生子的一致率比异卵双生子的一致率高得多，就认为遗传起着主要的作用。如图3－6所示，在精神分裂症和严重抑郁症方面，双生子研究结果显示了这样的模式。同时，遗传对反社会行为和犯罪的影响虽然明显，但不太强，因为同卵双生子和异卵双生子在一致率上的差异比较小（Gottesman，1991）。

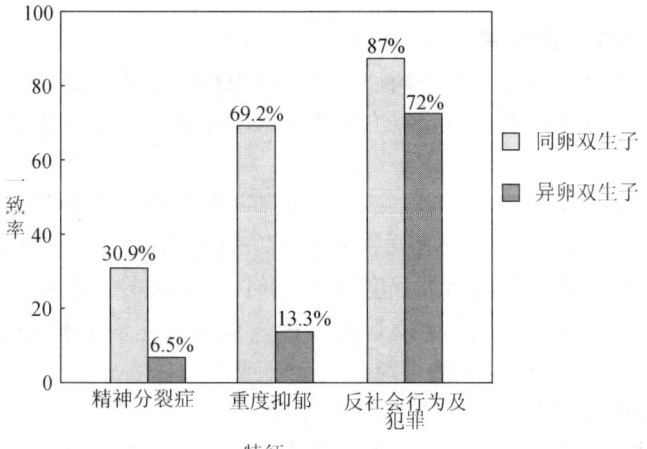

图3－6 精神分裂症、重度抑郁、反社会行为及犯罪的一致率

或许遗传力估计值和一致率受到的最严厉批评跟它们在使用中的局限性有关：它们不能精确地告诉我们智力和人格是怎样发展的，也不能精确地说出儿童处在让他们充分发展的环境中时可能会怎样反应（Rutter，2002）。事实上，儿童生活在条件好的家庭和社区中，智力的遗传力更高，这是因为优越的环境使儿童能充分利用到他们的遗传天赋，而条件差的环境则阻碍了儿童潜力的实现。

二、"怎么样"的问题

今天，大多数研究人员都认为，发展是遗传和环境之间动态的相互作用的结果。那么天性和教养是怎样一起发生作用的呢？有几个概念可以清晰地解释这个问题。

（一）反应范围

我们根据图3－7来探讨这个概念。任何特征都有反应范围（range of reaction），这里以A、B、C三个孩子的智力发展状况为例来加以说明。如图所示，

当环境变量从刺激极度缺乏向刺激极其丰富变化时，A 的智力一直稳定地上升，B 的智力急剧上升后又有所下降，而 C 的智力只有在环境刺激适中时才开始上升。

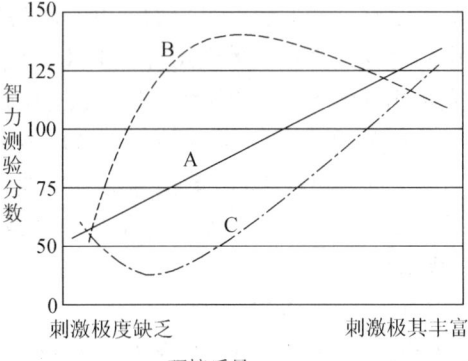

图 3 - 7　三个孩子在从刺激极度缺乏到刺激极其丰富时的
智力反应范围

反应范围凸显了两个重要意义。首先，由于我们每个人都有独特的遗传结构，所以对同样的环境我们会有不同的反应。如图 3 - 7 所示，当环境刺激少时，三个孩子都得了相似的低分。但是，在环境刺激水平居中时 B 成绩最好；而在环境刺激非常丰富时，A 成绩最好，C 其次，两个人都超过了 B。其次，有时遗传和环境的不同结合可以使两个人表现得相同。例如，如果 B 的抚养环境中的刺激极少，其智力分数会达到 100，是一般孩子的平均分；A 和 C 也可以得到这个分数，但是必须生活在刺激相当丰富的家庭中。总之，反应范围揭示出，遗传和环境的各种独特的结合既导致了行为的相似性，也导致了行为的差异性（Wahlsten，1994）。

（二）非共享环境和共享环境

行为遗传学（behavioral genetics）研究行为的遗传基础，试图探明遗传因素和环境因素在个体行为发展差异中所起的作用。心理学家斯卡尔（S. Scarr）和行为遗传学家普洛明（R. Plomin）提出了非共享环境（nonshared environment，NSE）和遗传—环境关联（genetic-environmental correlation）两个概念，改变了人们的环境观以及对遗传—环境关系的认识。他们提出，环境对个体心理差异的影响主要是来自非共享环境，而且主体对环境（经验）的主动创造和建构相当程度上源自各自遗传的作用。这也导致行为遗传学的研究侧重点，由遗传与环境的作用孰轻孰重，转移到具体分析遗传与环境到底是如何相互作用以影响个体心理发展的。

斯卡尔等将环境区分为非共享环境和共享环境（shared environment，SE）两

部分。非共享环境指子女在家庭内外获得的独特经验，来源于仅仅被一个子女经历的事情或条件，可以分为系统影响和非系统影响。系统的非共享环境包括父母对某个子女的独特教养行为、出生次序、性别差异等家庭内的经验，以及独特的同伴、教师、职业经历等家庭外经验；非系统的非共享环境则往往无法预期，常见来源有意外事故、疾病以及其他特异的经历等。例如，在一起养育的同卵双生子，即使看起来拥有完全相同的基因与环境条件，其智力水平也并不完全一样，从图 3 - 5 可见，其 IQ 的相关约为 +0.86，并非 +1.00 的相关。因此，这些同卵双生子之间智力的差异，必然来自其经验的差异：或是被他们的朋友区别对待，或是其中一个比另一个更热衷于智力游戏等非共享的经验。可以用下面的公式来估计非共享环境的影响：

$$NSE = 1 - r$$

公式中，r 是一起养育的同卵双生子之间的相似程度。因此，非共享环境对 IQ 个体差异的贡献即 1 - 0.86 = 0.14，其影响并不大。而非共享环境对其他心理属性如人格特质的作用相应就比较大些。正是非共享环境对智力、人格特征的影响，使得同一个家庭的同胞兄弟姐妹如同在不同家庭里成长起来的一样，彼此不同。

共享环境是指生活在同一家庭的子女在平均水平上所分享的相同环境，包括通常意义上的家庭背景（家庭社会经济地位、父母职业、受教养程度、宗教信仰等）、学校状况、共同伙伴、邻里情况、民族情况等。如图 3 - 5 所示，不管是同卵双生子、异卵双生子还是同胞兄弟姐妹，一起生活的都比分开生活的在智力上更相似。在同样的家庭中成长智力上更为相似，其中的一个原因就在于父母对他们所有的孩子都表现出相同的兴趣，并倾向于用相似的策略来促进其智力的发展（Hoffman，1991）。我们可以用如下公式来粗略估计共享环境的影响：

$$SE = 1 - (H + NSE)$$

该公式表示，就某个特质而言，共享环境的影响等于 1（该特质的总变异）减去可归于基因（H）和非共享环境（NSE）的变异之和。

（三）遗传—环境关联

将遗传和环境分开的主要困难在于它们通常是相互关联的（Plomin，1994；Scarr & McCartney，1983）。根据遗传—环境关联原则，基因影响着我们接触的环境，影响方式随着年龄增长而变化，并具体体现为三种形式。

第一种为被动的（passive）关联，因为儿童无法控制它。早年时，父母给孩子提供受自己遗传影响的环境。例如：父母是优秀的运动员，就会强调户外活动，让孩子参加游泳、跑步等锻炼。孩子除了接触到"运动的环境"，还可能继承了父母的体育运动能力。因此他们就可能由于遗传和环境两方面原因而成为优秀的运动员。被动式关联的作用将随个体年龄的增长而减弱。

第二种是唤起的（evocative）关联。儿童唤起了他人的反应，这些反应受儿童遗传的影响，同时，所唤起的反应又强化了儿童最初的行为方式。例如：一个积极的、对人友好的婴儿可能比一个消极的、安静的婴儿接受更多的社会刺激，而一个合作的、集中注意力的孩子很可能比一个注意力分散的孩子接受了更耐心、更敏感的互动。证明这一观点的还有：兄弟姐妹的遗传相似性越小，父母对待他们的差异就越大，在积极和消极的互动上都是这样。同样，父母对待同卵双生子的态度非常相似，对待异卵双生子或非双生子的兄弟姐妹时只有中等的相似度。这种唤起式的关联在人的整个发展过程中持续存在。

第三种为主动的（active）关联，指主体在其遗传特征的影响下，对环境因素进行有目的的选择、改变与创造。主体总是倾向于选择那些自己感到比较能适应的环境经验去体验，其结果是，个体间在发展的方向与程度上表现出差异。例如，具有反社会倾向的儿童往往选择与自己行为相似的儿童为伴，而社会性强的儿童也通常选社会性强的儿童作为同伴；协调性好、肌肉发达的孩子会花更多的时间在运动上，有音乐天赋的孩子会加入学校管弦乐队、练习小提琴，求知欲强的、有智力优势的孩子会常光顾图书馆。随着年龄的增长，这种形式的关联程度将越来越大。有研究者将这种积极选择环境以完善遗传的倾向称为生态环境选择（niche-picking）。生态环境选择观点可以解释幼年分开抚养的同卵双生子，为什么在长大团聚时可能会惊讶地发现他们有相似的兴趣爱好、食物偏好和职业选择。

（四）环境对基因表现的影响

越来越多的证据揭示出，遗传和环境的关系并不是从基因到环境再到行为的单向关系，而是双向的：基因影响着儿童的行为和经历，而经历和行为也影响着基因的表现（Gottlieb, 2000）。

来自儿童内外两方面的刺激都能触发基因活性，其中内在的（internal）刺激是指细胞质内的活动——激素释放到血液中，外在的（external）刺激是指来自家庭、邻居、学校和社会的刺激。

有研究者将遗传和环境的这种关系看成是渐成框架（epigenetic framework）（Gottlieb, 1998, 2000），如图 3-8 所示，发展是遗传与各种层次的环境不断进行的双向交流的结果，基因影响着行为和经验，经验和行为也影响着基因表现，如健康的饮食将促进婴儿的大脑发育，使神经细胞产生新的联结，从而改变基因的表现。

心理学家对遗传—环境或天性—教养之争感兴趣的主要原因，是他们希望能通过改善环境以使儿童得到更充分的发展。渐成说的概念提醒我们，对发展最好的理解是把它作为天性和教养之间进行的一系列复杂的交流互动。虽然不能按照我们希望的方式来改变儿童，但环境可以改变遗传的影响。任何促进发展的尝试

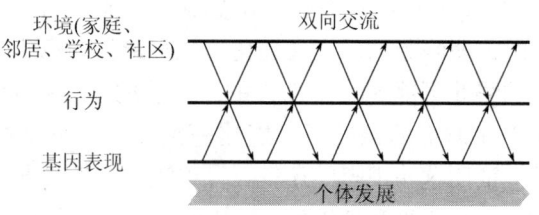

图 3 – 8　发展的渐成结构

想要取得成功，都取决于想要改变的特征是什么、儿童的遗传结构怎样以及我们进行干预的类型和时机怎样。

【问题与思考】

1. 儿童大脑与神经系统的发育有何特点？
2. 血缘关系研究与双生子研究得出了哪些有意义的结论？
3. 唐氏综合征的主要致病因素与表现特点是什么？
4. 试举例说明早期生活经验对儿童心理发展的影响。
5. 怎样科学地理解遗传与环境的辩证关系？
6. 如何理解共享环境和非共享环境对心理发展的影响？
7. 试举例说明遗传—环境的几种关联。

第四章　认知发展

【本章提要】

认知发展研究不仅致力于探究儿童认知的变化过程，还要对认知发展作出解释。在儿童认知发展研究的发展历程中，最为明晰可辨的研究途径包括：皮亚杰的研究、信息加工研究和领域特殊性研究等。

近一二十年来，借助研究思路的拓展和研究方法的进展，婴儿成为当代认知发展研究中最令人关注的群体之一，本章第一节探讨了婴儿期的感知觉发展特点。皮亚杰的理论和研究在很长时间里，一直在认知发展研究领域居于主导地位，本章第二节着重讨论了皮亚杰的认知发展理论及相关实证研究。20 世纪 60 年代以来，随着认知心理学成为心理学研究的核心，信息加工研究成为认知发展研究的一个主要途径，本章第三节着重介绍了西格勒的信息加工理论和关于儿童记忆的发展研究。认知发展研究的另外一个重要趋向是，研究者日益强调认知发展的领域特殊性问题，本章第四节重点介绍了具有重要影响的领域特殊性研究领域——儿童心理理论的发展。

【学习重点】

1. 着重把握婴儿研究方法的进步，及其对婴儿认知发展研究的深远影响。
2. 结合皮亚杰的经典研究，把握皮亚杰认知发展理论的基本观点、影响及局限。
3. 领会认知发展信息加工研究的一般理论观点，着重了解西格勒的认知发展研究。
4. 比较领域一般性观点和领域特殊性观点的异同。
5. 了解儿童心理理论发展的基本情况。

【重要术语】

认知发展　偏好方法　习惯化与去习惯化　感知运动阶段　客体永久性
前运算阶段　具体运算阶段　形式运算阶段　信息加工理论　心理理论　领域一
般性　领域特殊性

认知能力是儿童认识客观世界的前提，也是儿童期发展最为迅速的领域之

一。认知发展指的是个体各种认知能力随年龄增长所发生的有序而相对持久的变化。心理学家研究认知发展主要想解决两个问题：一是描述儿童的认知功能如何随年龄变化而发展，以及发展变化的个体差异；二是说明或揭示儿童认知功能变化的因素或机制。

一般而言，皮亚杰的认知发展理论侧重于儿童认知发展的不同阶段和发展的普遍性，而信息加工理论则对个体的"纯认知（加工）过程"进行了深入细致的研究，并成为当代认知发展研究的重要思潮和方向。近年来心理学家普遍关注的心理理论研究，则成为认知发展研究的新领域。因此在本章有关儿童认知发展的介绍中，我们主要围绕上述领域来展开。

第一节　早期感知能力的发展

长久以来，"婴儿无能"假设一直主导着人们对婴儿感知能力的认识。这主要有三方面的原因：首先，婴儿缺乏运动技能，由此人们自然而然地认为他们在感知觉方面也同样无能；其次，年幼儿童在大多数认知任务上的表现很差，由此很容易推断出婴儿感知觉能力一定很差的假设；再次，哲学和心理学传统认为，人类出生时是发展的起点，发展是日复一日的经验积累，是缓慢的能力建构过程。"婴儿知觉无能"假设，正是这种经验主义立场的延续。

但是自 20 世纪 60 年代以来，随着婴儿感知觉与认知研究方法的进展，该领域的研究快速发展，有了很多新的发现。

一、婴儿感知觉研究的新方法

婴儿感知觉研究的最大障碍在于，他们既不能用言语报告自己的知觉活动，也不能以熟练的行为作出反应，因此，研究者能否机智地利用婴儿的非言语反应，作为推断他们感知觉活动的指标，就成为婴儿感知觉研究成功与否的关键。

（一）注视偏好范式

婴儿研究中，最有效的行为测量是他们的注视行为。范茨（Fantz, 1961）所采用的基于婴儿注视行为的实验程序，是婴儿感知觉研究的经典实验之一。在"偏好方法"（preference method）中，实验者同时呈现两个图案，并测量婴儿注视每个图案的时间。如果婴儿对某对象的注视时间长于对另一对象的注视，则说明婴儿对第一个对象表现出了"偏好"。出现"偏好"，说明婴儿的感知觉系统能区分这两个刺激，也可判断婴儿倾向于注意什么。研究发现，甚至是出生只有48 小时的新生儿，也表现出对人脸和靶心图等形状的知觉偏好（见图 4-1）。这说明婴儿并非完全任凭环境支配，他们至少在知觉注意方面天生就具有主动性和选择性。

随着新技术的出现，如眼动记录技术的发展，实验不仅能测量婴儿注视哪一

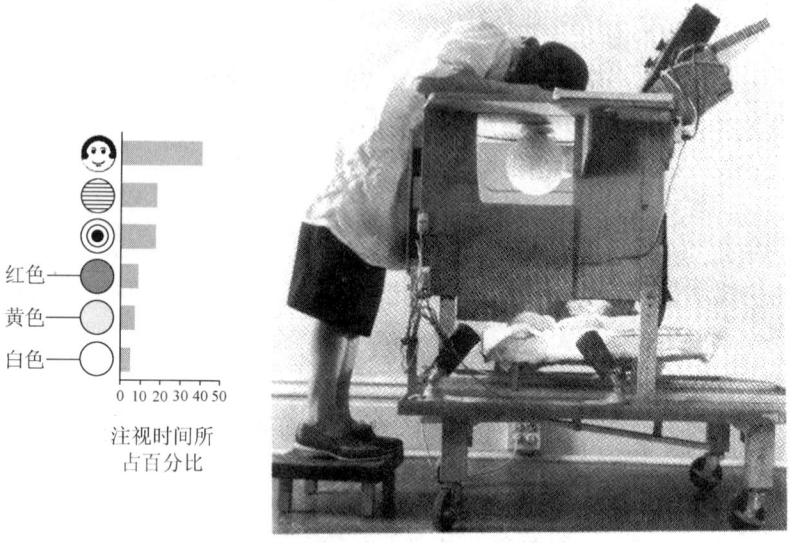

红色

黄色

白色

0 10 20 30 40 50

注视时间所
占百分比

图 4-1　范茨的注视偏好实验图示

个刺激，而且能精确测量婴儿注视何处及怎样从刺激的一部分扫描到另一部分。眼动记录不仅有助于确定婴儿在辨别刺激时利用了什么信息，也能够表明刺激的哪些方面会引起婴儿的注意，哪些方面有助于维持注意。

（二）习惯化与去习惯化范式

婴儿研究常用的另一个指标，是婴儿出生时便具有的吸吮行为。例如，首先给婴儿一个橡皮奶头供其吸吮，记下其吸吮的频率基线。当出现一个新异刺激（如声音）时，婴儿会产生定向反射，表现为吸吮行为的中断或频率降低。随着同一刺激的反复呈现，婴儿定向反射将逐渐减少直至消失（表现为吸吮频率逐步恢复到基线水平）。此时，如果又出现另外一个新异刺激，婴儿可能又产生新的反射行为，吸吮行为再次发生变化。出现这一结果则说明婴儿已经回答了该实验范式所指向的问题：婴儿能否觉察出两个刺激之间的差别。在上述辨别问题中，也可用心率代替吸吮率作为因变量，婴儿对新异声音的反应为心率降低，反映了婴儿的定向注意反应（心率加速则可能意味着惊悸、不安等）；当新异刺激失去吸引力时，心率将恢复到基线水平；呈现另一种新的声音，如果重新出现心率下降，则表明婴儿能知觉到前后两个声音的差异。

上述程序就是广泛应用于婴儿早期感知能力与认知水平研究的实验范式，即习惯化（habituation）与去习惯化（dishabituation）。第一部分是习惯化：婴儿对一个重复出现的刺激逐渐熟悉，兴趣下降。第二部分是去习惯化：当刺激发生变化时，婴儿对新的刺激感兴趣。与偏好法一样，该程序既说明差异辨别的存在，

也表明偏好的存在（对新异刺激的偏好）。同时，注意的习惯化意味着婴儿至少存在某种再认记忆的能力。

注视偏好范式和习惯化与去习惯化范式的运用，使我们对婴幼儿的感知能力有了全新的认识。这些研究方法通常为我们提供了三方面的信息：婴儿的感知觉辨别能力、婴儿的知觉偏好和婴儿的再认记忆能力。

二、婴儿的感知觉发展

对婴儿甚至新生儿的感知能力发展特点的研究表明，婴儿在很早的时候便已表现出许多知觉能力。

（一）听觉

关于婴儿听觉的研究，主要涉及三个方面：检测（婴儿能听到什么）、辨别（婴儿能知觉到什么声音差异）和定位（婴儿对声音的空间定位）。

1. 检测与辨别

胎儿已开始有听觉。产期前几周，胎儿听觉系统已开始工作。怀孕第25周，胎儿对声音可能有生理变化和身体运动的反应；28周时，对靠近母亲腹部的响亮声音刺激，胎儿的反应是紧闭眼睑。

新生儿具有明显的听觉能力。新生儿的听觉阈限比成人高10—50个分贝。婴儿的听觉阈限不易测量，但随着年龄的增长，其听觉敏感性越来越接近成人，变得较易测量。因阈限随声频而变化，婴儿对高频声音的听觉发展早于对低频声音的听觉。

听觉输入刺激具有强度、频率、持续时间等不同维度上的差异。对婴儿辨别能力的研究发现，有时他们不仅听到了差异，而且能作出不同的反应。比如，正在哭泣的新生儿如果听到周围新生儿的哭声，他们会继续哭泣。但是如果听到的是自己哭声的录音，他们就会很快停止哭泣，好像能辨认出这个熟悉的声音（Dondi, Simion & Caltran, 1999）。如同对声音的检测一样，婴儿的辨别能力随年龄的增长而提高。

2. 定位

从出生起，婴儿便表现出某种初始的声音定位能力。婴儿在出生后几分钟已经表现出这一能力，然而到2—3个月时，这一反应近乎消失，4—5个月时又再次出现，因此，声音定位表现出U字形发展曲线。对此，一种解释认为婴儿早期的定位是一种皮层下的反射性事件，随着生理成熟而消失；年龄稍大，婴儿的定位行为则更多是一种皮层事件，具有更多的探索性，与环境变化更加协调。随着年龄的增长，婴儿对声音的定位变得越来越精确。

当然，在婴儿早期的生活中，另一个极其重要的声音来源是言语声。婴儿对语音及语音变化的感知能力，我们将在"语言发展"一章中加以论述。

（二）视觉

研究者有时将视觉区分为低水平视感觉和高水平视知觉。感觉问题涉及婴儿的可视水平，如眼睛能否进行扫描、凝视和专注？视敏度如何？知觉则涉及婴儿利用这些能力所能获取的有关世界的信息，如他们是看到整个客体，还是只看到客体各部件（边、角、面等）。

1. 婴儿的视感觉

刚出生时，婴儿的视觉系统还没有完全发展，因此视觉功能欠佳。不过，最初几个月婴儿的视觉功能发生了许多变化，6个月时许多方面已接近成人。视敏度方面，新生儿视敏度在20/200到20/600之间（即有正常视力的成人在200英尺或600英尺处看见的东西，新生儿在20英尺处才能看见），已具备看到刺激图案的能力，但还不到正常成人视敏度（20/20）的十分之一；6个月时，视敏度已发展到20/70左右，1岁时已接近成人。颜色视觉方面，新近研究表明，新生儿能进行一些颜色辨别，如能区分白色与红色或绿色，红色与绿色；2个月时，能对多数颜色加以区分；4个月时婴儿在各种颜色视觉的辨别上均与成人相似。

婴儿视觉的另一基本问题是视觉偏好。从出生起，婴儿似乎便有了某种对视觉刺激的主动需求，原因之一可能是视皮层的正常发展必须要有相应的视觉刺激输入，因此视觉系统因为得到使用而发展，婴儿运用视觉能力的先天倾向具有高度的适应性。原因之二可能在于婴儿所倾向于注意的环境信息，正是对他们的发展而言最重要的刺激，如母亲的面孔等。

一般而言，随着发展，婴儿的视觉注意越来越多地投向他们试图认识的环境方面，投向新颖、复杂、令其迷惑或惊奇的事物。当然，所有这些事件的有趣与否，只依据当前与婴儿认知系统的关系而定。婴儿觉得新异、复杂或惊奇的事物，随着他们认知系统的变化而变化。

2. 深度知觉

早期的婴儿是否也具有三维知觉能力？这涉及婴儿的深度知觉问题。探究婴儿是否具有深度知觉，可采用偏好法确定婴儿能否辨别两维刺激和三维刺激之间的差别；也可通过考查儿童的伸手行为，看看这种行为的频率和性质是否随目标物距离或体积的变化而发生恰当变化；还可考查婴儿是否对一个逐渐逼近的刺激作出反应：如果婴儿对逼近物作出恰当的防御性反应（如眨眼、后仰、抬胳膊），则可以认为婴儿意识到了一个三维立体物在空间移动。

所有上述方法均表明，在最初的几个月里，婴儿便已出现了深度知觉的迹象。

视崖（visual cliff）是吉布森和沃克（Gibson & Walk，1960）发明的用以探索儿童深度知觉发展的装置（如图4－2所示）。这种装置是一张由隔板分为两半且上表面为透明玻璃的大桌子，隔板一侧，图案就在玻璃底下，类似于"浅

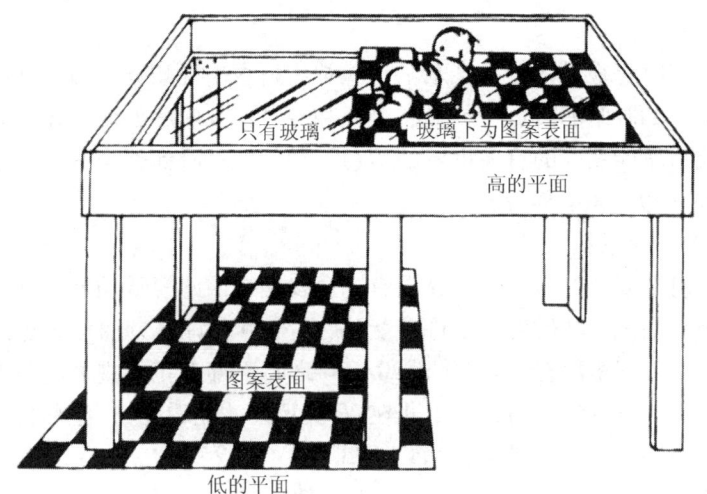

只有玻璃　　玻璃下为图案表面

高的平面

图案表面

低的平面

图 4 - 2　视崖装置结构示意图

滩"；另一侧则为具有一定深度的"悬崖"，即图案与上面的玻璃之间相隔一定的距离。当婴儿成熟到能爬行时（一般为 7 个月左右），将他们置于视崖上，多数婴儿表现出逃避"悬崖"的倾向，且这种倾向随年龄增长而增长。至于年龄更小的婴儿，研究者则通过其他线索来推断他们的知觉，例如，将 2 个月大的婴儿置于视崖深侧时，其心率降低的程度大于他们处于浅侧时的程度，说明他们能从知觉上区分这种差异。而且，将还不会移动的婴儿朝向浅侧慢慢放下，在快要触及玻璃时他们会伸出双手；而在快要触及深侧玻璃时，婴儿没有伸手反应，说明他们感知到自己与桌子之间尚有一段距离。不过，这一年龄的婴儿被置于深侧时，他们的面孔显得镇静，没有哭泣，并表现出心率的下降，说明他们只是注意到"悬崖"，而不害怕。相反，年龄稍大会爬行的婴儿处于这一情境时，则表现出心率加速，表明婴儿感到害怕。

专栏 4.1　阿斯林的知觉发展模型

　　阿斯林（Aslin, 1992）提出的知觉发展模型，目的是将知觉发展的先验论和经验论进行综合。他认为，对于知觉发展来说，过分夸大先天的作用或过分夸大后天的作用都是不正确的。正确的看法应该是知觉是在先天的生理基础上，通过后天经验不断发展的。阿斯林的知觉发展模型如图 4 - 3 所示。

　　阿斯林是以视觉的发展为例来说明其模型的。婴儿刚出生时，有的视觉能力已经完全发展了，有的视觉能力才部分发展，有的视觉能力还没有发展。出生时的视觉发展状态不同，后来的知觉经验可能起着不同的作用。

　　例如，眼跳（saccadic）能力，婴儿一出生就得到了完全发展，即达到了成

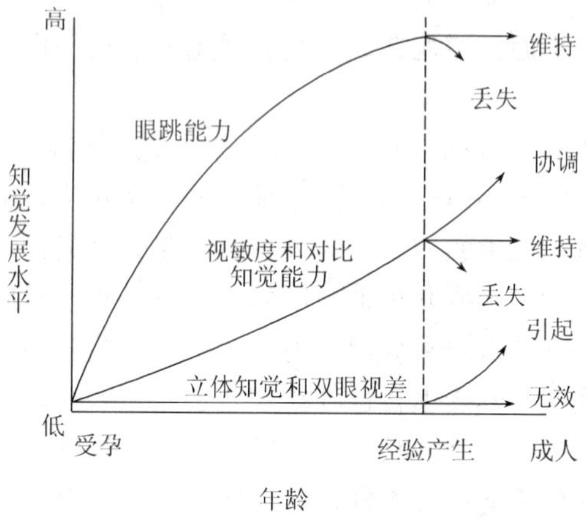

图 4-3　阿斯林的知觉发展模型

人的水平。所以这种能力在出生后，经验只起维持其功能的作用，并使眼跳的潜伏期缩短，准确性提高。如果眼睛受到意外伤害，儿童眼跳能力就可能丧失。

视敏度和对比知觉能力，婴儿出生后只有部分的发展。例如，视敏度和对比知觉能力在新生儿身上表现得非常差，随着视觉经验的增多，这种能力更加协调，到成人阶段达到最佳水平。如果经验不足，可能使婴儿的视敏度和对比度一直维持在出生时的水平上。如果眼睛受到意外的伤害，其视敏度和对比知觉能力可能丧失。

立体知觉和双眼视差，婴儿出生时还没有发展。例如，这两种视觉能力一般是在出生后3—5个月表现出来，之后不断提高（即经验引起立体知觉和双眼视差向更高水平发展）。如果剥夺视觉经验，就会造成婴儿没有立体知觉和双眼视差能力（表现为无效）。

阿斯林的模型很好地说明了知觉发展是先天生物预置的结构和功能与后天环境和教养条件相结合的产物。

（三）跨通道知觉

日常生活中，我们的各种感知通道往往同时接收并加工信息。婴儿也是如此，例如，看到一张面孔的同时，也听到源自面孔的话语，而且面孔变化往往与话语在时空上同步。此外，还可能同时伴有触觉信息，如母亲的爱抚等。那么，他们是否也像成人一样能将来自不同通道的信息相互联系起来？

不少研究者认为，婴儿出生时各感觉通道之间是完全不协调的，只有通过几个月的感知运动经验，婴儿才逐渐学会把来自不同感觉通道的信息联系起来。另一些研究者则认为，婴儿出生时已拥有跨感觉通道知觉能力，至少他们拥有某种

能迅速通过经验获得这种能力的先天倾向。现有证据似乎更倾向于后一种观点，这些证据主要涉及三方面，即视觉—听觉、视觉—触觉和视觉—身体运动模仿的跨通道整合。

在视觉与听觉的联系方面，3—4 个月的婴儿已能将声音与各种图像联系起来，他们甚至能利用图像和声音的共同特征，如时间同步，来推测图像和声音具有相同来源。在视觉—触觉领域，让 1 个月的婴儿吸吮某种特殊的橡皮奶头，一半婴儿用光滑奶头，另一半婴儿用带有凸起的橡皮奶头，然后让婴儿看两个塑料球体，其一在视觉上与光滑奶头相似，另一个则与有凸起的奶头相似，结果发现婴儿倾向于更多地注视与其嘴里含过的橡皮奶头相似的球体，说明婴儿已能从所看到的形状中，再认出哪一个形状与他用嘴探究过的形状相匹配。在视觉—身体运动模仿领域，婴儿似乎能在看不到自己动作执行的情况下，模仿所看到的他人动作。

第二节　皮亚杰的认知发展理论

一、皮亚杰的认知发展观

皮亚杰对认知发展研究的巨大贡献，不仅在于他的许多开创性研究，还在于他为我们提出了第一个关于儿童认知发展的理论框架。在他的理论中，思维、认知、智慧这些词是经常交替使用的。他认为，认知的发展是整个心理发展的核心，其发展阶段最主要的特点是：阶段出现的先后顺序固定不变，每一阶段都有其独特的格式或认知结构，格式或认知结构的发展是一个连续建构的过程。

我们已经在第二章比较详细地介绍了皮亚杰相互作用理论的主要观点。皮亚杰将人类认知视为一个复杂有机体在复杂环境中的一种具体的生物适应形式。类似于食物的吸收—消化这类生物适应过程，皮亚杰认为，认知也总是表现出同时存在又互补的两个方面，即同化与顺应。同化是使外在刺激适应于个体内在心理结构的过程，而顺应则是相反或互补的过程，使内在心理结构适应于外在刺激的结构的过程。在个体与环境的认知冲突中，同化和顺应同等重要，二者必然一同出现，相互依赖。

皮亚杰也用同化—顺应过程来解释儿童的认知系统如何随成熟和经验而逐渐发展。通过不断同化和顺应于特定环境，认知系统逐渐演化，这又进一步使新异的同化和顺应成为可能。这些微小变化构成了认知系统发展过程的细小增益，而发展的辩证过程正是这种一步一步的逐渐继续。

这一发展过程是缓慢而渐进的，然而，在年复一年持续不断的心智对环境的同化和顺应中，个体认知系统所可能出现的发展变化就会变得十分明显。因此，皮亚杰提出的同化—顺应机制，既能较好地描绘认知系统在与环境交互作用中的活动过程，也能较好地刻画认知系统在儿童期的演化过程。

二、认知发展阶段

按皮亚杰的理论，儿童的认知系统会经历四个主要发展阶段。以下逐一介绍这四个发展阶段。

（一）感知运动阶段

在这一阶段，婴儿感觉和动作能力的组织性，随年龄增长而变得越来越明确。婴儿表现出某种完全实用的、边感知边做的被动作所束缚的智慧功能。

在皮亚杰看来，婴儿的这种行为完全是一种无意识、没有自我觉知、非符号和无法符号化的认知。由于这种能力是内在的，且只体现于有组织的感觉和运动行为模式之中，因此皮亚杰将婴儿的认知描述为前符号、前表征和前反省的"感知运动能力"。

1. 感知运动阶段的六个分阶段

皮亚杰将感知运动阶段分为六个分阶段：

阶段1，大致0—1个月。婴儿出生时便已具备各种先天反射，该阶段主要由这些反射的练习构成，任何时候只要环境提供机会，这些反射就以固定的、预先设定的方式加以练习。随着经验的不断重复，一些反射（如吸吮、抓握）开始表现出微小但具有适应性的变化。这些反射构成婴儿最初的格式。

阶段2，大致1—4个月。随着经验的积累，各种格式变得越来越熟练；格式之间也变得彼此协调，产生了较大的行为单元。该阶段开始发展的重要的协调形式是看—听、吸吮—抓握和看—抓握。尽管这种发展使婴儿能对世界采取更有效的行为方式，但婴儿的行为仍然是自我中心的、"无目的"的，因为他们练习格式似乎纯粹是为了这样做的乐趣，而对行为的对象并没有真正的兴趣。

阶段3，大致4—8个月。婴儿行为具有更明显的认知和社会"外倾性"，对外在世界有了更多的兴趣，出现更熟练的格式之间的协调，从而使阶段3的主要成就成为可能：通过不断重复可能导致有趣结果（最初只是偶然得到的结果）的动作，以再现这些结果。但是，由于这种因果性是一种事后形成的认识，因此皮亚杰并不认为婴儿具有真正的意向性。

阶段4，大致8—12个月。阶段特征是出现了不会被误解的、有意图的目标指向行为。这种行为的本质特性是手段和目的的分离，利用一个格式（如推开某个障碍物）作为手段，以达成作为目的的另一格式（如玩耍一个玩具）。皮亚杰将此视为一种特别值得注意的发展，将它们刻画为"最早的真正有智力的行为模式"。

阶段5，大致12—18个月。与上一阶段不同的是，该阶段的特征在于积极的试误性（trial-and-error）的探索行为。这种探索常常导致新的行为手段的产生，因此皮亚杰将这一阶段称为"通过积极的试验以发现新的手段"。

阶段6，大致18—24个月。该阶段的特征是符号/表征能力或利用某物（如

一个心理意象、一个词）以代表另外的事物的能力开始出现。阶段5的儿童需要真实而外显地试验所有的可能解决某一问题的方法，而此时儿童可能内在地进行试验，通过对格式的符号表征在心理上进行各种转换和结合等操作。除了心理上的问题解决外，符号能力的出现使大量在婴儿期见不到的行为成为可能，最典型的是延迟模仿、象征游戏和语言等的运用。

2. 客体概念与客体永久性

客体或客体永久性（object permanence）概念，最初由皮亚杰提出，是指我们关于客体基本性质的内隐的常识信念。例如，我们知道每个客体都是相互独立的物理实体，共存于同一空间；不管有无生命，客体的存在独立于我们与它之间的相互作用，也独立于我们与它之间所可能存在的各种心理联系。因此，我们知道，即使不能看到、听到或触摸到它，客体也并没有消失；并且，即使从我们的视野中消失，客体仍可能从一个位置移动到另一个位置。但对婴儿而言，这种客体永久性概念的获得是一个漫长的过程，贯穿整个感知运动阶段。

在10个月左右，婴儿获得了客体永久性概念，即当客体在他的视野中消失时，仍然认为该客体是客观存在的。但此时他们对客体永久性的认识并不完全，因为婴儿会发生A非B搜索错误（A-not-B search error）：如果他们在第一个隐藏位置（A）几次找到一个物体，然后看到它被移到第二个位置（B），他们仍然到第一个隐藏位置（A）去搜索。

大量后续研究发现，皮亚杰低估了婴儿的客体知识。导致皮亚杰低估的首要原因是方法上的问题。皮亚杰的任务往往要求婴儿进行主动的搜索行为，如伸手移开遮盖物、推开或绕到屏幕后等，因此婴儿没表现出适当的搜索行为可能是因为他们不能组织一个有效的寻找程序，也可能是因为无意组织这样的行为，但这并不能证明婴儿没有关于物体存在的认识。

专栏 4.2　婴儿客体永久性概念发展研究的新进展

一些研究者采用习惯化—去习惯化程序来考查婴儿的客体永久性知识。具体的研究实例可参见图 4-4，这是贝拉吉恩（Bailargeon）开展的实验研究之一。首先让婴儿被试注视如（a）中所示的事件，一个屏幕能像吊桥一样旋转180°。经多次重复，婴儿对该事件习惯化。这时，将一个木箱放在屏幕旋转的必经之路。婴儿在旋转开始时看得到箱子，但在屏幕旋转到最高处时将看不到箱子。这时，婴儿面临的试验条件之一为可能事件，见图（c），屏幕旋转到箱子的地方停下来（由于一个固体挡住了去路，理当如此）。另一条件为不可能事件，见图（b），屏幕旋转到箱子位置时，由于实验者已经偷偷将箱子移开，因此屏幕继续旋转到180°的位置。从表面看，第二个事件没有第一个事件新颖，因为婴儿看到的180°旋转类似于习惯化条件；而在可能事件条件中婴儿则只看到了习惯化事件

中的一段。但对于具有客体知识的人来说，第二个事件无疑更新异，因为这时一个固体似乎神奇地穿越另一个固体。

结果发现，大约 4 个半月的婴儿对第二个事件去习惯化。他们似乎认识到在遮住后，箱子作为一个实体仍继续存在；屏幕不能穿越箱子，因此预测屏幕将停止于箱子处，故对不可能事件中屏幕并不停顿感到吃惊。其他一些研究还发现，对于重力、惯性、固体性、连续性、包含和支持等物理原则，婴儿在很早的时候也似乎已有所认识。

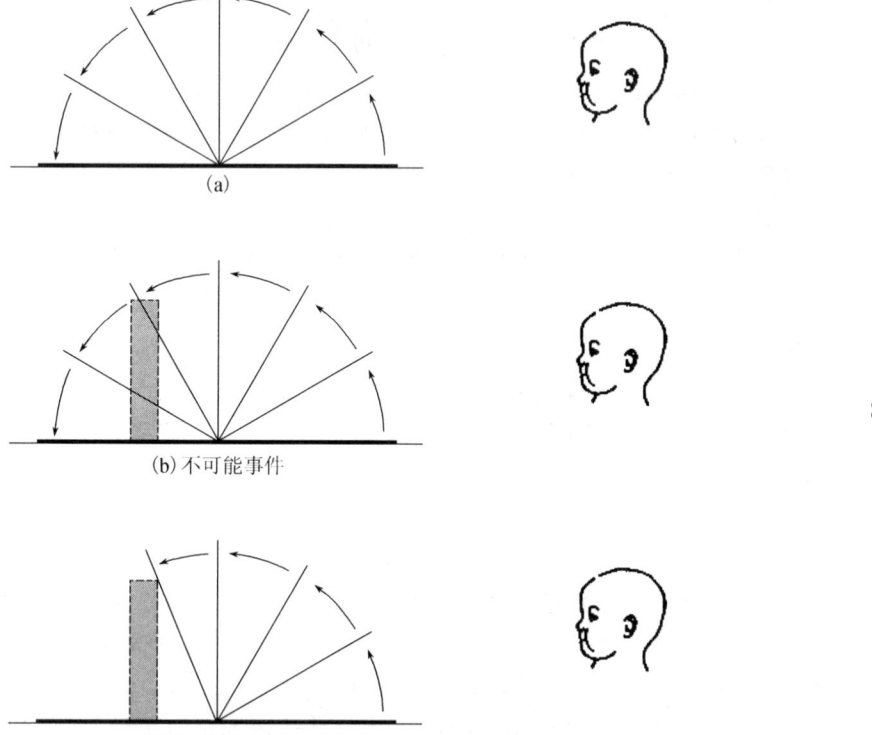

图 4-4　贝拉吉恩的客体永久性测验

首先让婴儿对（a）图呈现的事件习惯化。然后测量婴儿对如（c）图所示的可能性事件的反应，其中屏幕旋转到与盒子接触的位置时停了下来；或测量婴儿对（b）图中不可能事件的反应，其中屏幕继续穿越盒子所占据的区域。

（二）前运算阶段

皮亚杰认为，大约在 18 个月到 2 岁期间，儿童在诸如延迟模仿和符号游戏等现象中，表现出越来越突出的心理表征迹象。儿童可以将未出现在当前情境中的客体和事件表征为心理图片、声音、表象、单词或其他形式。这种变化标志着前运算阶段的开始。

■ 儿童心理学

专栏4.3　前运算阶段儿童的假装游戏

假装游戏是儿童早期表征发展的一个极好的例子。皮亚杰认为通过假装，年幼儿童学会并加强了新获得的表征图式。

在早期的假装中，儿童仅仅使用现实物体，如对着一个玩具电话假装打电话，大部分早期的假装都是模仿成人的行为，灵活性不够。当一个物体的作用很明显时，他们很难用这个物体来表征另外一个物体。2岁以后，儿童较少地用真实物体来进行假装，而会采用各种替代物，并开始在没有真实世界的支持下，灵活地想象物体和事件。

起初，假装游戏是指向自己的，如假装自己吃饭。过一段时间后，儿童会把假装行为指向物体，如喂洋娃娃吃饭。当儿童认识到用来假装的物体可以自己进行假装行为的时候，如让洋娃娃自己喂自己吃饭，其假装游戏的自我中心倾向就减弱了（McCune, 1993）。

通过角色扮演游戏（sociodramatic play），儿童能够对角色之间的关系以及故事情节有一个较为复杂的理解。复杂角色扮演游戏的出现标志着儿童表征的一大进步。儿童不仅仅表征他们的世界，而且已经意识到假装游戏是一种表征性的活动。

与非假装社会活动（如绘画，或者把智力玩具放在一起）相比，学前儿童的假装游戏持续的时间更长，儿童的参与性更高，参与活动的人数更多，而且表现出更多的协作（Creasey et al, 1998）。

前运算阶段儿童尽管获得了这种符号思维，但是他们缺乏一些重要的逻辑认识形式。最突出的一点是，他们的思维和言语常常是自我中心的。皮亚杰向儿童呈现由不同形状构成的三座山的三维模型（见图4-5），然后问儿童，另一个坐在桌子周围其他位置上的人看到的模型是什么样的。幼儿（6岁之前）会说，其他人将和他们看到一样的山。他们显然没有认识到，对于处在不同位置的人而言，所看到的情形将是不同的。因此，"三山实验"证实，由于儿童总是从自己的角度出发来看待世界，尚不能变换角度或意识到他人有不同的视角，因而该阶段儿童的思维具有明显的自我中心特点。

图4-5　"三山实验"模型

第四章 认知发展 ■

　　儿童是否能够完成守恒任务，是皮亚杰用来判定儿童处于前运算阶段还是具体运算阶段的主要参照指标。在液体守恒实验中，如图4-6所示，研究者向儿童呈现两个一模一样的瓶子，两个瓶子中装有相同高度的水。在儿童认为两个瓶子里的水一样多以后，研究者将其中一个瓶子中的水倒入一个比较高但比较窄的瓶子里，并问："这个瓶子（较高的一个）里的水与这个瓶子（比较矮的瓶子）里的水一样多，还是不一样多（较少或较多）？"

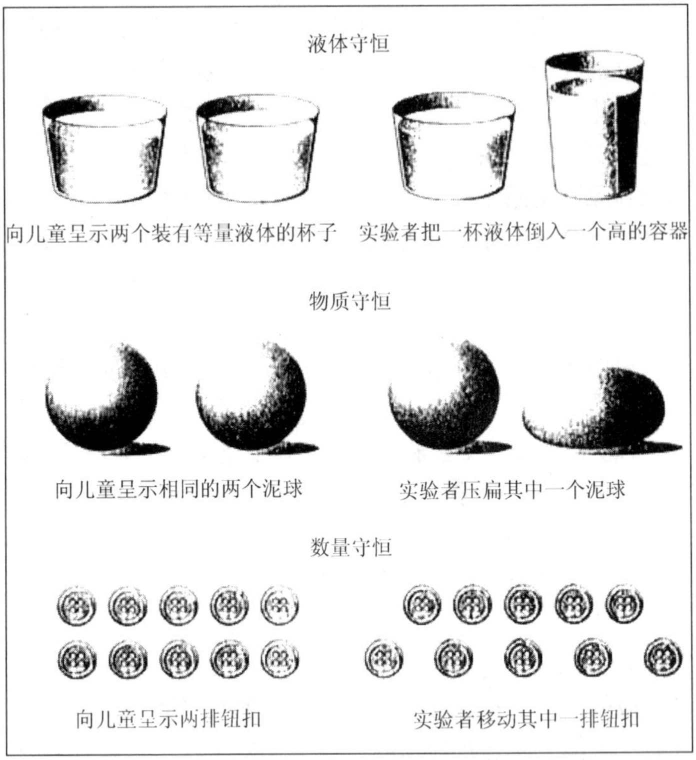

液体守恒

向儿童呈示两个装有等量液体的杯子　　实验者把一杯液体倒入一个高的容器

物质守恒

向儿童呈示相同的两个泥球　　实验者压扁其中一个泥球

数量守恒

向儿童呈示两排钮扣　　实验者移动其中一排钮扣

图4-6　守恒任务举例

　　通常发生的情况是，前运算阶段儿童一般会回答说较高瓶子里的水比较多，即尚未获得守恒概念。他们之所以不能完成守恒任务，在皮亚杰看来，主要是其思维具有三个方面的局限性。第一，他们的思考集中于某一点，或者也可称为中心化倾向（centration）。他们只关注情境的一个方面，而忽略了其他重要特征。例如，在液体守恒任务中，儿童主要关注的是水的高度，而没有认识到高度发生的变化可以被宽度的变化所弥补。第二，其认知缺乏可逆性或灵活性。第三，在液体守恒任务中，儿童把水开始的状态和最终的状态看成是没有关联的事件，忽视了两种状态的动态转移过程（如倒水的过程）。

（三）具体运算阶段

皮亚杰认为，大约在6—8岁之间，儿童进入一个新的发展阶段，即具体运算阶段。皮亚杰将运算（operation）界定为某种用于转换信息的基本认知结构，是一种可逆转的观念上的操作。因此，该阶段的首要智慧成就是具有可逆性操作的心理运算能力。例如，儿童认识到从一堆珠子中减去几个，可以通过加入同样数量的珠子而逆转。

其次，具体运算思维的儿童能够去中心化，也就是说他们能够同时将注意集中于某客体或事件的几个属性，并认识到这些属性或维度之间的关系。他们认识到客体不只有一个维度，如重量和大小，并且这些维度是可分离的。

再次，儿童对事物的判断与推理，从依赖知觉信息，转向使用逻辑原则。其中一个重要的逻辑原则是同一性原则，即一个客体的基本属性不变。另一个与同一性原则密切联系的是等价原则，即如果 A 的某种属性等于 B，B 等于 C，则 A 必然等于 C。

1. 守恒

具体运算阶段的儿童，已经获得了守恒概念。我们仍以前面提到的液体守恒实验为例。如果问儿童为什么液体是一样多或不一样多，具体运算阶段的儿童可能会说，"如果你将水倒回原来的瓶子，它看起来还会一样"（可逆性），或"第二个瓶子比较高，但它也比较小（窄）"（去中心化，考虑到了维度间的关系），或者"你没有拿走任何东西，所以它必然是一样的"（逻辑同一性原则）。而前运算阶段的儿童即使偶然猜对，也不能解释为什么该答案是正确的，并且很容易受实验者的影响而改变主意。

2. 序列化和传递推理

具体运算阶段的另一个特征，是儿童具有一种按照诸如重量或大小等某种定量的维度排列客体的能力，这种能力叫做序列化。序列化是理解数目彼此之间相互关系的关键，因此在算术学习中起着重要作用。

序列化也是儿童掌握另一种逻辑原则——传递性的基础。传递性原则表明在客体的属性之间存在固定的关系，例如，如果 A 长于 B，B 长于 C，则 A 必然长于 C。具体运算阶段的儿童认识到这一规则的有效性，即使他们从未看过 A、B 和 C。

3. 类包含

如果向8岁儿童呈现8个黄色的糖果和4个棕色的糖果，并问"是黄色的糖果多，还是糖果多？"他们通常会回答糖果多。但是当向5岁儿童提出同样的问题时，他们很可能会说黄色糖果多，即使他们能够计数糖果的数量，而且知道什么是黄色的糖果和所有的糖果。

具体运算阶段的儿童已经认识到，一些范畴是彼此嵌套的。例如，所有的苹

果属于水果范畴，所有的水果属于较大的事物范畴。而且，儿童能够进行某种运算，在心理上拆开和组织每一个客体范畴。例如，食物是由所有水果和所有不是水果的食品构成。另外，他们认识到，同一客体可能属于多个范畴，在任何时候均可能有多个关系，这就是所谓的多重类属或关系的原则。

尽管具体运算阶段的儿童在推理、问题解决和逻辑的能力方面，优于前运算阶段的儿童，但是按照皮亚杰的看法，他们的思维大多数仍限制于此时此地的具体客体和关系。这一阶段的儿童已经形成了量和数的守恒观念，并且能够对实物加以排序和分类，但是他们不能就抽象的、假设的命题或虚构的事件进行推理。

可以说，具体运算阶段的儿童形成了完整的分类系统，能依据某种可定量的维度排列客体（序列概念），能认识事物的关系而不仅仅是事物的绝对特征（关系思维），能同时思考客体的整体与部分（类包含概念）。

（四）形式运算阶段

形式运算阶段的重要特征主要表现为，儿童开始不受真实情境的束缚，能将心理运算运用于可能性和假设性情境；既能考虑当前情境，也能够考虑过去和将来的情境；并且能够基于单纯的言语或逻辑陈述，进行假设—演绎推理及命题间推理。

1. 现实与可能之间的逆转

皮亚杰认为，在思考问题时，具体运算阶段的儿童往往是从现实开始，以一种具体的注重实际的态度，采用各种具体运算技能，纯粹根据可觉察得到的现实（具体问题情境）去解决问题。因此，他们的思考离不开可觉察的经验事实。相反，形式运算阶段的儿童则更倾向于从可能性开始，然后进展到现实。在面临问题时，他们可能仔细考查问题情境，并试图确定事件所有可能的解决办法或状态，然后在当前条件下系统地检验哪一种解决方法才是现实的。

2. 经验归纳与假设演绎

由于形式运算阶段的儿童在解决问题时，往往通过考查问题材料，假设某种理论或解释可能是正确的，并由此推论某一经验现象在逻辑上是否应该出现，然后通过检查现实情况下他们所预测的现象是否发生，以此来检验自己的理论。在这种问题解决过程中，他们充分利用假设和来自假设的逻辑演绎，因此这个过程也被称为假设演绎推理，这种推理完全不同于具体运算阶段的经验归纳推理。

3. 命题内与命题间

具体运算阶段的儿童能够建构关于具体现实的心理表征，他们能够产生、理解和验证命题，但是在处理命题的方式上，他们只能个别地考虑命题，只能根据相关的经验材料逐个地检验命题。由于在每一命题的检验中，所证实或推测的只是关于外部世界的个别论断，因此皮亚杰将具体运算思维称为命题内思维，即限制在某个单一命题内的思维。

形式运算阶段的儿童也基于现实检验个别命题，但他们还能够推论两个或更多命题之间的逻辑关系，因此，皮亚杰冠之以"命题间的"这种更精细、更抽象的推理形式。更为重要的是，形式运算思维在进行逻辑论辩时，至少在原则上，可以不受现实和情感因素的影响。

三、认知发展的领域一般性与领域特殊性

无疑，皮亚杰的理论与实践得到了广泛的认同，具有深远的影响。不过，由于皮亚杰的研究过多依赖于儿童对抽象语言的认识（如"较多"、"较少"和"相同"等），学前儿童常常被这些单词所迷惑，加之新近的研究可采用更为灵巧的方法来测验儿童的内隐知识，当今的一些研究者对诸如认知发展能否加速、学前儿童能否表现出具体运算能力等提出了不少质疑。

尤其是，皮亚杰认为儿童在不同领域的任务中均使用相同的认知结构，因此发展阶段涵盖广泛的认知领域，也被称为认知发展的领域一般性（domain-generality）观。然而，大量研究表明，发展很少表现出类似于这个意义上的阶段性。例如，儿童可能要在他们感知到数守恒之后的几年，才能感知到质的守恒。皮亚杰意识到这种现象，提出了"水平滞差"（horizontal decalage）概念，并相对含糊地将其归因于不同任务的不同属性，以及儿童对材料的兴趣和经验的不同。

但这一现象或许对认知发展阶段观构成了挑战。因此，有研究者提出，发展是以某种领域特殊性（domain-specificity）的方式出现的。也就是说，儿童在不同领域的认知发展是相互独立且不平衡的，某种认知能力只能专门用于处理特定类型的信息。儿童独立地习得了关于特定知识领域的知识，如数、空间或温度等，其在某个认知领域的习得，并不总是导致另一个认知领域习得的同步增长。各个认知领域具有各自的特异性习得方式，同样也可能存在特异性的认知障碍。

已有诸多研究表明，婴儿及年幼儿童很早就有了对某些重要领域的理解力，比如会表现出视线追随、共同注意、对别人的情绪情感进行因果推理等能力。这些现象使一些研究者假定，婴儿生来就具备获取对人的生存及发展有重要作用的领域信息的特殊学习机制（Gelman & Williams, 1998）。这些领域包括：语言学习、物体感知、面孔辨认、对有生命与无生命物体的区分及数字学习等。

第三节 认知发展的信息加工观

一、信息加工观与皮亚杰理论的异同

信息加工观是当今认知发展研究的一个主要途径，这种观点将人类心智比拟为一台复杂的计算机。像计算机一样，认知系统加工来自环境或已经存储在系统内的信息，以各种不同的方式加工信息。而认知发展的信息加工研究试图确定，在处理某些特定任务或问题时，儿童的认知系统究竟做了什么。

信息加工研究的主要目标类似于皮亚杰理论：既试图描述认知的性质，分析人类心智如何表征和操作信息，也试图确认认知过程如何随年龄和经验而变化。

但信息加工理论和皮亚杰理论在目标、假设和研究技术方面存在差异。首先，信息加工理论假定认知是信息的加工过程，记忆制约可能影响儿童存储和加工信息的能力，强调应为发展提供某种"过程"解释；其次，信息加工理论通常假设发展变化是渐进而连续的，而皮亚杰则认为是非连续的质的变化；再次，信息加工研究者最主要的目的在于试图确定任务变化对儿童认知加工的效应。

信息加工理论所确认的发展过程，可用许多不同类型的信息加工取向研究加以说明：一些研究者使用来自信息加工传统的概念和方法，重新分析由皮亚杰所发现的认知发展现象，如守恒和类包含。这些研究者集中于特定任务，试图从儿童对问题的编码和表征的角度，或从儿童在信息编码中使用了什么规则或概念的角度，以及从这些规则怎样随着环境反馈而变化的角度，来分析儿童在这些问题上的表现。例如，西格勒（1996）关于儿童获得各种推理规则的发展顺序研究，就是一个有效使用信息加工的观点研究皮亚杰式的认知发展问题的例子。另一些研究者则以某种更接近领域一般性的方式看待问题，分析不拘泥于特定任务和题材的心理过程，并且研究的问题是皮亚杰较少注意的，如读写、记忆、个体差异等。下面分别以西格勒的规则评估研究和儿童记忆发展研究为例，阐述上述两种研究取向。

87

二、特定任务的信息加工分析

西格勒认为许多认知发展可以刻画为一系列逐渐强大的解决问题规则或策略的习得。西格勒试图在不同概念领域中，利用规则评定研究范式，考查不同发展水平的儿童如何获得不同的问题解决规则。

针对某个特定领域，西格勒向不同年龄的被试提出一组经过仔细选择的问题，通过考查被试对这组问题的反应模式，以确定被试是否使用了规则，以及使用了哪一类规则。

在具体做法上，我们以他的天平秤任务为例加以阐述。研究采用的设备类似于英海尔德和皮亚杰在一项关于形式运算思维研究中所使用的天平秤（见图 4-7），天平两侧的轴上各有四个等距的木栓；天平可能向左或向右倾斜，或保持平衡，这取决于放置于木栓上同等大小的砝码的数量和它们离支点的距离。为了简化问题，每次试验中天平两侧只有一个木栓上放有砝码。被试的任务是预测如果移开使天平保持平衡的竿子，天平的哪一侧将下降。

西格勒假设，不同年龄儿童关于天平秤的知识可表示为四个依次发展的规则。

最早获得的规则Ⅰ，只考虑支点两侧的砝码数量：如果两侧砝码数一样，则

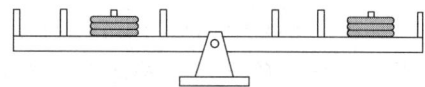

图 4 - 7　西格勒的天平秤任务

总是预测天平将处于平衡状态；如果一侧的砝码数多，则总是预测这一侧将下降。儿童完全无视砝码与支点的距离。

遵循规则Ⅱ的被试也根据砝码数来预测哪一侧将下降；当且仅当两侧砝码数相等时，被试才正确考虑到了砝码与支点的距离。如果两侧距离相等，遵循规则Ⅱ的被试预测天平处于平衡状态；如果两侧距离不等，则预测砝码离支点远的一侧将下降。

遵循规则Ⅲ的被试在决断时，则试图同等考虑砝码数和距离两个维度。如果两侧在两个维度上均相等，则预测两侧平衡。若一个维度相等，另一维度不等，则根据不等的维度作出决断；当然，如果两个维度均不等，且两个维度均倾向于使同一侧下降，则这一侧被预测为将下降；但如果两个维度均不等，但各自偏袒一侧，则规则Ⅲ的被试求助无门，只能瞎猜。

遵循规则Ⅳ的被试知道如何计算各侧的力矩（用距离乘以置于该距离上的砝码数），并正确预测力矩大的一侧将下降。

西格勒通过呈示下述六类问题，来考查这四种规则是否出现在被试的思维中：

1. 平衡问题，在支点两侧木栓上的砝码相同。

2. 重量问题，砝码数不同，离支点的距离相同。

3. 距离问题，砝码数相同，离支点的距离不同。

4. 重量冲突问题，一侧砝码多，另一侧距离大（即砝码所在的木栓离支点更远，且在结构上的安排使重量大的一侧下降）。

5. 距离冲突问题，除了使距离较大的一侧下降外，其余与重量冲突问题的安排类似。

6. 平衡冲突问题，除了使天平保持平衡外，其余均与上述冲突问题一样。

表 4 - 1 列出了各种规则的使用者在六类任务中将会如何表现的结果。例如，使用规则Ⅰ的儿童，只有在只需关注砝码数量便足以得出正确答案的问题中才能够作出正确预测。相反，规则Ⅲ的使用者能够正确预测砝码与距离不冲突的所有问题，而在二者冲突的所有问题上将作出不同回答，但这些回答处于机遇水平（33％的正确水平）。西格勒关于规则使用的推论，是基于被试对整组问题的反应模式，而不是基于被试如何处理个别问题，因为只有作为一个整体的模式才可能对四个规则加以辨别。而且西格勒的模型预测，认知水平较高（规则Ⅲ）的

被试在重量冲突问题上的实际表现，不如认知水平较低（规则Ⅰ和规则Ⅱ）的被试，而不是通常认为的"年长儿童做得更好"的发展预测。

表4-1　使用不同规则被试的正确答案百分比和错误模式的预测

问题类型	规则				备注
	Ⅰ	Ⅱ	Ⅲ	Ⅳ	
平衡问题	100	100	100	100	
重量问题	100	100	100	100	
距离问题	0	100	100	100	规则Ⅰ预测为平衡
重量冲突问题	100	100	33	100	规则Ⅲ表现为随机水平（33%）
距离冲突问题	0	0	33	100	规则Ⅰ和Ⅱ不能考虑距离效应大于重量效应的问题；规则Ⅲ表现为随机水平
平衡冲突问题	0	0	33	100	规则Ⅰ和Ⅱ不能考虑距离效应大于重量效应的问题；规则Ⅲ表现为随机水平

西格勒的研究证明，规则模型与被试在这组问题上的反应模式十分吻合。实验中，向年龄分别为5岁、9岁、13岁和17岁共120名儿童呈示上述这组问题，结果在120名儿童中，有107名（89%）完全一致地根据四种规则之一作出反应：29名使用规则Ⅰ，22名使用规则Ⅱ，48名使用规则Ⅲ，8名使用规则Ⅳ。而且，儿童所使用的规则有随年龄的增长而逐渐提高的倾向。西格勒将这种方法广泛应用于皮亚杰的其他一系列问题解决任务，得到了普遍相似的结果。

三、儿童记忆的发展

儿童只有能够以某种方式保持来自他们经验的各种信息，才可能对这些信息进行加工并得益于这种加工。因此，关于儿童如何吸收、储存和提取信息的问题，即记忆的问题，是信息加工发展观的核心。

（一）婴儿的记忆

婴儿是否具有记忆能力，是婴儿研究的基本问题之一。婴儿的许多所作所为，在逻辑上均隐含着记忆系统的存在。正如婴儿感知觉研究所示，注意习惯化是以某种再认记忆能力为前提的。如果婴儿不能以某种方式保持关于重复刺激的经历，他们就不可能对它习惯化；模仿和搜寻被隐藏的客体也一样要求对以往事件的记忆；很早便出现于婴儿身上的经典条件反射和操作性条件反射，也一样离不开记忆这一前提。

婴儿不仅很早就存在记忆，而且具有很好的信息保持能力。例如，5个月婴儿接触一张面孔照片仅两分钟，在长达两星期后他们仍可能再认出该照片；3个月婴儿能将所形成的操作性条件反射保持长达两星期以上。婴儿对诸如母亲面孔

这种经常出现的刺激的记忆，延续时间更长。

尽管记忆可能很早就存在，但并非一开始就很完善。随着发展，婴儿能对特定经验中越来越多的信息加以编码，他们对周边环境中越来越精细和复杂的特征变得敏感，从而也更可能记住它们。而且，年长婴儿的再认行为似乎更为复杂，对于熟悉的或以前经历过的客体与事件，他们很可能表现出更明显的"似曾相识"的再认特征，且促发进一步的提取，例如，可能仔细而努力地回忆更多有关该再认刺激的信息。

因此，婴儿似乎能够回忆其以前的经历。那么到了儿童期和成人期，他们还能回忆起婴儿期的经历吗？长久以来，人们认为他们完全不能回忆起这种早期经历，弗洛伊德将这种记忆局限称为婴儿期遗忘症。尽管目前关于这一现象的了解尚不是十分清楚，但一些新近的研究认为，它并非如以往所认为的那样完全遗忘。

（二）记忆策略的发展

记忆策略涉及多种可能的意识活动，人们可随意将其用做达到各种记忆目的的手段。复述、记笔记、在重要词句下画线、在日历上记下各种预约、利用语言中介来帮助识记等，都涉及记忆策略的运用。

记忆策略的基本发展过程，可见表 4 – 2。

表 4 – 2　记忆策略的典型发展过程

	策略发展的主要阶段		
	无策略阶段	策略产生缺失阶段	熟练使用策略阶段
执行策略的基本能力	从缺乏到贫乏	从中等到良好	从良好到很好
自发的策略使用	缺乏	缺乏	出现
试图引发策略的使用	无效	有效	不必要
策略使用对复述的影响	—	积极的	积极的

1. 无策略阶段。该阶段儿童缺乏以下能力：迅速准确地再认和默读刺激物名称的能力；以流利和控制良好的方式，重复字词的能力；持续跟踪当前的识记状况和趋向的能力等。在这一阶段，即使费劲地进行某种训练，让他们掌握一定的复述策略，也不可能提高儿童的记忆。

2. 策略产生缺失阶段。在这一阶段，研究者通常进一步区分出产生缺失（production deficiency）和中介缺失（mediational deficiency）两种情况。如果在记忆过程中，儿童没有使用记忆策略，其原因并不是他们没有产生记忆策略的能力，而是他们没有主动地产生记忆策略，这种情况就属于策略产生缺失；如果在记忆过程中，无论是儿童主动产生记忆策略，还是别人教给他们一定的记忆策略，但都没有提高他们的记忆成绩，那么这种情况就属于策略中介缺失。

3. 熟练使用策略阶段。在这一阶段，儿童能够自发地、灵活地、熟练地使用记忆策略，且策略的使用能提高记忆成绩。儿童在其认知操作室内有足够的空间，可用于有效地复述、监控其记忆进程并牢牢记住将来的提取任务，或许还可用来为如何更好地完成任务而担忧。

不过，儿童的实际发展并不像表中所述的那样整齐划一。新近的研究表明，在儿童能够成熟地利用某个策略之前还存在一个过渡阶段，称为利用缺失（utilization deficiency），指的是儿童已开始自发产生策略，但这些策略对记忆没有帮助、很少有帮助或这种帮助小于年长儿童的策略使用。原因或许是对新手而言，策略的产生和执行占用了幼儿大部分的信息加工容量，因此可用于记忆加工本身的容量很少。而能自动化执行策略的年长儿童则不存在这个问题。

（三）记忆容量

信息加工研究的主要贡献之一，是表明人类认知系统在信息加工容量上存在限度：每个加工步骤的执行都需要一定数量的时间和认知资源，每个时刻都只有少量信息单元能在工作记忆中保持活动状态。加工容量的一种简单的估计方式是记忆广度。

新皮亚杰主义者凯斯（R. Case）将短时记忆划分为储存空间和运算空间两个成分，储存空间指的是供短时信息储存的空间总量，运算空间意指可用于执行智力运算的空间总量，二者共同组成总的加工空间。总空间量在发展过程中没有变化，但分配给储存和运算空间的比例发生了变化。

由于随年龄增长而发生的神经系统变化，或由于练习提高了基本加工过程和策略的自动化程度，个体在发展过程中的加工运算速度逐渐提高，导致单位时间内可执行的运算增加。这样，在一个人的认知空间内，可以同时有很多运算出现。另一方面，运算所需空间的降低，为储存释放出了空间，因此，个体可以储存更多的信息。

关于儿童记忆容量有限的研究含义十分明确：尽管儿童的记忆系统有诸如知识、策略、元记忆这些记忆辅助物，但容量限制着它们的使用。每一次只能使有限数量的心理项目（要回忆的项目、策略知识、事实知识、概念等）得到激活并保持激活状态，因此由于容量的限制，儿童可能无法充分利用这些与记忆相关的能力。如果基本的信息加工就已几乎耗尽了儿童的容量，那么他们根本无法进行各种比较高级的活动，如执行某种策略等。随着儿童在发展中获得使用该策略的经验，该策略的执行逐渐变得比较自动和较少需要容量。幼儿之所以表现出某种产生缺失，在一定程度上是因为他们难以试图产生某种有效的策略；而且，即使儿童自发产生某种策略，如果他们必须把大部分容量用于执行该策略，他们就没剩下多少容量可用于有效执行任务的其他方面，因而不能充分利用策略在回忆中的作用。策略的利用缺失在年长儿童身上消失，可能是因为被释放的容量可使

■ 儿童心理学

策略在回忆中充分发挥效用。

（四）元记忆的发展

弗拉维尔（J. Flavell）使用"元记忆"来表示个体对自己记忆内容的输入、存储、搜索和提取进行处理和监控的能力。一般可以将元记忆区分为关于记忆的元认知知识、元认知体验和元认知监控。

1. 元认知知识。元认知知识是指个体对影响认知活动过程和认知结果的各种因素的认识，具体来讲包括以下三方面的内容：一是个体元认知知识，即个体关于自己及他人作为认知加工者在认知方面的某些特征的知识；二是任务元认知知识，即个体关于认知任务已提供的信息的性质、任务的要求及目的的知识；三是策略元认知知识，即个体关于策略（认知策略和元认知策略）及其有效运用的知识。

学前儿童往往高估他们的记忆能力，但一些学者认为这种高估是有益的，因为它们能使儿童保持乐观态度，乐意尝试事实上超过他们现有能力的任务。随年龄的增长，儿童对自己的预测和实际逐渐接近。

2. 元认知体验。元认知体验是伴随个体的认知活动而产生的认知体验与情感体验。在性质上包含着知与不知的体验，难度上包含着简单与复杂的体验；从层次上包含能被个体清晰意识到的体验和处于潜意识的体验；从时间上来看包含认知活动之前、过程中和之后的体验。

3. 元认知监控。元认知监控指主体在从事认知活动的过程中，把自己正在进行的认知活动作为意识对象，不断对其进行主动的计划、监视、检查和控制的过程，包括制订计划、实际控制、检查结果、采取补救措施等具体环节。

专栏4.4　记忆主体的知识

弗拉维尔等人研究了不同年龄儿童对记忆主体知识的认识。实验方法是语言瞬时记忆广度法。实验材料是印有图画的卡片，每张卡片上图画的数量不同。实验任务是要求被试预言他们能够回忆出几张卡片。具体的实验过程是：主试首先向被试呈现印有图画的卡片，每张卡片呈现的时间很短，然后主试迅速将卡片翻过去，并问被试是否记住了卡片上的图画。按此实验程序，将10张卡片呈现完毕。最后，测定被试的实际瞬时记忆广度。实验结果如图4-8所示。

从图中可以看出，学前儿童对自己的瞬时记忆广度的估计同实际成绩之间差别较大，而学龄儿童的估计比较接近实际，四年级学生基本达到了成人的水平。

实验还发现：参加实验的学前儿童，有50%的人自认为能记住10个项目；小学二、三、四年级的学生，有20%—25%的人自认为能记住10个项目；而大学生，只有不到5%的人自认为能记住10个项目。

这一实验结果表明，随着儿童年龄的增长，他们对自己记忆能力的评价越来

越接近实际情况。

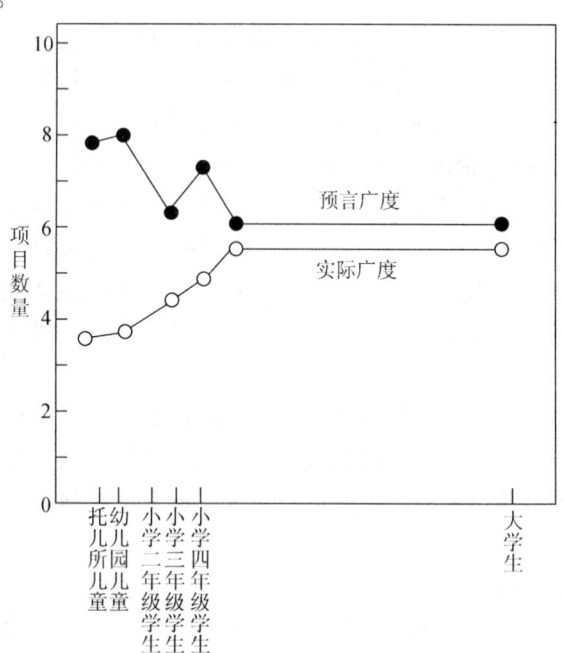

图4-8　不同年龄被试瞬时记忆的预言广度

第四节　领域特殊性研究：心理理论的发展

　　长期以来，发展心理学家致力于研究儿童是如何认识外部世界的，如客体、时间和空间、物理因果性等概念的发生和发展。直到20世纪80年代，研究者才大规模地开始了对儿童认识心理世界的研究。心理理论作为一种重要的社会认知能力，对个体终生的社会适应有着重要的影响；对心理理论的研究，正好也成为认知发展领域特殊性研究的代表性领域。

　　年幼儿童拥有一些重要领域的基本知识或理论。有三种理论备受关注：

　　1. 有关物理的理论（theory of physics），指儿童对物理现象的因果关系进行推断的朴素理论（e. g. Spelke, 1994）；

　　2. 有关心理的理论（theory of psychology），指儿童对心理因果关系的认识，是对自己及他人所知、所想、所欲和所感等具有归因属性心理状态的朴素心理观念（e. g. Flavell, 1999）；

　　3. 有关生物的理论（theory of biology），指儿童对生物因果规律和原理的朴素观点（e. g. Hatano & Inagaki, 1994）。

　　这些理论不像科学理论那样是公理性的、论证严谨、逻辑一致、体系组织严密。与科学理论相比，这些理论有以下四个特征：对领域（物理、心理或生物）

独特的基本分类，对领域独特的因果解释，具有无法观测到的解释性结构和具有内部一致性的组织（Wellman & Gelman，1992）。研究表明，儿童很早就拥有了这些理论，比如，出生后很快就有了对物理的理论；自18个月大就有了对心理的理论（Chen & Siegler，2000）；自2、3岁就有了对生物的理论（Wellman & Gelman，1992）。这些理论成为儿童对新颖情境中发生的事件进行预测和解释的基础，或者成为儿童把众多具体信息进行简化并组织成因果原则系列的基础。比如，7个月大的婴儿，当看到一个无生命物体自行运动起来时，他们会表现出吃惊的样子；但看到一个人自己走来走去时，却没有这种吃惊的表现。因此，可以推测，这个时期的婴儿也能意识到应用于人身上的与应用于无生命物体上的因果原理是不同的。

对心理状态的认识是我们日常生活认识中的核心，在日常认识中我们总是论及心理状态，推知他人的意图和信念，通过推测心理状态而预测人们的行为。因此，有关儿童心理理论的发展，成为心理学家普遍关注的研究领域。

一、什么是心理理论

1978年，普里马克等（Premack & Woodruff）发表于《行为与脑科学》上关于黑猩猩认知能力的研究报告中，首次提出"心理理论"（theory of mind）一词。他们认为"说某个个体具有心理理论，意指该个体能将心理状态归因于自己和他人（自己的同类或其他物种）"。1983年，韦默等（Wimmer & Perner）开始从发展心理学角度探讨儿童心理理论问题，首创"错误信念"研究范式，并把通过"错误信念"任务的测试作为儿童拥有心理理论的主要标志。此后，有关心理理论，尤其是儿童心理理论的各种研究的热潮开始兴起。

心理理论并非一般科学意义上的理论，而是指对自己和他人心理状态（如需要、信念、意图、感知、情绪等）的认知，并由此对相应行为作出因果性的预测和解释（Happe & Wimmer，1998）。

专栏4.5 黑猩猩有心理理论吗？

1978年，普里马克等人对黑猩猩进行了一系列实验，发现黑猩猩亦能推测其同伴或人类的心理状态：他们以黑猩猩被试Sarah为对象，给它放映一段狮子与人物A、人物B的录像，然后让黑猩猩替B选择表示A命运的照片，结果发现，如果之前黑猩猩知道B讨厌A，那么黑猩猩倾向于选择"A成了狮子的美餐"的照片。据此，他们认为，黑猩猩能够将心理状态归因于他人，表现出关于心理状态的认识，而如果动物能理解自己和他人的目的、意图、知识、信念、思考、推测等，那么也应具有人类的"心理理论"。因此，在他们的论文《黑猩猩是否具有心理理论？》（*Does the Chimpanzee Have a Theory of Mind?*）一文中，他

们提出基于心理状态归因的行为认识不是复杂的或高级的行为，而是一种原始的行为，并提出儿童是否具有心理理论的问题。这一分析随后遭到了一些反对者的批评，也引起了一些发展心理学家的关注。

批评者们指出：Sarah 的反应并不足以表明黑猩猩具有某种关于心理状态的认识。他们认为，对心理状态认知的真正体现，是被试能考虑到另一个人在某一种情境下的不正确的信念，即错误信念。因为，关于某个人的正确信念的预测，可以通过评估外部世界的实际状态来获得，不必涉及这个人的心理表征；相反，对于错误信念的预测，必然要涉及个体关于实际状态的心理表征。在这种方法论的指导下，发展心理学家韦默等（Wimmer & Perner）首次就"探究儿童是否具有不受自己关于某一客体位置错误信念的影响，而能正确预测他人行为的能力"进行了实验研究，并开创了关于儿童心理理论的错误信念研究范式。

二、儿童对错误信念的认识

所谓信念，是指人们关于世界的心理状态或态度，以及人们对于某事或某物的看法。信念作为一种心理状态因人而异，且可能与现实不符，而引导个体行为的往往正是其心理表征而非客观现实本身，它既可以是对世界的真实表征，即真信念（true belief），又可以是对世界的错误表征，即错误信念（false belief）。

研究者认为，错误信念任务比真信念任务更能检验儿童对信念概念的理解，因为如用真信念任务，儿童会从自我中心出发假定他人也知道他们所知道的，因而作出正确回答，这就不能检验儿童是否真正理解信念。鉴于此，研究者设计了众多错误信念任务来考查儿童根据错误信念预测和解释行为的能力，并把错误信念任务看做是儿童是否具有心理表征理论（representation theory of mind）的某种"石蕊试剂"式检验。

错误信念任务测试的是儿童能否站在自己的立场来理解他人所持有的错误的想法。错误信念任务包括两种经典范式，即意外地点任务和意外内容任务（Wellman，2001）。

1. 意外地点任务（unexpected location task），也称意外转移任务。在这类任务中，主试让儿童被试掌握有关某物地点改变的信息，而第三者缺乏这种信息，然后让儿童预测第三者会在改变前还是改变后的地点寻找该物，如韦默等（Wimmer & Perner，1983）设计的让被试观察用玩偶演示的"马克西和巧克力的故事"：男孩马克西将巧克力放在厨房的一个碗柜里，然后离开；他不在时，母亲把巧克力转移到另一个碗柜，而马克西不知道巧克力已被转移地点了。然后主试要求被试判断马克西回厨房拿巧克力时，将在何处寻找。

要通过有关错误信念的测试，儿童需要把握以下要点：（1）人们都会形成有关客观事物的信念；（2）信念有正、误之分，相对于某个真实的客体或事件，

图 4-9　意外地点任务研究中的材料图示

表征可能是错误的，因而个体拥有的其实是错误信念（但该信念的持有者认为它是正确的）；（3）明白正、误信念可以共存。就上述具体问题情境而言，要成功地通过该测试，儿童必须能够区分什么是当前真实的世界状况（真信念）和什么是马克西现在的心理状态（错误信念），还必须知道马克西将要采取的行动是由其内部的心理表征而不是由外部现实决定的。

采用这一范式的研究大多发现，能否认识到故事人物持有错误信念的儿童的年龄分界线为 4 岁。

2. 意外内容任务（unexpected content task），也称表征变化任务。在这类任务中，主试向儿童展示一个从外表看明显像有某种特定内容物的物件，随后向儿童揭示其真正内容物（与表面内容物毫不相同），让儿童回答有关自己最初（在实验者向其揭示真正内容物之前）对内容物的信念问题（针对儿童自己的表征转换）以及有关不了解真正内容物信息的第三者对内容物的信念问题（针对他人的错误信念）。

例如，实验者向被试呈现一个他们日常生活中熟悉的糖果盒，仅从盒子的外观看可以很容易推断出盒内通常放的是什么。在儿童回答为"糖果"后，实验者打开盒子表明里面实际上装的是一枝铅笔，然后关上盒子，让儿童回答这样的问题：如果其他孩子在打开盒子之前，没有看过里面的实际内容，问他们盒子里装的是什么时，他们会怎么回答。这种任务也用来评价儿童自己在盒子打开前后关于盒子内容物的信念。

以后诸多测试方法，多是这两种经典实验范式的变式。关于错误信念任务的

研究表明，3 岁儿童在进行错误信念推理方面的能力是有限的，并且可能无法利用最显然的外表线索。相反，5 岁儿童克服了实验任务中几乎所有的困难，他们能够更好地理解所提的问题。3—5 岁儿童在错误信念问题上的反应能力的发展变化，已为上百个独立研究所重复证实（Wellman et al, 2001）。

儿童通过错误信念认识任务，往往被解释为儿童开始拥有了某种表征性的理论认识或心理表征理论，即儿童已经认识到心理状态的表征性实质。但是，错误信念并不代表心理状态的全部，关于信念或错误信念的认识虽然在儿童心理认识发展中具有重要意义，但显然不能囊括儿童心理状态认识的多样性和丰富性。因此在大量的心理理论发展研究文献中，除了关于信念和错误信念的研究外，还有许多关于儿童对其他心理状态的认识发展方面的研究。近年来，研究者所探究的心理状态包括知觉、注意、愿望、情绪、意图、知识、假装和思维等。

三、对心理理论发展的解释

研究者提出了不同的理论，用以解释儿童理解自己和他人心理能力的发展。归纳起来，主要有以下三种。

（一）理论论

理论论（theory theory）的核心观点是儿童对心理的认识或理解本质上如同理论，具有一般科学理论的基本特征。其中两个基本假设是：第一，成人（或科学家）和某一年龄段的儿童利用一种内聚性的概念框架预测和解释他人的动作和思想；第二，这种心理认识的发展机制是一种"理论形成"的过程，遵循着与任何科学理论建构同样的过程。当然，心理理论并不是一个真正的科学理论，而是一个日常"框架理论"（framework theory）。

理论论强调经验在心理理论发展中的作用，认为经验能为儿童提供其不能理解的心理状态的信息，这些信息最终致使儿童理解这种心理状态并修正和改进他们已有的心理理论。以韦尔曼（Wellman）为代表的理论论者将学龄前儿童以愿望和信念为核心概念的心理理论发展划分为三个阶段：1. 大约在 2 岁时，儿童获得简单愿望心理学——主要按照愿望来解释行为，此时儿童知道人们会对经验产生主观感受，但对经验的心理表征因人而异并可能与现实不符的现象，还不能理解；2. 大约 3 岁时，儿童获得愿望—信念心理学，此时，儿童知道信念作为主观心理表征可能因人而异并与现实不符，但在解释和预测行为时仍以愿望满足为出发点；3. 大约 4 岁时，儿童获得类似成人的信念—愿望心理学，能结合考虑人们的愿望和信念来判定其行为。

（二）模拟论

"模拟论"（simulation theory）是专门针对理论论所谓"一种理论构成日常心理能力之基础"的假定提出来的。模拟论认为人类能够使用他们自己的心理资

源来"模拟"他人行为。该理论认为，儿童可以利用他们关于自己的心理状态的认识，通过模拟获得对心理状态及其与行为间因果关系的认识。也就是说，模拟论强调儿童自我反思的经验，强调信念和愿望是儿童真正在体验的心理状态；认为儿童不是直接根据自己的信念和愿望的有关规律来预测他人的行为，他们通常是先假装自己具有跟他人一样的心理状态，进而想象他人的愿望和信念，然后设想他们会如何行动。例如，在错误信念任务中，儿童通过想象或在心理上模拟：如果他们自己处于不知情的情况下，自己将如何想，以此来预测不知情的某位小孩将认为糖果盒子里装的是什么。

如同理论论一样，模拟论也强调经验在儿童心理理论发展中的重要作用，但模拟论更强调儿童通过假装游戏或角色采择练习，来提高他们自己的模拟技能，从而帮助他们形成越来越高级的心理理论。

（三）模块论

与理论论和模拟论不同的是，模块论（modularity theory）强调的是先天基础。模块论认为幼儿心理知识的获得是通过处理动因性客体（agent object）和非动因性客体的特定范畴的模块机制的神经相继成熟而实现的，也就是说，儿童先天存在的模块化机制在神经生理上达到成熟时，他们便获得对心理状态的认识。影响儿童"心理理论"发展的是神经成熟，而不是来自理论的修正，经验只不过在身体成熟期间对心理理论起着某种触发作用。

模块论的早期代表人物莱斯利（A. M. Leslie）主张心理模块是天赋特化的、功能独立的，特别强调该模块的两个特点：一是模块是天赋的或"硬件化的"，具有固定的神经构架（遗传上特化的）；二是模块是"特殊领域的"（只关注或加工与其特殊处理能力相关的信息），具有认知上的不可渗透性，心理的其他部分不能影响，也不能通达至一个模块的内部活动，只能影响其输出内容。莱斯利假定，心理模块都是预先设置好的，到了儿童时期的一个关键点（大约4岁时），这种用于理解他人心理的功能模块就突然打开，准时启动了。

莱斯利提出三个模块：身体理论机制（Theory of Body Mechanism，ToBM）模块，在3—4个月时开始启动，它使婴儿认识到动因性客体有内在的能源使他们能自己运动；另外两个模块叫心理理论机制（Theory of Mind Mechanism，ToMM）模块，它们处理动因性客体的意向性或指代性。其中ToMM1大约在6—8个月开始启动，它使幼儿像知觉环境和追求目标那样来认识人和其他动因性客体；而ToMM2在18个月时开始启动，它使儿童能够表征动因性客体对命题真实性所持有的态度，即哲学家们所说的命题态度。

支持模块论强有力的证据之一，就是它对自闭症（autism）儿童作出了比较合理的解释。有关自闭症的研究表明，患者普遍缺乏心理理论，同时他们还有相应的神经生理缺陷，这支持了先天存在的心理理论特化模块的观点。

上述三种理论或许都只是描述了心理理论发展的某一个方面。例如，理论论侧重于人们对日常生活中心理知识的归纳、总结；模拟论侧重于儿童运用心理理论时所采用的方法；模块论则侧重于心理理论发展所需要的生理基础。因此，尚需要更全面、更恰当的理论来解释儿童心理理论的获得与发展。

四、儿童心理理论的发展特点

皮亚杰认为婴儿是以自我为中心的，但一些研究结果表明婴儿在最初的几个月里就具有分享和互助的行为。例如，特里沃森（Trevarthen）提出了早期的相互主观性（intersubjectivity）理论，指出2个月的婴儿开始有通过观察他人和预期他人的行为来发展共享经验的意识，9—12个月婴儿基本具备了对自我、他人和物体三者之间共同注意的能力。这些初始技能使得婴儿具备了一定的心理知识，表现为：1. 通过与他人互动，婴儿认识到他人的行为是可以预测的，甚至可以依随自己的行为而变化，如"我能够通过哭使妈妈过来"；2. 通过与成人的经验匹配，先是通过动作的模仿在身体上匹配，后在心理上匹配，婴儿朦胧认识到他人和自己存在愿望、情绪和意图的内在体验，这些内在体验是可以共享的，如10个月的婴儿只有在实验者注意他们时，才注视实验者。婴儿的这些心理知识构成了心理理论的开始。

幼儿期是心理理论发展的关键期。大约从2岁起，儿童开始使用一些描述内部知觉或情绪状态的词语，如"想要"、"看见"、"尝"等。3岁儿童还会使用"知道"、"想"和"记得"等认知性词汇。沙兹等人（Shatz et al, 1983）考查了3岁儿童自发使用某些心理状态术语的情况，发现儿童是自发使用心理状态术语的。2岁儿童对"看见"与"知道"之间的关系有了一定的了解。2岁儿童能够明白，人有愿望，愿望能影响人的行为方式；3岁儿童可以理解，人不仅有愿望，而且还有信念，信念也会影响行为。但大部分儿童到4—5岁才能顺利完成典型的一级错误信念任务，从而说明该年龄阶段的儿童获得了朴素的心理理论。

我国研究者也探讨了中国儿童心理理论发展的年龄特点，并通过探查幼儿的程式知识（script knowledge）与心理理论任务上的表现及二者之间的发展关系、假装对心理理论发展的即时和长期影响，提出程式知识、假装游戏可能是幼儿心理理论形成的重要表征机制（邓赐平，桑标，缪小春，2002）；而通过考查幼儿在假装游戏中心理状态术语的应用以及与心理理论的相关，发现幼儿心理状态术语的使用随年龄的增长具有"指向愿望—指向信念"的维度特征，在某种程度上印证了儿童心理理论的发展是一个从"愿望心理学"到"信念心理学"的过程（桑标等，2004）。

错误信念任务中不仅包括一级错误信念（如我觉得萨丽认为玻璃球在篮子里），还包括二级错误信念（second-order false belief），即对第三者持有某种信念

■ 儿童心理学

的理解（如我猜想小明觉得萨丽认为玻璃球在篮子里）。研究结果表明，6 岁左右是儿童二级错误信念发展的关键期（Perner & Wimmer，1985；张文新等，2004），获得成熟心理理论在 6 岁以后（Wellman et al，2002）。

【问题与思考】

1. 婴儿期认知发展研究有哪些主要方法？这些方法有何特点？

2. 按照皮亚杰的观点，儿童在不同的认知发展阶段各有什么特点？皮亚杰的理论有何影响和局限？

3. 结合实例，谈谈认知发展的信息加工研究与皮亚杰的研究有何异同。

4. 如何理解认知发展的领域特殊性观？

5. 何为心理理论？心理理论的研究在儿童认知发展研究中有何重要的意义？

6. 通过本章的学习，你对儿童认知发展与教育有何看法？

第五章 智力发展

【本章提要】

智力是心理学领域中最为复杂、最难理解的概念之一。自从智力测验问世以来，心理学家就对运用智力测验以了解人的智力水平及智力的发展过程十分感兴趣。本章主要论述智力的发展及其评估。第一节在介绍有关智力概念的基础上，重点介绍了两个新近的智力信息加工理论（智力的三元理论和智力的 PASS 模型）。第二节介绍了儿童智力发展的一般趋势和智商的稳定性与可变性，并且从智力发展的个体差异（包括水平差异与速度差异）和智力发展的群体差异（包括性别差异与文化间差异）角度探讨了智力发展的差异问题。第三节探讨了智力测验的有关问题，介绍了若干有代表性的智力测验。

【学习重点】

1. 把握智力的三元理论、PASS 模型的基本内容及其意义。
2. 掌握智力发展的一般趋势，正确认识智力发展过程的个体差异和群体差异。
3. 了解几种代表性智力测验的相关内容。
4. 把握比率智商、离差智商的含义。
5. 科学地认识智力测验的性质、作用与局限。

【重要术语】

智力　智力的三元理论　智力的 PASS 模型　智商　弗林效应　智力年龄
比率智商　离差智商

第一节　智力与智力理论

一、智力的概念

什么是智力？心理学界普遍认为，智力是一个复杂的概念，也是最难理解的概念之一，至今尚无统一的定义。在西方，对智力的解释主要可以归纳为以下几种。

1. 智力就是个体学习的能力。持这种观点者认为可以通过个体的学习成绩来反映智力的水平，高智力者学习的速度快、掌握的知识必然也就多；低智力者

学习的速度慢，掌握的知识也相应就少（Henmon，Buckingham & Cronbach）。

2. 智力是个体思维的能力。高智力者善于抽象思维，善于判断和推理（Binet & Terman）。

3. 智力是个体适应环境的能力。智力越高，适应新环境的能力也就越强，"智力是指个体有意识地以思维活动来适应新情境的一种潜力"（Stern）。

4. 智力是智力测验所测的能力。智力是一个抽象的概念，只有通过智力测验方可知道智力（Boring，Freeman，Stephens & Hilgard）。

5. 智力是一种综合性的能力。智力不但包括感知觉、记忆、想象、判断、推理能力，还包括知识、经验、自我监控、动机、适应环境的能力等。比如，布朗（Brown）认为，智力是学习能力、保持知识、推理和应付新情境的能力。斯滕伯格（R. J. Sternberg）、戴斯（J. P. Das）等也是这种观点的代表。

美国心理学家斯滕伯格（1981）认为，可以将智力理论区分为外显理论与内隐理论两大类。其中，外显理论是指研究者所掌握的，通过实验性技术发展和形成起来的，在出版物和专业会议中进行传递和分享的理论（有数据的验证和支持）；内隐理论则指人们在日常生活和工作背景下形成的，并以某种形式保留在人们头脑当中的关于某些事物的看法（是"发现"而非"发明"，分为专家的内隐理论和公众的内隐理论）。

斯滕伯格进一步调查了外行人和专家对于智力的看法，发现两类人群皆认为智力包括各种属性，大多数人并不把智力定义为一种单独的能力。不过，外行人与内行专家的观点也有交集，两组都把智力视为一种由言语能力、问题解决能力以及实践性能力构成的复杂结构。

由于反映儿童智力的行为随着年龄增长而变化，定义儿童智力就更加困难。贝克（Beck，2000）曾对大学生就不同年龄儿童智力特征的看法进行过调查，发现大学生根据儿童的不同年龄作出了有区分的智力特征描述，从儿童6个月、2岁、10岁到成人，感觉运动的反应性变得较不重要，而问题解决和推理变得更加重要，并认为各年龄的心智能力具有某种内在联系性。这种内隐认知与皮亚杰和信息加工的观点颇具相似性（见表5-1）。

表5-1 大学生提及的不同年龄智力5种常见特征

6个月	2岁	10岁	成人
1. 识别人和物	1. 语言能力	1. 语言能力	1. 推理能力
2. 运动协调	2. 学习能力	2、3、4，即学习能力、	2. 语言能力
3. 警惕	3. 知觉人和环境	问题解决和推理（三	3. 问题解决
4. 知觉环境	4. 运动协调	个联系在一起）	4. 学习能力
5. 语言	5. 好奇心	5. 创造力	5. 创造力

目前，我国的心理学界一般倾向于认为，智力是个体认识方面的各种能力的综合，包括感知力、记忆力、想象力、思维力等，其中抽象逻辑思维能力是智力

的核心。

二、智力理论

我们可以大致把智力理论分为两大类：智力的心理测量传统和智力的认知理论。从智力的测量传统来看，有比奈和推孟等心理学家主张的单因素论、斯皮尔曼（Spearman）提出的二因素论、桑代克（Thorndike）提出的多因素论、瑟斯顿（Thurstone）提出的群因素论，以及弗农（Vernon）提出的层次结构理论和吉尔福特（Guilford）提出的三维智力结构理论。由于这些智力理论在很多心理学书中都有介绍，因此在此不再展开叙述。我们将主要介绍智力理论的一些新近进展。

20世纪70年代以来，智力心理学领域出现了以信息加工观点来研究智力结构的趋向，这就是智力的信息加工理论或认知理论。智力的信息加工论的出现顺应了认知心理学成为心理学研究主流的形势，这些领域的心理学家把研究的重点从外显的、可观测的智力活动转到对智力活动内部过程的分析上，强调元认知或计划性的作用。属于这一阵营的代表有斯滕伯格提出的三元理论和戴斯等提出的智力的PASS模型。

（一）智力的三元理论

斯滕伯格于1985年出版了《超越IQ》一书，提出了智力的三元理论。斯滕伯格认为智力行为总是在一定的社会文化背景下发生的，不同文化条件下判断智力行为的标准不同，但相同智力行为的内在心理机制是一致的。智力不但与一个人所处的外部社会文化条件有关，也与其内在的心理机制有关，个体的经验则是实现内部世界与外部世界联系的纽带。基于上述观点，他提出了智力的三元理论。

1. 智力的情境亚理论（contextual subtheory of intelligence）。斯滕伯格从情境的角度把智力看做是"指向于有目的地适应、选择、塑造与人生活有关的现实世界环境的心理活动"。

通常情况下，个体总是努力适应他所处的环境，适应包括力图在个体及其环境之间达到一种和谐。这种和谐人们或多或少都会得到，但如果和谐的程度低于个体的满意度，那么从一较高层次来看就是不适应。当一个人不可能或不愿意适应环境时，可能会尝试选择其能够或有可能达到和谐的另一环境。个体会考虑其他环境的生存可能，并尝试在有限情况下选择他们将会获得最大和谐的环境。当发现选择这条路行不通时，个体就会考虑力图重塑其环境以提高个体和环境之间的和谐程度，即塑造环境。

2. 智力的经验亚理论（experiential subtheory of intelligence）。斯滕伯格认为，测量智力的任务在一定程度上是下面的一种或两种能力的函数，即处理新任务和新情境的能力，以及信息加工自动化的能力。

新异性和自动化是同一事物的两个对立面，当个人初次遇到一项任务时，他

需要处理新异性的能力；但当个人对一定的任务或情境的练习增加到一定的量之后，自动化就会发挥作用。可见，在个人经验早期，所测量的是处理新异性的能力；在其经验的后期，所测量的是使信息加工自动化的能力。

3. 智力的成分亚理论（component subtheory of intelligence）。斯滕伯格把成分定义为"对客体或符号的内部表征进行操作的基本信息加工过程"。成分可以将感觉输入转换成概念表征，或将一个概念表征转化为另一个表征，或将概念表征转换成动作输出。

从功能上至少可以把成分分为元成分（metacomponents）、操作成分（performance components）和知识—获得成分（knowledge-acquisition components）。元成分是用于计划、控制和决策的高级执行过程。操作成分用于任务操作时执行不同策略，而且操作成分总是将自身组织进任务解决的阶段之中，包括刺激的编码、刺激的组合或比较以及反应。知识—获得成分用于获得新知识的过程。

斯滕伯格认为，成分及其相互作用可促使个体应对新异性并进行自动化操作，它们在一个或多个社会文化环境的情境中起作用，从情境、经验和成分的角度，认为智力"作为元成分、操作成分和知识—获得成分的函数，是在包含对新异性的反应或信息加工自动化的经验连续体区域中产生适合情境行为的心理能力"，从而可以根据行为参与智力定义各方面的程度确定某一行为是否为智力行为。这样，三元智力理论的内容就很明显了（见图 5-1）。

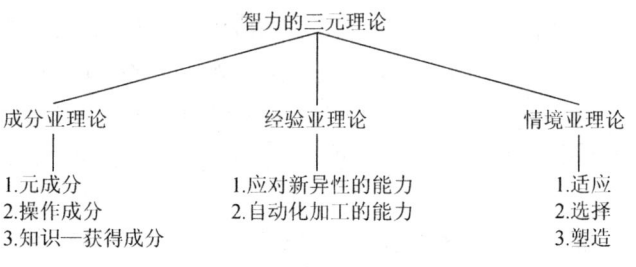

图 5-1　智力的三元理论图示

（二）智力的 PASS 模型

20 世纪 90 年代，加拿大的心理学家戴斯等（Das et al, 1994）提出了"认知过程的评估—智力的 PASS 模型"。该模型有两大理论基础，一是鲁利亚的神经心理学，二是认知心理学。所谓 PASS 模型，英文指的是"Planning-Attention-Simultaneous-Successive Processing Model"，即"计划—注意—同时性加工—继时性加工模型"。他们认为个体的智力活动有三个认知功能系统或单元：注意—唤醒系统/单元、编码—加工系统/单元、计划系统/单元。这三个认知功能系统既相互联系、共同作用，同时又执行各自的功能。而且他们提出，"最好将智力看

做是认知加工过程"。

1. 注意—唤醒系统。该系统是人类心理过程的基础，只有达到合适的觉醒状态，个体才能接受和加工信息。维持合适的唤醒水平对于有效的活动尤其重要，过高或过低的唤醒均会干扰信息的编码和计划。恰当的唤醒水平同时也提供了注意的特定方向。

2. 编码—加工系统。该系统与个体接受、加工、维持来自外部世界的信息有关。大脑皮层的整合活动可以区分为两种基本形式，即同时性加工过程（即同步地整合刺激，主要是空间整合）和继时性加工过程（即将刺激整合成暂时性的系列组合）。

3. 计划系统。计划系统是处于最高层次的认知功能系统，从事智力活动的计划性工作，其功能与斯滕伯格的三元智力理论中的元成分颇为相似。戴斯等认为，计划是人类智力的最本质之处，因为它涉及提出新问题、解决问题和自我监控以及应用信息编码过程的能力。计划过程使个体通过使用与知识基础相连接的注意、同时性加工、继时性加工过程，从而为个体提供了决定并使用有效方法来解决问题的便利。

PASS 模型的三个机能单元彼此之间有一种动态联系，在这种动态联系中，它们对个体的经验作出反应，服从于发展的变化，并形成相互联系的系统。如图

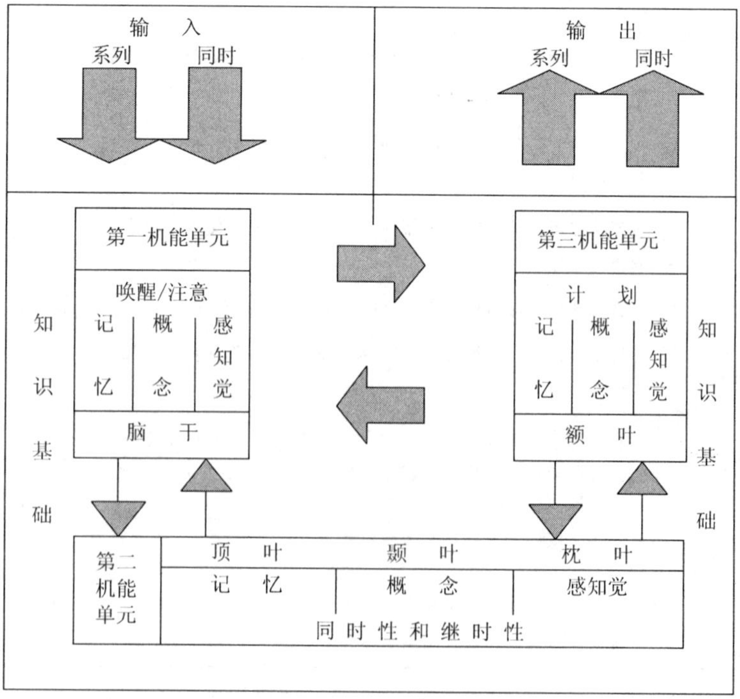

图 5-2 智力的 PASS 模型

■ 儿童心理学
....

5－2所示，三个机能单元是相互联系的，同时又有各自不同的功能，从而保持其独立，此外，这些单元依赖于（并影响）个体的知识基础。编码和计划相互作用，产生各种动作，并促进知识的获得，但同时这些较高级功能依赖于合适的唤醒水平以提供学习的机会。所有的这些过程都受知识基础的影响，用戴斯等人的话则是，"知识基础是作为加工的调节器而发挥作用的"。因此，有效的加工是按照特定任务的需求通过整合知识与计划、注意、同时性加工、继时性加工过程来完成的。PASS模型突出了计划过程在智力活动中的作用，与斯滕伯格的三元智力理论对元作用的解释极其相似，计划过程也具有"元"的性质，这为理解和探讨智力提供了新视角。

专栏5.1　加德纳的多重智力理论

加德纳（Gardner，1993）认为智力并非一元的结构，而由多重智力构成，这些智力之间彼此独立，但在促成智力行为的产生上可能是相互作用的。迄今，加德纳列出的智力达10种之多：

智力	核心成分	可能从事的职业
逻辑—数学智力	对逻辑和数字模式进行识别的敏感性和能力；处理长链条推理的能力	科学家、数学家
言语智力	对声音、韵律及语词含义的敏感性；对语言不同功能的敏感性	诗人、记者
音乐智力	对旋律、音高及音色的产生和欣赏能力；对音乐表达方式的欣赏能力	作曲家、小提琴手
空间视觉智力	对可视空间世界的准确觉察能力，及对由它导致的心理表征的操作能力	航海家、雕塑家
身体运动智力	对自己身体运动的控制能力及娴熟操纵客体的能力	舞蹈家、运动员
人际沟通智力	对情绪、性情、动机及其他人的期望的识别能力和适宜性反应能力	临床医学家、商人
自知自省智力	对自己情感的了解能力及对它们进行判断并用其来指导行为的能力；对自己的优点、弱点、愿望及智力的认知和了解	诗人、作家
自然认知智力	对自然的运行方式和秩序的探究能力	生物学家、进化论理论学家
心灵感悟能力	对灵魂的、初始的以及来生的感知	传教士、僧侣
生存体验智力	对存在的意图和意义感兴趣	哲学家、神学家

加德纳对智力持模块性（modularity）的观点，认为每一种智力对应于大脑的特定部位或模块，并指出，智力研究应致力于探寻出专司不同智力的大脑部位

或模块。但鲜有证据支持其不同智力相互独立的观点。

加德纳的多重智力理论引起了很多教育家的兴趣，因为该理论提示，我们在对儿童进行教育时，重视的只是一部分智力（比如逻辑数学能力和言语技能），而或多或少忽略了其他方面的人类智力。因此就不难理解，为何建立在该理论基础上的诸多智力发展促进方案能够被广泛接受并在全球各地如火如荼地展开了。

第二节 智力的发展

人类智力随着年龄的增长而发展变化。智力发展变化体现出怎样的趋势？智力的稳定性与可变性如何？智力发展有哪些差异？这些问题是本节所要讨论的。

一、智力发展的一般趋势

智力成长过程呈何种趋势？其成长是等速的还是加速的？什么时候智力发展达到高峰？人们对这些问题的看法并不一致。

推孟认为智力发展在 10 岁之前呈一条直线，超过 10 岁开始减慢，到 18 岁停止生长。

贝利用贝利婴儿智力量表、S－B 量表、韦克斯勒成人智力量表对同一组被试进行了长达 36 年的追踪研究，发现测验分数在 13 岁以前直线上升，以后逐渐缓慢，到 25 岁时达到最高峰，26—36 岁变化不大，属于保持水平的高原期，随后有所下降（见图 5－3）。

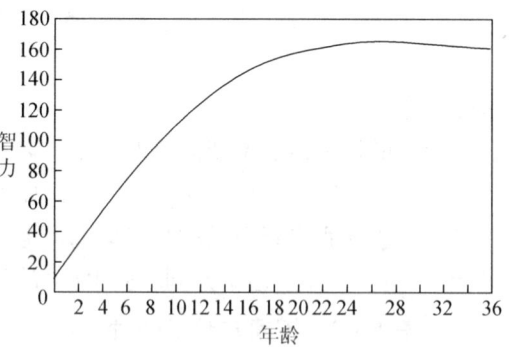

图 5－3 智力成长曲线

韦克斯勒与瑟斯顿等人分别在 1958 年和 1965 年得出下列结论：1. 一般人的智力发展自 3、4 岁至 12、13 岁呈等速进行，之后改为负加速，即随年龄增加而递减；2. 早期的研究都认为智力发展约在 15—20 岁之间停止，但新近的研究发现，智力发展约在 25 岁达到顶峰；3. 智力发展速度与停止年龄虽然有个别差异，但与人的智力高低有密切关系，智力低的人发展速度慢，停止年龄亦较早，而智力高的人，其智力发展速度较快，停止的年龄亦较晚；4. 各种能力的发展

速率并不相同，一般来说，感知能力特别是着重反应速度的测验达到高峰和开始下降比较早，而较复杂的推理能力发展较慢且下降亦较缓慢，见图 5 - 4 和 5 - 5。

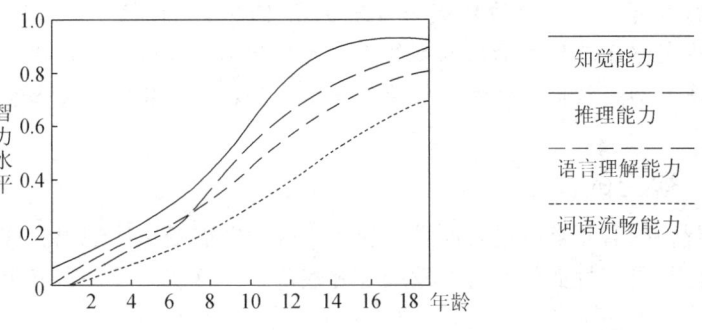

图 5 - 4　智力发展曲线（据瑟斯顿基本心理能力测验结果）

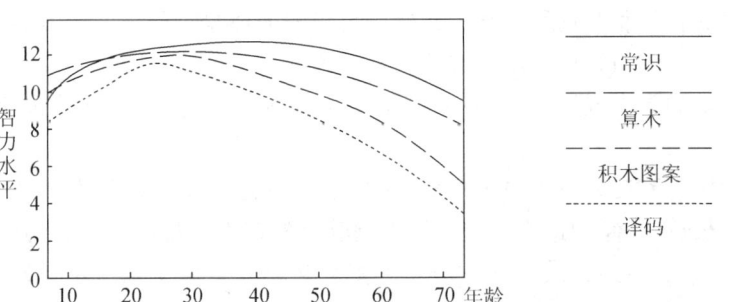

图 5 - 5　智力发展的顶峰与下降趋势（据韦克斯勒成人智力测验结果）

二、智商的稳定性与可变性

儿童的智商随其年龄的增长是稳定不变的吗？假设一名儿童 4 岁时的智商为 100，那么到了 8 岁或 12 岁的时候，还是 100 吗？智力测验有预测的功能，人们在用智力测验作预测时，一般都假定智力是相当稳定的。但实际上，智商有其稳定性，亦有一定的可变性，表 5 - 2 描述了不同年龄 IQ 值的相关情况。

表 5 - 2　不同年龄 IQ 的相关

年龄	3	6	9	12	18
3		0.57	0.53	0.36	0.35
6			0.80	0.74	0.61
9				0.90	0.76
12					0.78

从表 5 - 2 可以得出以下结论：

1. 婴儿时期的智力测验结果不能很好地预测以后的智力。比如，3 岁时的

智商与 6 岁时的智商相关为 0.57，而与 18 岁时的相关则减少到 0.35 了。更有甚者，利普斯特等（Lipsitt et al, 1992）证明了贝利婴儿智力量表的测验结果与婴儿长大后的智力测验结果之间的相关接近 0。

婴儿期的智力测验结果为何不能很好地预测以后的智力呢？一般认为，这是由婴幼儿期的智力测验内容与儿童时期的智力测验内容之间存在着很大程度的不同导致的。前者注重对婴儿手的灵活性、视觉与听觉的敏感性等方面的测查，而后者则强调言语、抽象、问题解决和推理等能力。但是也有例外，对那些婴儿时期智力测验得分很低的儿童而言，婴幼儿时的智力测验分数就能较好地预测以后的智力发展水平。还有研究表明，如果单单考查婴儿对新颖情境的反应情况，则可以发现其与儿童时期智商的相关，这无疑为理解智商的稳定性与可变性提供了新的视角。但应指出的是，这两者之间的相关只是中等程度的，相关系数约在 0.35—0.40 之间，且不能预测 11—12 岁之后的智力。或许也可以这样认为，在婴儿期，儿童的智力发展存在着较大的可变性。

2. 过了婴儿期，不同年龄儿童的 IQ 之间存在着显著正相关。可以从表 5-2 中看出两条规律：（1）两测验之间的时距越短，其结果间的相关越大，即相似程度越高；智商的稳定程度随年龄间隔的增加而降低。比如，3 岁与 6 岁之间的 IQ 相关（$r = 0.57$）要远大于 3 岁与 12 岁之间的 IQ 相关（$r = 0.36$）。（2）随着儿童年龄的增长，相同年龄间隔间的 IQ 相关呈增加趋势。比如，3—6 岁之间与 9—12 岁之间均相差 3 岁，但后两个年龄之间的 IQ 相关（$r = 0.90$）要远大于前两个年龄之间的 IQ 相关（$r = 0.57$）。这提示，随着年龄的增长，儿童的智力趋于稳定。

3. 就同一名儿童来说，随着年龄的增长，其智商亦不是一成不变的，绝大多数儿童的智商均出现了一定程度的变动。一些儿童表现出剧烈的 IQ 变化，麦考等（McCall et al, 1973）对儿童从 2.5—17 岁进行了跟踪研究，发现 79% 的儿童的 IQ 变动达 21 个百分点，14% 的儿童的 IQ 变动了 40 个百分点及以上，变动最大的 IQ 均分与变动最小的 IQ 均分之间的差异达 28.5 个百分点。即使在 6 岁以后，IQ 分数相对稳定了，一些儿童还是表现出了较大的变化，有的 IQ 增高了，有的 IQ 降低了（见表 5-3）。从表 5-3 中可以看出，大部分儿童的 IQ 分数变化了 15 个百分点及以上，超过三分之一的儿童变化了 20 个百分点或更多。但研究发现，比这更大的 IQ 变动并不常见（虽然不是不可能），比如，很少有人从 70 升到 130，或从 130 降到 70（Honzik et al, 1948）。

表 5 - 3 6—18 岁之间 IQ 的变化

IQ 的变化 *	实验组（%）N = 114	控制组（%）N = 108	总体（%）N = 222
≥50 个百分点	1	—	0.5
≥30 个百分点	9	10	9
≥20 个百分点	32	42	35
≥15 个百分点	58	60	58
≥10 个百分点	87	83	85
≤9 个百分点	13	17	15

* 至 "≥10 个百分点" 为累积百分比

总之，IQ 有其稳定性，且随着儿童年龄的增加，IQ 趋于更加稳定；但 IQ 也是可变的，有时甚至会发生剧烈的变动。造成 IQ 变动的原因可能是：1. 智力发展的速率存在着个体差异，比如，有的先快后慢，有的则是先慢后快，这样导致多次测验分数的起伏；2. 一些测验题目可能过分地强调了某方面的知识或某种技能，这样有无机会习得这些知识或技能也会造成智商偏高或偏低。前者是智力本身的变化，后者则是测验本身的效度问题。智商的稳定性随年龄增长而增长，似乎可以这样解释：智力的发展具有累加性，个体在每一年龄的知识和技能包括了其以前所有的技能和知识。

三、智力发展的差异性

(一) 智力发展的个体差异

在智力测验中，一个常见的现象是，相同年龄的儿童其智商并不一定相等。比如，两名 9 岁的儿童，甲的智商是 130，而乙的智商则只有 95。这反映了智力发展的水平差异，图 5 - 6 描述了这种情况。

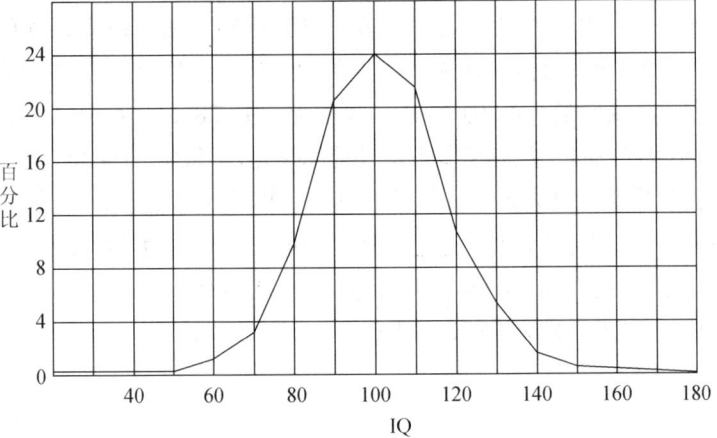

图 5 - 6 IQ 的分布（据 1937 年斯—比测验结果）

图 5 - 6 是推孟根据斯坦福—比奈量表的一个常模群体的智商分布情况而绘制的，其平均数为 100，标准差为 16，横轴为 IQ 值，纵轴为分布的百分比。可以看出，这是一个近似于正态分布的曲线，这一智商正态分布的结论得到了其他研究结果的支持：在一般人群中，智力极高的（IQ 在 140 以上）与极低（IQ 在 70 以下）者均占少数，智力中等或接近中等（IQ 在 80—120 之间）者占大多数，约占总人口的 80%。实际上，智力分布曲线的两侧并不完全对称，智力低的一端人数相对较多，这是因为除按正常的变异规律由遗传引起的智力落后外，还可由疾病、脑伤及其他意外事件而造成智力落后。

研究者们根据智商的正态分布对智力进行了分类。推孟对智力进行分类的目的是为了说明起来方便，他明确指出"每一类的界限，纯粹是任意假定的"，但是在后来的实际运用中发现，这个假定的分类与分布跟实际情况比较一致。因此，除了智商分布的两端外，按智商对智力进行的分类就沿用下来了。韦克斯勒参照推孟的分类，提出了自己的分类。1973 年，在斯—比量表第三版的指导手册中，推孟等人也对智力的分类进行了调整。从类别上来说，两者十分一致，只是在某些智商区间划分上有一些不同（主要是两端），见表 5 - 4。

表 5 - 4　韦克斯勒对智力的分类及推孟 1973 年对智力的分类比较

类别	韦克斯勒对智力的分类		推孟 1973 年对智力的分类	
	IQ	实际分布（%）	IQ	实际分布（%）
极优秀（very superior）	≥130	2.3	140—169	1.35
优秀（superior）	120—129	7.4	120—139	11.3
中上（high average）	110—119	16.5	110—119	18.1
中等（normal or average）	90—109	49.4	90—109	46.5
中下（low average）	80—89	16.2	80—89	14.5
低能边缘（borderline defective）	70—79	6.0	70—79	5.6
智力缺陷（mentally defective）	≤69	2.2	30—69	2.63

由上可知，在同龄人群中，按智力发展的水平，可以将儿童划分为智力超常、智力中等和智力缺陷三类。尽管智力中等儿童占大多数，但分布于两端的儿童却更需要特殊的教育和咨询，因而更令人关注。

1. 智力超常

智力超常是指智商在 140 以上，推孟称之为"天才"，我国古代称之为"神童"。对智力超常的研究以推孟所领导的长期纵向研究最为著名，自 1912 年，他们对所选取出来的 1 500 名智商超过 140（平均智商近 150，其中有 80 人智商为 170）的儿童进行了长达 40 年的追踪（Terman, 1968）。该研究的一个重要方面是分析了超常儿童的行为特征，这些特征有：

（1）超常儿童的身体和心理发展均较一般儿童为优；

（2）他们在校的学业成绩较一般儿童为优，学习兴趣也较广；

（3）他们的社会能力比一般儿童强，他们喜欢与年纪大的儿童一起玩，比同年龄儿童更具有丰富的游戏方法与知识，情绪也较一般儿童成熟稳定（推孟发现，智商在110—120的儿童，当团体领袖的较多，而智商超过160时，则因为兴趣与众不同而不受拥护，当首领的少了）；

（4）社会经济地位、文化教育水平较高的儿童智力优异的较多，智力超常儿童的男女比例是120∶100，其中2/3在家中为老大或为独生子女。

我国的研究人员（查子秀等，1986，1998）编制并运用《鉴别超常儿童认知能力测验》对3—14岁超常与常态儿童2 700余人的感知、记忆、思维等进行了较系统的比较研究，结果发现：

（1）超常与常态儿童认知不同方面的差异程度明显不同，超常儿童的创造性思维和数类比推理的成绩与同龄常态儿童的差异最为明显，语词类比推理次之，图形类比推理及观察力的差异较小。而且差异不仅表现在测验的结果上，还明显表现在反应的过程、水平和特点上。

（2）超常与常态儿童认知不同方面相互联系构成的模式有明显不同的特点。不同年龄及同年龄不同时期的研究结果，都表明超常儿童是以创造性思维较发达为特征而构成了不同于同龄常态儿童的认知模式（见图5-7，图5-8）。

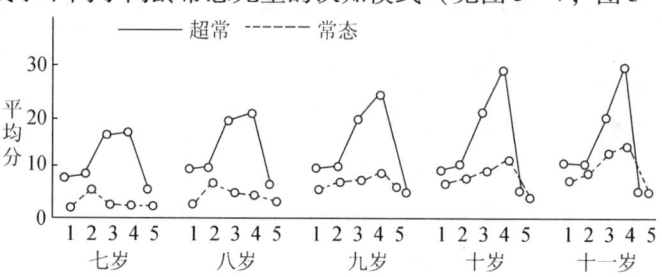

图5-7　7—11岁超常与常态儿童认知发展剖面比较

（注：1. 语词　2. 图形　3. 数　4. 创造性思维　5. 观察力）

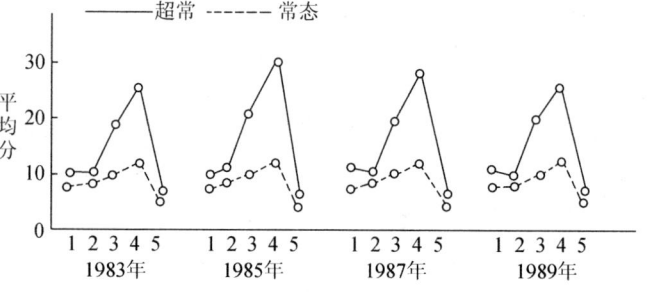

图5-8　不同时期10岁超常与常态儿童认知发展的剖面比较

（注：1. 语词　2. 图形　3. 数　4. 创造性思维　5. 观察力）

（3）超常与常态儿童认知发展的年龄趋势不完全相同。

2．智力低常

智力低常，是指智商低下（一般低于 70），即智力发展水平明显低于同龄儿童或在智力发展上存在严重障碍的儿童。心理学家大都以智力程度和社会适应行为对智力低常进行进一步的区分。

（1）智力程度。根据个别智力测验所测得的智商，以标准差为单位将其分类。所应指出的是，由于不同智力测验的标准差不同，故根据不同测验结果所作的分类就会略有差别。比如，韦克斯勒智力测验的标准差是 15，而斯—比量表则是 16。具体分类见表 5－5。

表 5－5 据智力程度对智力低常进行的分类

等　级	类　别	标准差 （SD）	韦氏量表 （SD = 15）	斯—比量表 （SD = 16）
五	边缘	−1——2	84—70	83—68
四	轻度	−2——3	69—55	67—52
三	中度	−3——4	54—40	51—36
二	重度	−4——5	39—25	35—20
一	极重度	−5 以下	25 以下	20 以下

（2）社会适应行为。智力低常的人通常比一般人的社会适应能力差，可以通过"梵兰社会成熟度量表"（Vineland Social Maturity Scale）测得个人社会成熟商数（SQ），按标准差将其分为五个等级，见表 5－6。

表 5－6 据社会成熟商数对智力低常所作的分类

等级	类　别	标准差（SD）
五	无负偏差（适应不发生困难）	−1.00 以上
四	轻度负偏差（轻度适应不良）	−1.00——2.25
三	中度负偏差（中度适应不良）	−2.25——3.50
二	重度负偏差（重度适应不良）	−3.50——4.75
一	极重负偏差（完全不能参加社会生活）	−4.75 以下

20 世纪 80 年代，中国科学院心理研究所对 228 000 名儿童进行了调查，结果显示，我国儿童智力水平差异亦大致呈正态分布。其中超常儿童占 0.3% 左右，低常儿童占 0.34% 左右。

除了智力发展的水平差异，智力发展还存在着速度差异。从智力个体发展的速度上将智力发展划分为早慧型、一般型和晚成型。

（二）智力发展的群体差异

我们从性别差异和文化间差异角度，分析智力发展的群体差异。

1. 智力发展的性别差异

（1）从性别群体而言，男女智力可能没有差异，但如果只根据某种测验去测量某些人时，所得的结果可能就存在差异。20 世纪 50 年代英国学者麦克米肯（MacMeeken）曾以团体智力测验的形式对整个苏格兰同年出生的 87 000 名儿童的智力进行了测试，结果没有发现两性间的差异。后来又以个别智力测验的形式去测验，结果亦没有发现性别上的智力差异。当然，这也可以解释为，许多智力测验在编制或修订时，会考虑删除在性别上存在差异的项目，比如斯—比量表就是如此（Newcombe，1996）。

（2）男女两性间在智力上即使存在差异，亦不能确定差异的方向。从智力测验分数上来看，在早期，女孩的 IQ 通常比男孩高，女孩在小学阶段的成绩也比男孩好，但到了高中和大学，则呈现出男性优于女性的趋势。还有，女孩的确在说话方面发展较快，但是该差异在 2 岁后就趋于消失了，在童年期和成年期，通过对各种研究进行整合，在诸多言语能力上并未发现在性别上存在统计学上的显著差异（Hyde & Linn，1988）。

从诸多研究结果来看，可以认为，男女两性智力的发展不是同步的，而且男女两性的智力可能各自存在着优势领域，比如，女性擅长言语表达、形象记忆等，而男性则长于逻辑思维、空间推理等，正是因为这些优势领域的存在，可能导致了在智力测验表现上分数的不一致。

（3）尽管许多智力测验在编制和修订时都会尽量删去那些存在性别差异的项目，但实际上，保留下来的项目未必具有性别上的公平性。通常而言，智力测验都会包括多种因素，测验项目的性质亦有多种，有些题目较适合于男性，有些题目较适合于女性。比如，韦克斯勒成人智力量表，对男性有利的有 5 个分量表（常识、理解、算术、填图、积木图案），而对女性有利的却只有 3 个分量表（类同、词汇、物体拼组）（郑日昌，1987）。因为有利于男性的分量表居多，导致了韦克斯勒成人智力测验结果多显示出男性成人的智力优于女性成人的趋势。从这个角度来说，要研究男女两性间的智力发展有无差异，增加智力测验的性别公平性就显得非常重要，但反过来，之所以会存在智力测验项目上的性别表现差异，其实就是存在智力发展性别差异的佐证。

（4）从 IQ 分数的性别分布上来看，男性智力的变异大于女性，在智力分布的两端（即特别聪明和特别愚笨），男性均多于女性。英国和日本的不少研究也发现，男女两性的平均智商没有什么差别，但男性标准差很大。

2. 智力发展的文化间差异

文化间差异可以从种族和国家（地区）两方面来考查。

（1）关于智力发展的种族差异。不同的种族之间有无智力发展的差异？这

一问题曾经盛极一时。尤其是在美国，因为种族众多，使其具备了研究种族智力有无差异的得天独厚的条件。比如，一些研究者发现，黑人儿童与白人儿童在IQ均分上存在差异，白人约为104，黑人约为90，白人比黑人高出一个标准差，这使得一些学者宣称黑人与白人之间的IQ差异是遗传因素导致的，并企图按智力高低来评定种族的优劣。从现有的证据来看，黑人儿童（包括其他非主流文化民族或称为少数民族）有较低的IQ得分是因为文化差异、经济条件不利和种族隔离而导致的。如果在智力测验中考虑到文化差异，增加测验的公平性，这种源于文化差异的智力表现的差异就会趋于消失。

（2）关于智力发展的国家（地区）差异。有研究表明，亚洲国家和地区儿童比美国儿童在学业尤其是数学成绩上表现要好，但这是否代表前者的智力更高呢？史蒂文森（Stevenson，1987）及其合作者对日本、中国台湾和美国的1年级与5年级的儿童进行了详细对比，发现在5年级，中国和日本儿童比美国儿童在数学及一些阅读领域的得分要高，然而，三组儿童在各种整体智力的测验中没有差异，这提示，差异并非来自不同国家和地区的遗传及机体差异。

从研究结果来看，这种差异来自教育体系和儿童的社会化过程。日本和中国的儿童生活在学校里的时间多于美国儿童：学日比美国长，学年亦比美国长。当在校时，前者会有较多的时间用在数学学习上。而且，日本和中国的教师花在集体授课上的时间也多于美国教师。研究发现了课堂的这些特征与儿童的数学成绩的相关关系。中国和日本儿童的成绩比美国儿童更好的另一个重要原因是中国和日本的家长及其他人更看重成绩。在中国和日本的文化背景中，父母把数学上取得成功视为努力及刻苦学习的结果；而美国父母则倾向于认为数学成绩是由与生俱来的能力决定的（Stevenson et al，1985）。

文化间的差异可以引起智力行为表现的差异，但这并不能说明一个文化的智力就优于另一个文化的智力。离开了文化约定性来谈论智力，或者对智力进行比较，都有失客观科学。

专栏5.2　弗林效应

智力在个体生命历程上会发展变化，那么，随着历史的前进，人类的智力会不会发展变化？比如，20世纪40年代的同龄群体与90年代的同龄群体或将来如2020年的同龄群体之间的智力存在差异吗？这一问题深深地吸引着心理学家们。弗林（Flynn，1984，1987）是研究这一问题的先行者。他收集了历史上大量的智力测验数据资料，经过系统研究发现，自智力测验发端以来，智力测验平均成绩在不断上升。这种现象称为弗林效应（the Flynn Effect）。弗林的结论是，从1940年开始，智力测验的平均成绩（IQ的平均分数）在以每10年3个百分点的

速度递增，这意味着现在智力测验测得的106同20年前测得的100是相当的。而且不止于此，群体智力测验平均分数上升的速度有加快之势。有研究表明，1972—1982年间，荷兰19岁青少年的平均智力测验成绩就提高了8个百分点，这种差异将近半个标准差。

弗林效应受到以美国心理协会（American Psychological Association，APA）下辖的科学事务委员会（Board of Scientific Affairs，BSA）为首发起而组成的一个智力研究特别工作小组的关注，并将其列为智力心理学今后应着力解决的一个问题。他们认为，弗林效应的存在可能与人们的经验不断丰富、营养状况不断提高和对智力定义的变化等有关（Neisser et al，1996）。

第三节　智力发展评定

智力发展评定主要通过智力测验来加以实施。目前，有多种可用于评价儿童智力及其发展状况的智力测验。这些测验有的以团体形式进行，称为团体施测测验（group-administered test）或群体智力测验，有的　次只能对　个儿童进行测试，称为个人施测测验（individually administered test）或个体智力测验。前者允许许多儿童一起参加测试且对测试主持者的要求较低；后者对测验的管理、计分及解释需要受过专门培训人员来进行实施，而且通常花费时间较多。本节主要介绍一些最有代表性的智力测验。

一、比奈—西蒙量表

1905年，法国心理学家比奈及其助手西蒙联名发表了《诊断异常儿童智力的新方法》一文，由此，第一个智力量表比奈—西蒙量表（B - S量表）问世。这套测验由30个从易到难的题目组成，以完成题目的数量来确定儿童的智力高低。这30个项目如下。

1. 眼睛是否随动的物体移动。
2. 用触觉刺激唤起抓握反应。
3. 用视觉刺激唤起抓握反应。
4. 辨认食物。
5. 搜寻食物。
6. 执行简单的命令和模仿简单的手势。
7. 认识物体。
8. 认识图片。
9. 列举图片中的人物和物体。
10. 比较两条线的长短。

11. 复述两个数目字。

12. 比较两个重量。

13. 暗示。

14. 解说物体与人物的名称。

15. 复述句子。

16. 说出二物的不同点。

17. 记忆图片中的物体。

18. 靠记忆重画图片。

19. 复述数字。

20. 说出二物的相同点。

21. 比较线的长短。

22. 比较重量。

23. 重量记忆。

24. 说出同韵字。

25. 填词。

26. 用三个词造句。

27. 对答问句。

28. 交换长短针的位置。

29. 剪纸。

30. 抽象名词的定义。

1905 年 B – S 量表的主要特点是：项目种类繁多，可以测量智力的多方面表现；项目的排列由易至难，可以测量智力的高低；用通过多少项目作为分辨智力的标准。

1908 年，比奈、西蒙根据量表的使用情况，对量表进行了修订。修订后量表的测验项目增加至 59 个；按年龄对测验项目进行分组，3—13 岁每 1 岁为 1组，若每个年龄组60%—90%的儿童都能通过某项测试，比奈和西蒙就认为该项测试适合于该年龄组的正常儿童；以智力年龄（mental age，MA）来确定儿童的智力发展水平。从操作上讲，智龄（MA）是以儿童能通过哪一年龄组的测验项目来计算的。比如，一个儿童通过了一套 7 岁组的全部项目，其心理年龄就是 7岁。如果他还通过了 8 岁组的 2 个项目（代表 4 个月），那么其心理年龄便是 7岁 4 个月。该量表是第一个年龄量表，其采用的"智龄"概念对心理测验起了相当大的推动作用。

1911 年，比奈与西蒙根据自己和其他学者的使用经验，对量表进行了最后一次修订，这就是 1911 年量表。该量表对项目进行了增删和重排，对每个项目

组的题目数量予以平衡；并将年龄范围扩展至成人，增设一个成人组。1911 年修改后的量表项目举例如下。

3 岁：

指点鼻子、眼睛和嘴。

重复两位数字。

列举图画中的物体。

说出自己的姓氏。

重复一个由 6 个音节组成的句子。

6 岁：

区别早晨和晚上。

通过用途定义一个词（例如："叉子是用来吃东西的。"）。

照样子画一个菱形。

数出 13 便士。

在图画中指出画得丑的脸和好看的脸。

9 岁：

从 20 苏中指出零钱（苏为法国旧币名）。

定义一些高于用途的词汇（例如："叉子是一种进餐的工具。"）。

分出 9 种钱币的价值。

按顺序报出月份的名字。

回答简单的"理解问题"（例如，问："错过火车后怎么办？"答："等下一趟车。"）。

12 岁：

抵抗暗示（让孩子看 4 对不同长度的线条，然后问每对中哪一根长些；最后一对线条的长度是一样的。）。

用 3 个给定的词汇组成一个句子。

3 分钟内说出 60 个单词。

对 3 个抽象词进行定义（慈善、公正、善良）。

根据一个顺序打乱的句子，说出它的意义。

虽然比奈—西蒙量表现在已不再使用，但它的历史贡献不可磨灭，特别是用智力年龄作为智力的标准，是比奈等经过几十年的研究才找到的，解决了难以对测验结果进行评定解释的问题。单凭测验分数很难让人明白代表什么，但是说某儿童的智力相当于普通 7 岁儿童的智力水平，则人人都能明白。

二、斯坦福—比奈量表

（一）概况

比奈—西蒙量表发表后，引起了人们的兴趣，许多国家纷纷对之进行引介。许多美国学者都尝试对比奈—西蒙量表进行修订，其中最成功的当数斯坦福大学的推孟（L. M. Terman）教授，他对量表进行了大刀阔斧的修改，于 1916 年发表了斯坦福—比奈量表（S－B 量表）。斯—比量表共有 90 个项目，其中三分之一以上的项目（39 个）是新增的。斯—比量表经历了 1937 年、1960 年、1972 年、1982 年以及 1986 年的修订，成为极具影响力的智力测验。适用的范围为 2—14 岁，另有普通成人组和优秀成人组。

推孟的主要贡献是：1. 力求取得广泛代表性的常模，对施测和记分提供了详细的指导语和说明书，将测验编制标准化，从而提高了量表的信度；2. 将量表所适用的年龄范围扩展到成人，可以测出自 2 岁到成人的智力水平；3. 采用了斯腾的智商概念，作为比较智力水平的相对指标，从此，智力测验均以智商作为衡量智力水平的标准（1960 年以前用比率智商，1960 年以后用离差智商）。比率智商的求法如下：

$$智商(IQ) = \frac{智力年龄(MA)}{实足年龄(CA)} \times 100$$

比如，一个实际年龄为 8 岁的儿童，若他的智力年龄为 9.5 岁，那么他的智商就是 $9.5 \div 8 \times 100 = 119$（通常小数可以不计）。

从上面的公式可以看出，智商（IQ）是智力年龄（MA）与实足年龄（CA）之比，再乘以 100 得出的。它表明，一个儿童无论他的实足年龄是多大，只要其智力年龄等于实足年龄，则其智商总是 100，说明该儿童的智力一般；若其智商大于 100，说明其智力水平比该年龄段儿童的平均水平高，反之则低。智商还可用来对不同年龄儿童的聪明程度进行比较，比如，一名 5 岁儿童的智力年龄是 6，则其智商是 120；另一名 10 岁儿童智力年龄是 11，则其智商是 110，可以看出，尽管两名儿童的智龄均比实龄超出一岁，但通过智商比较可以发现，前者比后者更聪明一些。

（二）斯—比量表 1972 年修订版测题示例

1. 6 岁组（六个项目，每通过一个项目得分代表 2 个月智龄）

（1）词汇量：45 个词中正确解释 6 个，比如什么是橘子、信封、泥潭等。

（2）区分：说出两物的不同点，比如，鸟和狗，拖鞋与长靴等。

（3）图画补缺：指出画中物体缺少的部分，如茶壶、手套等。

（4）数概念：从 12 块积木中取出需要的块数，如 3 块、10 块、6 块、9 块、7 块，要求做对 4 次。

（5）类比：类似于"夏天热，冬天_____"这样的题目。

（6）走迷津：用铅笔画出最短的通路。

备用：看图讲故事。

2. 10 岁组（六个项目，通过一个项目得分代表 2 个月智龄）

（1）词汇量：在 45 个词中正确解释 11 个。

（2）空间：数出在一个三维图中立方体的数目。

（3）解释抽象词。

（4）说明理由：说出一种规则和偏好的理由。

（5）词汇流畅：一分钟内说出 28 个词。

（6）复述：复述六位数。

备用：指出一段话的荒谬之处。

三、韦克斯勒儿童智力量表（WISC）

（一）概况

1939 年，韦克斯勒（Wechsler）在美国贝勒维精神病院编制了一套韦克斯勒—贝勒维智力量表，用以测量 16—60 岁的成人，而后他分别编制了韦克斯勒儿童智力量表（Wechsler Intelligence Scale for Children，WISC，1949）、韦克斯勒成人智力量表（WAIS，1955）、韦克斯勒学龄前儿童和学龄初期儿童智力量表（WPPSI，1967），1974 年发表韦克斯勒儿童智力量表修订版（WISC – R），1991年发表修订第三版（WISC – Ⅲ），最近又发表了修订第四版（WISC – Ⅳ）。这几套量表编制的原理和特点基本一样，适用于 6 岁至 16 岁 11 个月儿童的智力测查。

韦氏量表具有以下主要特点：

1. 韦氏从整体智力观点出发把智力分成言语智力和操作智力两部分。言语量表和操作量表分别又有分测验，比如 WISC – R 中，言语量表包括常识、类同、算术、词汇、理解、数字广度六个分测验；操作量表包括图画补缺、图片排列、积木图案、物体拼组、译码、迷津六个分测验。除了可以计算全量表的智商外，还可分别计算言语智商和操作智商。

2. 采用离差智商作为估计智力的相对高低程度。某一被试的离差智商，是根据此人的测验分数与其同龄被试群体测验分数分布曲线上的平均数的离差大小而定的，即被试的分数处于同龄标准化样组平均数之上或之下有多远。离差大且为正，则智商高；而离差大且为负，则智商低。

专栏5.3 离差智商的计算方法

离差智商的计算方法大致如下：

第一步，将各个分测验的原始分转化为平均数为10、标准差为3的正态化标准分数，公式为：

$$X_2 = 10 + 3z$$

如果原始分数分布呈正态，上述公式可推导为下式：

$$X_2 = 10 + 3\frac{X_1 - \overline{X}}{S_1}$$

在这里，X_2 为所要转换的特定的正态化标准分数；10 为指定的正态化标准分数的平均数；3 为指定的正态化标准分数的标准差；X_1 为某一分测验的原始分数，$\overline{X}$ 为某一分测验原始分数的平均数；S_1 为某一分测验原始分数的标准差。

第二步，把各个年龄组中每个儿童所得的各个分测验量表分数按照言语量表、操作量表和总量表加以汇合，然后算出各年龄组三种量表的平均数和标准差。这样可以算出某年龄组每个儿童三种量表总分的标准分数 Z，但此时的标准分数平均数为100，标准差为15。通过下式就可求出离差智商：

$$X_2 = 100 + 15\left(\frac{X_{SS} - \overline{X}_{SS}}{S_{SS}}\right) = \frac{15}{S_{SS}} + \left[100 - \overline{X}_{SS}\left(\frac{15}{S_{SS}}\right)\right]$$

这里，X_2 为所要转换的离差智商，100 为特定的标准分数分布上的平均数值，15 为指定的标准分数分布上的标准差的数值，X_{SS} 为任一年龄水平某被试所获得的量表总分数，$\overline{X}_{SS}$ 为任一年龄水平全部被试所获得的量表总分的平均数，S_{SS} 为任一个年龄水平全部被试所获得的量表总分的标准差。

相对于比率智商而言，离差智商有其独特的优越性。比率智商是智龄与实足年龄的比值，但随着年龄的增长，智力与年龄的增长不是同步的，不是所有的智力都是终生增长的，智力的增长亦不是线性的（匀速的），因此，比率智商尤其不适用于成人和老年人。而离差智商则克服了这个缺陷，它以某人在同龄群体中的相对位置来代表此人的智力水平，既简洁明了，又客观科学。由于离差智商的突出优点，加之韦克斯勒大力推崇，因此，自韦氏开始，离差智商的概念在智力测验中广为应用。

（二）韦克斯勒儿童智力量表示例

1. WISC – R（1974 年修订版）

（1）言语量表（包括六个分测验）

①常识：测试儿童在日常生活中常接触的一些问题，比如："太阳从哪里升

起?""狗有几条腿?"有 30 道题目。

②类同：要求儿童概括出每一对词的相似之处，比如："车轮与球有什么相似的地方?""钢琴和二胡有什么相似的地方?"有 17 组配对的名词。

③算术：要求儿童心算小学程度的某些算术题，从简单的计数到较难的心算和推理题，共 18 题。

④词汇：要求儿童对读给他们听或看的词的一般意义加以解释，例如："什么是自行车?""声明是什么意思?"共 32 个词，按由易至难的顺序排列。

⑤理解：包括 17 个由易至难的测题，要求儿童对题目中的问题进行解释和回答，比如："为什么说话必须守信用?""为什么寄信要贴邮票?"

⑥数字广度：主试念出一系列不断增加长度的数字，要求儿童顺背或倒背。

（2）操作量表（包括六个分测验）

①图画补缺：包括 26 张未完成的图画，每张图上均缺少一个部分，要求儿童指出来，比如，一只螺丝钉缺少顶缝。

②图片排列：有 12 组图片，每组图片可以组成 个有意义的故事，但主试呈现给被试时的次序是打乱的，要求儿童按讲得通的逻辑排好。

③积木图案：测验工具是 9 块大小、形状、图案分布均相同的积木（每块积木中有两面是红色，两面是白色，两面红白各半），要求儿童按照主试提供的图案摆出相同的图案来。

④物体拼组：由四套图形拼板组成，或是物体，或是人物，把拼板交给儿童，要求其拼成物体或人物。

⑤译码：分两种，A 型是"图形对符号"，用于 8 岁以下儿童；B 型是"数字对符号"，用于 8 岁及 8 岁以上的儿童。要求被试按照例示，把符号填入相应的图形中或数字下，做到既正确又迅速。

⑥迷津：共有 9 个迷津图，由简单到复杂，要求儿童用铅笔正确地找到出口。

2. WISC－Ⅳ（2002 年修订版）

最近出版的《韦氏儿童智力量表－Ⅳ》（WISC－Ⅳ）是第四版（Wechsler，2002）。WISC－Ⅳ 提供了四大范围的智力因素：言语推理、知觉推理、工作记忆、加工速度。每个因素由 2—3 个分测验组成，总共包含 10 个独立的分数。WISC－Ⅳ 的设计不强调信息的文化依赖性，四个因素中只有言语推理与文化有关。其余的三个因素强调信息加工。根据测验设计者的观点，得到的结果是目前理论上最流行的，最具有"文化公平性"的智力测验（Williams et al，2003）。

第五章 智力发展

典型的语言项目

词汇 告诉我地毯是什么意思。

一般信息 一个星期中星期四后是星期几？

言语理解 为什么需要警察？

相似性 轮船和火车什么地方像？

算术 如果60美元的夹克衫打75折，那么是多少钱？

典型的知觉和空间推理项目

积木图案 将这些积木拼成如图所示的形状。

图片概念 从每一行中选择一个物体组成相匹配的物体组合。

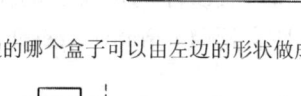

空间视觉 右边的哪个盒子可以由左边的形状做成？

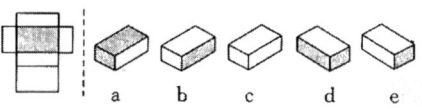

典型的工作记忆项目

数字广度 按同样顺序重复下列数字。然后倒着重复这些数字（类似的序列）。

2，6，4，7，1，8

字母数字排序 重复下列数字和字母，首先说出数字，然后说出字母，每一个要求在正确的序列上。

8 G 4 B 5 N 2

典型的加工速度项目

符号搜寻 如果左边的形状和右边的任何形态一样，标上"是"。如果不一样，标上"否"。在不出错的情况下做得越快越好。

图5-9 WISC-Ⅳ中的项目示例

四、戴斯—纳格利尔里认知评估体系（CAS）

戴斯—纳格利尔里认知评估体系（the Das-Naglieri Cognitive Assessment Sys-

tem，CAS）（Naglieri & Das，1997）的理论基础是智力的 PASS 理论，适用的年龄范围是 5—17 岁，包括四个部分的测验。

1. 计划测验：要求儿童能够对行动或策略进行计划、对方法进行评估、对计划的有效性进行检测；若任务要求改变，则要对旧计划进行调整甚至放弃旧计划；能够控制住未经深思熟虑便要行动的冲动等。

2. 注意测验：包括三个方面，一是注意集中，要求儿童对某项活动任务全神贯注；二是注意选择，在一些无关刺激很难忽略的情况下，要求儿童对某些刺激的反应进行抑制；三是注意保持，用于持续性的操作任务，要求儿童在这些操作任务上保持集中的注意力。

3. 同时性加工测验：包括两个维度，一是空间维度，考查儿童把分散的刺激知觉为一个整体和对复杂的视觉映像进行内部构形（internalized formation）的能力；二是逻辑—语法维度，测量的是儿童通过自己的理解把单词进行整合，组织成为思想观点的能力。

4. 继时性加工测验：包括两个方面，一是序列方面，测查儿童对有顺序先后的刺激知觉为一个序列的能力和对有次序的声音及动作序列的整体知觉能力；二是句法方面，考查儿童对叙述性言语（narrative speech）的理解情况，比如故事、小说、传记等。

124

五、婴儿智力测验

（一）格塞尔发展顺序量表

格塞尔及其同事于 20 世纪 40 年代发表了格塞尔发展顺序量表，以测查自出生后 4 周到 6 岁婴幼儿的发展情况。格塞尔认为，婴幼儿行为系统的建立是一个有次序的过程，反映了神经系统的不断成长和功能的不断分化，因而可以把每个成熟阶段的行为模式作为智能诊断的依据。格塞尔量表主要从以下四方面对婴幼儿的行为进行测查。

1. 动作：分为粗动作和细动作。前者指身体的姿态，头的平衡，坐、立、爬、走、跑、跳的能力；后者是指使用手指的能力，这些运动能力构成了对婴幼儿成熟程度估计的起始点。

2. 顺应：考查婴幼儿对外界刺激物分析综合以顺应新情境的能力，如对物体和环境的精细感觉，解决实际问题时运动器官的协调能力等。例如，把圆形和方形的东西分别放到圆洞和方洞里；对新事物和新环境的探索等。

3. 言语：看婴幼儿对他人的讲话能听懂多少，婴幼儿怎样通过面部表情、姿势、身体动作、牙牙学语以及最终以讲话进行反应，考查他们听、理解和语言表达的能力。

4. 社会应答：如婴幼儿是否能自己吃饭，何时会笑，对谁笑等，考查婴幼

儿的生活能力和与周围人们交往的能力。

将婴幼儿在上述四个方面的表现与正常儿童的发展顺序对照，可分别得到在每一方面的成熟年龄，并可进一步得到每一方面的发育商数（DQ）：

$$DQ = \frac{MA}{CA} \times 100 \quad （其中，MA 为测得的成熟年龄；CA 为实际年龄）$$

与一般心理测验相比，该发展程序表的标准化程度不够高，但若由受过专门训练的人员使用，信度仍很高。该程序表可以使儿科医生深入地了解儿童行为的发展情况，在医学上检验婴幼儿是否有行为异常或神经系统障碍时，该程序表是一个很好的辅助工具。但是要对一个婴幼儿进行检查需要一个小时以上，不利于保健普查和医生应诊时采用。为此，可以从原来的量表的每个方面抽出1—2项，组成简明扼要的初查表（见表5-7），只要数分钟便能对婴幼儿作出初步筛查，对有问题者再用原量表作正规检查。格塞尔量表不但在国际上得到广泛应用，而且成为编制婴幼儿测验的楷模，后来的许多婴幼儿量表都以该量表作为参照。

表5-7 婴幼儿智能发展阶段初步检查表

姓名　　　　年龄　　　　日期　　　　编号

关键年龄	成熟阶段	动作	顺应	言语	社会应答
4 周	仰卧	不能控制头部 仰卧姿态左右不对称	眼光能短暂跟随人或物 授予玩具立即放弃	面部无表情 喉头作微声	凝视四周 倾听声音
16 周	仰卧	颈可竖直 头微摇动 仰卧姿态左右对称	开始接近有响声的玩具 注视手中有响声的玩具	发出咕咕声 出声笑	自动微笑迎人 玩弄己手
28 周	坐	扶起独坐 身体前倾	伸手攫取玩具 能将玩具自一手递交他手	呼号 哭时作"姆姆"声	将足置于口中
40 周	坐	可独坐爬行 扶着物体站立	能将两样玩具放在一起 用手指摘小丸	能呼爸爸妈妈 除爸妈外能说另一字	懂得成人逗玩 能自己吃饼干
52 周	运动	搀一手行走摇摆	能以方木置于杯中 试堆叠二方木	能说二字 对"给我"二字有反应	穿衣时能合作
15 个月	运动	独自行走微有摇摆 自坐于小椅中	堆叠二方木 能将6块方木置于杯中	能用4—6字	能指出并说出所需之物 摸玩具
18 个月	运动	独自行走 自坐于小椅中	堆叠3—4块方木 模仿一划	能用10字言语 （无任何意义）	白天能控制大小便 能携带及抱娃娃

（续表）

关键年龄	成熟阶段	动作	顺应	言语	社会应答
2 岁	幼儿园前期	能跑 自行上下楼梯	叠6—7块方木 模仿圆形草图画图	能说2—3字短语 能说3—5张图片中物名	白天预示大小便 能照顾娃娃入睡
3 岁	幼儿园前期	能骑三轮脚踏车 能一足独立片刻	模仿叠方木成品字形、房形 模仿画十字	能成句 能说出姓名性别	能自己吃食物 能自己穿袜解纽扣

注意：勾出各项时，尽量能表达婴儿成熟程度。但勾出的项目仅表示概况而已，不能根据它来作出诊断。凡遇与实际年龄差别过大或各项目相差过大，需进行正规智力检查。

总结：（体格情况、应人情况、姿态、注意力、情绪、言语等）

（二）贝利婴儿发展量表

该量表是贝利（Bayley）及其同事编制出来，适用于测量出生2个月至2.5岁的婴儿，包括以下三个方面的内容。

1. 心理量表：旨在测量适应性行为，内容涉及知觉、记忆、学习、问题解决、发音、初步的言语交流等。如对视觉和听觉刺激的注意、照令行事、寻找失落的玩具及模仿等行为。

2. 动作量表：用来测如坐、站、走、爬楼梯等粗大动作，以及双手和手指的精细动作。

3. 婴儿行为记录表：用来评定婴儿的情绪、社会行为、注意广度以及目标定向等反应的等级，行为记录用于评估婴儿的个性发展诸方向。

贝利婴儿发展量表有其常模，使用起来较为简便易行，有助于对婴儿的情绪、感觉和神经系统是否有缺陷的早期诊断。

专栏5.4　测量婴儿智力的困难

测量婴儿的智力相对来说比较困难，这是因为：第一，婴儿没有掌握语言，主试不可能向他们提出明确的问题，婴儿也不可能按照要求对问题进行反应，所以只能借助于观察法进行；第二，婴儿的行为范围狭窄，往往局限于感觉机能、基本姿势的控制水平、动作协调水平等方面，这大大限制了对其智力行为的观察；第三，更重要的是主试无法判断婴儿的动机。例如，5—9个月的婴儿就应有拿取远处玩具的意向，若以此作为测验项目去测量7个月的儿童时，某个儿童并没有去取，这就很难判断出究竟是该儿童不想去取（可能此时对该物体不感兴趣）还是不知如何去取。若是后者，可以说该儿童没有通过该项测验；若是前者，则不能说该儿童不能通过该项测验。正是因为这些原因，婴儿智力测验的效

度往往偏低。大量研究表明，正常儿童在婴儿期所测得的智力分数几乎不能预测儿童期的智力水平。原因之一可能是，早期智力测验所测量的多是动作活动，而儿童期的智力测验是语言文字材料占优势。但是，婴儿智力测验却对智力有缺陷的儿童将来的学业成绩有较好的预测作用。

六、科学运用智力测验

由于智力测验有助于人们更好地了解儿童的现状与未来的发展趋势，就目前而言，智力测验俨然已成为心理学应用中最富有成效、最令人热衷的领域之一。然而，一种上佳的工具，要确实发挥其实效，关键往往在于使用者。对于测验使用者和被测儿童的父母而言，既需要科学运用智力测验，也需要理性看待智力测验的结果。

第一，已有许多心理学家指出，传统的智力测验在内容上是不全面的，它们对智力的实践性因素、现实性因素及社会文化因素对智力的制约作用重视不够。一个在智力测验上得分优秀的人，并不能保证在实际生活情境中表现出比他人更佳的才能；同样，也有可能一个在某些方面表现优异的人，智商并不高（然而不至于低下）。

第二，在学校里针对每位学生进行的大规模智力筛查测验与在专业机构中针对个人的智力诊断测验是有一定区别的。前者为了取得规模效应，所使用的工具和实施过程通常要粗糙些；而后者为了求得智商的精确值和结构模式，通常测验工具和实施过程都相对要求更高。因此，对于前者筛查出有智力缺陷的学生，往往需作进一步诊断，并结合受测者的日常表现方可确定。

第三，需要强调的一点是，智力测验的根本目的绝不仅仅是用智商给受测者贴上一个个"聪明"、"一般"、"愚笨"的标签，而更着重于分析受测者的智力特点、智力的优势与不足，给出合理有效的建议，为他们的发展提供科学的指导与帮助。

【问题与思考】

1. 试评述斯滕伯格的三元智力理论和智力的 PASS 模型。
2. 如何看待智商的稳定性与可变性？
3. 举例说明智力发展过程中有哪些个体差异和群体差异。
4. 为什么会出现弗林效应？
5. 什么是比率智商？什么是离差智商？
6. 什么是智力测验？代表性的儿童智力测验有哪些？
7. 如何科学运用智力测验？

第六章　语言发展

【本章提要】

本章着重探讨语言发展的基本研究领域、儿童语言发展特点以及基本的理论解释。第一节介绍婴儿语音、语用的前言语发展。婴儿很早就对言语感兴趣，并能熟练辨别语音。婴儿期习得的各种前言语交流技能，是以后言语交流发展的基础。第二节逐一考查语言三个主要领域的发展：语义方面，包括词义和句义的发展。儿童通常在周岁前后能够说出可辨认的单词，之后词汇量快速增加。开始学习新词时，儿童表现出过度扩展、过度缩小和杜撰新词等现象。语法方面，18个月左右儿童开始说双词语，之后在语法的各个方面均取得重要进展，尤其是句法结构。语用技能方面，主要借助社会参照交流的研究成果，阐述了说和听两方面的语用技能的发展。关于语言发展的理论存在诸多争议，任何简单的生物或环境解释都无法对语言发展问题作出满意的回答，本章第三节主要对先天论、模仿说、强化论等理论取向的一些基本观点作了简要介绍。

【学习重点】

1. 了解前言语阶段的婴儿具备的语言技能。
2. 把握儿童词义、句义的发展特点。
3. 掌握儿童语法习得的发展阶段、发展特点。
4. 了解儿童语用技能的发展状况。
5. 比较不同语言发展理论基本观点的异同。

【重要术语】

前言语发展　范畴知觉　妈妈语　语义发展　词义的过度扩展　词义的过度缩小　语法发展　单词句　电报句　语用发展　语言习得装置

语言，与直立行走和工具使用一样，在人类进化和个体发展历程中具有极其重要的地位。语言是人类赖以交流的工具和手段，在儿童早期，语言就以令人叹为观止的速度飞速发展：1岁左右的儿童会用含糊语称呼熟人并表达自己的意愿；2岁左右的儿童会将单词联合用以与他人进行交流；3、4岁的儿童基本掌握本民族的口头语言。那么，儿童如何获取词汇以及复杂的语法体系呢？环境对儿

童的语言获得又有哪些影响？在本章，我们对儿童语言发展的相关问题进行探讨。

第一节　前言语发展

儿童通常要到 1 岁左右才说出第一批能被理解的词，而且大约要到 18 个月才开始将单词联合起来使用。在婴儿说出第一个真正意义的词之前的这一时期（0—12 个月），被称为前言语阶段（prelinguistic stage），也就是语言的准备期。

一、语音的范畴知觉

人类的大多数知觉是连续知觉。例如，对黑、白颜色的知觉通常是连续的，尽管有些颜色可以明确地判断为黑色或白色，但在黑白之间，通常我们称之为灰色的部分，其实就是我们难以明确区分黑、白的部分。因此，对颜色的知觉是连续的，人们难以在某个色点截然区分两种不同的颜色。

人类的语音知觉则完全不同，语音是以范畴知觉的方式被人所感知的。所谓范畴知觉（categorical perception），是个体对两种声音是表示两个不同音位还是属于同一音位范畴的辨别能力。语音的范畴知觉在语言理解过程中具有重要的作用，因为只有对同一范畴之内的变异予以忽略，才能使语言的理解成为可能。例如，不同的人发出［b］都会有细微的不同，因此发音听起来也可能不同，但由于我们忽略了范畴内的变异，我们仍然把它们知觉为同一音位，因为它们落入表达相同意义的同一音位范畴。相反，如果某个声音变化超出了一个音位范畴的界限，则产生了某种不同的意义，如从［b］变为［p］。

研究表明，婴儿很早就表现出了范畴知觉的能力。研究者给婴儿听一个人工合成的音［b］，一段时间后，婴儿对此感到厌倦了，吸吮速率就会下降。这时分三种情况改变原来的音节：1. 改变音节的 VOT（voice onset time，即唇松开和声音颤动之间的间隔时间），使得［b］变成了［p］；2. 改变音节的 VOT，但仍和原先的［b］属同一范畴；3. VOT 不变（即相同的声音）。实验结果表明，在第一种情况下，婴儿吸吮速率有明显增加，而在后两种情况中则没有变化。这说明 1 个月的婴儿已显示出语音范畴知觉能力。因而，范畴知觉可能是某种先天能力。

但经验也可能在早期语音知觉中起着某种作用。婴儿对某种语言接触越多，则他们对该语言的音位辨别越敏捷。相反，缺乏接触则可能使这些能力变得迟钝。例如，由于日语中没有［r］和［l］这一音位对比，因此日本人往往不仅难以发出这些音，而且难以辨别这些音。但日本婴儿则不难辨别这一音位对比（Mann & Liberman，1983），表明学日语的儿童可能是由于不需要这种能力从而使这一音位辨别能力逐渐丧失。

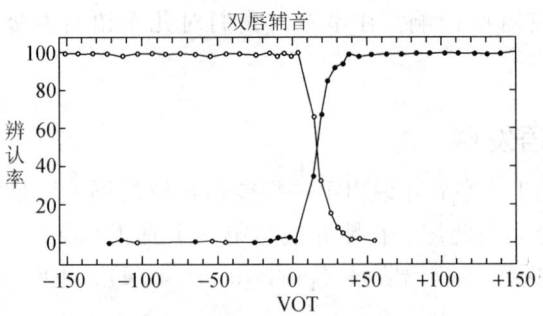

图 6 - 1　不同 VOT 条件下的识别率

二、语音的听觉偏好

婴儿不仅能够辨别各种类型的语音和语音属性，而且他们会有选择地注意某些发音的特点。研究表明，刚出生几天的新生儿便对言语或其他在音高上与人类话语相似的声音非常敏感。婴儿也能够辨别言语和其他非言语声音模式，且更偏好他们本地语言的声音模式而不喜欢其他语言的声音模式（Mehler et al, 1996）。如同成人一样，在最初几个月里，言语在婴儿大脑左半球引发较大的电活动，而音乐则在右半球引发较大的电活动。这意味着从很早起，大脑两半球已经为处理不同的声音而特异化了。

研究也表明，婴儿从很早便开始表现出对妈妈语（motherese）这种言语形式的偏好。妈妈语也称儿向语言（child-directed speech, CDS），是母亲（或其他照料者）指向婴幼儿的特定言语形式，有语词少、语速慢、发音清晰和音调高度夸张等特征，并且言语中很少有语法错误。妈妈语具有某种强烈的"起伏"感，更可能吸引婴儿的注意。甚至在非听觉通道，婴儿对妈妈语的偏好也十分明显。例如，聋哑母亲对她们的聋哑婴儿使用手势"妈妈语"，即放慢并夸张她们的手势。与成人的一般手势语相比，她们的孩子对这种手势语更为关注。由于成人对婴儿说话时的这种语词、语速、语调等方面的调整，减少了婴儿早期语言学习的难度，有助于他们语言理解能力的快速发展。

三、语音的发展顺序

婴儿不仅能接受语言，其发声活动也比较活跃，即使发出的还不是语言。从出生时的哭这种反射性发声开始，发展到能够发出可以辨别的音节和类似于成人语调模式的复杂呀呀语，婴儿的发音经历了一个固定的发音发展阶段（见表 6 - 1）。不管抚养他们的语言社会环境如何，所有婴儿都经历了相同的发展顺序。

表6-1 前言语阶段语音的发展

阶段	时间	特征
阶段一: 反射性发音阶段	出生—2个月	该阶段的特征主要为反射性的发音,如哭声、烦躁时的发音以及诸如咳嗽、打嗝和打喷嚏等声音。另外,也可能出现一些类似于元音的声音。该阶段的发音部分地取决于婴儿声道的生理结构。
阶段二: 叽叽咕咕的声音和笑声	2—4个月	婴儿开始发出一些舒适状态的声音。这些声音似乎是从口的底部发出的,出现了软腭音和后元音,并且出现了持久的笑声和咯咯笑声。
阶段三: 发音游戏阶段	4—6个月	婴儿似乎在检测他们的发音器官,以决定他们所能产生的发音范围。该阶段的特征在于出现了很响和很轻的声音(喊叫和轻语),以及很高和很低的声音(尖叫和怒吼)。一些婴儿产生了长久的双唇颤音和持久的元音,有时也发出一些初始的辅音和元音音节。
阶段四: 典型的呀呀语	6个月以上	该阶段的主要特征是出现了系列的辅音—元音音节,并且在时间的控制上类似于成人。婴儿的声音第一次听起来像是试图产生单词。这一阶段多音节的发音包括重复呀呀语(如"bababa")或变化呀呀语(如"bagidabu")。起初重复呀呀语占优势,在12个月左右变化呀呀语出现更多。
阶段五: 含混语(jargon)阶段	10个月以上	呀呀语的最后阶段,通常与有意义言语的早期阶段重叠,其特征是所发出的声音和音节串带有丰富的重音变化和音调模式。这种输出也被称为会话呀呀语或协调呀呀语。

我国心理学工作者吴天敏和许政援(1979)对五个初生婴儿的言语发展进行跟踪研究后认为,婴儿的语音前言语发展可划分为三个阶段,即简单发音阶段(0—3个月)、连续音节阶段(4—8个月)和学话萌芽阶段(9—12个月)。朱曼殊和张仁俊(1987)对一名出生13个月的婴儿的语音追踪记录也表明,该婴儿的发音可分三个阶段,即单音节阶段(0—4个月)、多音节阶段(4—10个月)和学话萌芽阶段(11—12个月),其发展顺序与吴天敏等人的研究结果基本一致。这些研究普遍反映了我国婴儿语音发展的一般趋势:从出生到4个月,婴儿所发的音绝大部分是单音节音。先出现元音,包括单元音和复合元音。大约在第3、4个月时开始出现辅音,但最初的辅音往往是和元音结合在一起发出的,单独出现的辅音极少。4个月时,婴儿进入呀呀语阶段,从这时开始到1岁前,婴儿常常对着玩具或镜子中的自己发音,表现出想进行交往的愿望,能发出的音大量增加,有辅音加元音,也有单独的元音和辅音。

总体而言,中国学者在研究中所观察到的婴儿发音和语音发展顺序,与国外

的研究结果基本一致。这可能是因为语音的发展主要由发音器官的生理成熟程度决定，而世界各地儿童发音器官的成熟过程是没有多少差异的，因而他们最初的语音发展具有共同性。

四、咿呀学语

大致在4—6个月时，婴儿开始咿呀学语。这个时期的婴儿出现和语音极为相似的声音，并能将元音和辅音相结合连续发出，如发出 ba—ba—ba、ma—ma—ma，类似于"爸"、"妈"等单音节语音。约在9个月时，呀呀语的发展达到了一个高峰，已能重复不同音节的发音，还能发出不同音节的不同声调。中国儿童此时除了第一声外，其他三声都已出现，如 én—ěn—èn。虽然呀呀语听上去像语音，还有升降调，但这些声音对于婴儿来说仍然无特定意义的指向。

呀呀语阶段存在一定的生物基础：首先，世界各地的婴儿均在大致相同年龄开始呀呀语，且呀呀语的声音十分相似；其次，即使周围的人和他们自己都听不到（父母及婴儿都耳聋），婴儿也发生这种呀呀语；再次，通过模仿或选择性强化，并不能改变呀呀语声音的种类。

另一方面，呀呀语进程也受经验的影响。聋哑婴儿虽发生呀呀语，但与正常儿童相比，他们的呀呀语开始较迟，结束较早，形式上较少变化。研究发现，单是成熟或听到他人言语的经验，都不能确保正常呀呀语的产生，婴儿还必须有机会练习和听到他们自己的声音。跨文化比较也表明，最初的没有文化差异的呀呀语大致在10个月时消失，这时，不同语言背景的呀呀语开始出现不同的变化。大约12个月时，婴儿开始以越来越高的频率发出具体的声音（或声音联合，如"di‑di"），并且婴儿越来越喜欢发出这类声音。不久以后，婴儿开始将这些声音与特定的客体、情境或人联系起来。

呀呀语与后来发出的最初的单词之间，存在怎样的关系？对此研究者有不同的看法。一部分学者持有非连续性观点，即认为婴儿早期的发音是随机的，与最终的单词产生无关；但多数研究者更倾向于连续性观点，即早期的声音为以后的言语提供了基础。假如说呀呀语在语言发展中不起任何作用，则很难解释为何存在这样一个普遍而持久的呀呀语阶段。有不少证据支持这种连续性，例如，儿童最初说出的单词，多半与呀呀语阶段中的声音相同；呀呀语和最初的单词在许多重要功能上，如请求、肯定和否定，也可能存在连续性。

五、婴儿的非言语互动

婴儿似乎具有某种先天倾向，对人特别注意。许多研究表明，他们对人的面孔感兴趣，表现出对人类语音的偏好，稍年长的婴儿还表现出对人类运动的偏好。研究发现，新生儿尤其偏好母亲的声音，更喜欢注视母亲的面孔，而且很快

出现对母亲气味的偏好。因此，婴儿似乎具备先天倾向，能与最重要的照料者相互协调。

出生后最初的4、5个月，婴儿的社会互动通常涉及父母，如身体游戏和长时间的相互注视，父母还经常评论婴儿的面部表情或婴儿可能有何感受，而基本不管周边的物理世界。这种互动通常打破了成人间的互动规则，可以是长时间的相互注视、亲密的身体接触、运用夸张的面部表情或者使用某种唱歌一样的音调。这种特征往往与婴儿的注意偏好相吻合，因此有助于吸引和保持他们的注意。有些研究者将这种互动视为婴儿与成人间的相互适应，成人围绕婴儿的反应调整自己的行为，从而与婴儿形成某种类似于对话的互动形式；而婴儿亦从中习得一些重要的交流技能，如轮流发声、眼神接触等。另外，这些早期互动也是依恋形成的一个部分。

大约从5、6个月开始，婴儿与成人之间的社会互动出现了变化，他们开始关注环境的物理特性方面，如成人的言语更多提及周边的客体。大约9个月时，这种社会互动的性质有了进一步的深刻变化，儿童表现出社会参照（social referencing）行为，即婴儿在环境中利用自我、他人和物体的三元关系，来指导自己的后续行为。在面临不常见或有威胁的事件时，他们将看看所熟悉的成人的反应，并监测这些成人的所作所为。儿童也开始出现诸如指向等典型的手势，并将交流作为达到某些目标的手段。这种在成人、婴儿和共同关注的客体间所形成的三角关系，可能是儿童习得词汇和意图概念的重要机制之一。

第二节　语言的发展

一、语义的发展

语义指的是某种语言的意义系统。在儿童语言的发展中，语义的发展比语音和语法结构的发展要晚一些，这是因为语义的获得与儿童认知水平的发展紧密相关。儿童理解语义包括词义和句义两个方面。其中，词义的理解是儿童正确使用和理解语言的基础，是语言发展中极为重要的方面。

（一）词义的发展

1. 词汇量的增长

大约10—13个月时，儿童的语言中开始产生最初的单词。通常在产生最初的单词前，他们至少已理解了一些单词。事实上，这种"理解多于产生"的模式一直贯穿整个语言发展过程，并存在于语言的不同方面。从只能理解而不能说出单词，到能清晰地表述某些单词，儿童也实现了从被动性言语向主动性言语的转变，标志着符号交际的开始。我国研究者认为，儿童是否掌握了一个词，标准有三：一是自发说出；二是与一定的意义相连，即有所指；三是具有一定的概括性。这三个标准都具备了，就算掌握了词（许政援，2002）。

多数儿童最初的词汇发展进程缓慢，18 个月时儿童平均拥有词汇量大约为 50 个能说的单词和 100 个能理解的单词。不过存在显著的个别差异，一些儿童的词汇量可能已达到几百个，而另一些则可能只有很少的一些单词。但大约从 18 个月起，许多儿童的词汇量表现出骤然增长，即"命名骤增"，他们开始对所看到的任何事物命名。这种词汇的爆发，可能与儿童客体分类能力的出现有关。在以后的几年里，单词学习仍快速进行。

我国学者将中国儿童的词汇量与德国、美国、苏联儿童的词汇量进行了比较，结果如表 6 - 2 所示。

表 6 - 2   四国幼儿词汇量比较

年龄（岁）	德国		美国		苏联		中国	
	词量	%	词量	%	词量	%	词量	%
3	1 000—1 100		896		1 100—1 200		1 000	
3—4	1 600	52	1 540	71.4			1 730	73
4—5	2 200	37.5	2 070	34			2 583	49.3
5—6	2 500—3 000	15.9	2 563	23	3 000—4 000		3 562	37.9

从表中可以看出幼儿词汇量发展的趋势：3—6 岁儿童的词汇量是以逐年大幅度增长的趋势发展着的；3—6 岁儿童的词汇量的增长率呈逐步递减趋势；3—4 岁和 4—5 岁是词汇量飞跃发展的时期。从小学开始，儿童逐渐地学习书面字词，其词汇量随着年级的升高而增加。10 岁儿童理解的单词约 40 000 个。

但是，在没有成人明确教给他们单词的情况下，婴幼儿怎样领会到单词的意思呢？大多数情况下他们似乎经历了一个快速映射（fast-mapping）过程，也就是说，有时仅接触过单词一次后，就能迅速习得该单词的部分意思。那么，儿童是如何避开新词在逻辑上可能产生的许多错误意思，而只对准准确的意思？例如，当母亲指着沙发上的一只猫说"这是小猫"，儿童怎么知道"小猫"指的是这只猫，而不是指它的毛、颜色或行为？

对此，除了可以借助于一些环境因素，如成人的榜样作用、成人对婴儿的言语塑造等来加以解释之外，一些研究者还提出了制约观。也就是说，在儿童听到一个新词时，他们能自动就该单词可能的意思作出一些可能的解释范围假设，这种假设排除了许多错误的可能性，从而使儿童得以快速习得新词的意思。最典型的制约观有以下两种：

一是客体整体对象制约假设，即一个单词指称的是整个客体，而不是客体的部分或属性。这意味着，看到一只跳跃着的有皮毛的动物并听到"小猫"时，儿童将假定该称谓适用于动物整体，而不是诸如尾巴这样某一部位或颜色属性。

二是相互排除原则假设，这一假设认为儿童假定客体只能有一个名字，因此

当他听到一个新词时，更可能将其用于指一个未知客体，而不是一个他已知道名称的客体。

另外一些研究者也提出了句法的引导作用（syntactic bootstrapping）。也就是说，年幼儿童通过分析单词在句子中被使用的方式，并推断它们是指代物体（名词）、动作（动词），还是特点（形容词），来对单词意思作出推断。例如，如果一位尚不知道单词"抹布"的儿童，听到句子"把抹布给我"。从它处于"把"的后面，儿童可能利用语法知识推测"抹布"是一个名词，或许是某一物体的名称。如果抹布是附近的东西中儿童唯一不知道名称的物体，则儿童就可能在物体与名称之间进行正确配对，从而习得一个新单词。事实上也的确如此，语言中存在大量关于词义的语法线索。

2. 词类范围的扩大

儿童从 1 岁左右开始说出第一批单词，这些最初的单词通常是他们所熟悉的或对他们来说是重要的事物名称，基本上是名词和动词，如通常指向重要的人（"妈妈"、"爸爸"），运动的物体（"球"、"汽车"、"猫"、"鞋"），熟悉的行动（"再见"、"抱"、"吃饭"），或者熟悉的行动后果（"脏"、"热"、"湿"）。在最初的 50 个词中，儿童很少命名静止的东西，如"桌子"或"花瓶"（Nelson，1973）。1.5 岁后，儿童陆续开始使用其他各类词，包括形容词（如"大"、"小"、"红"、"坏"等）、副词（如"也"、"都"等）、代词（如"你"、"我"）。而在 1.5—2 岁期间，个别场合下儿童言语中还可能出现更抽象和更复杂的数词和连词。从儿童使用的实词和虚词的比例看，2—6 岁儿童的话语中主要是实词，虚词只占 10%—20%；从虚词的发展趋势看，语气词的比例随年龄增加而逐渐减少，连词、介词和副词的比例逐渐增加。而且儿童掌握词汇的内容也越来越广泛，对每一个词的内涵的理解也越来越深刻。儿童使用的动词从开始主要反映外部动作和行为（如"走"、"吃"）到反映心理活动（如"喜欢"）方面不断丰富深化；运用的形容词从开始主要表示事物的外形特征向反映事物的内在品质等方面发展。

汉语是一种独特的语言，研究汉语儿童的语言发展对了解语言发展的普遍性和特殊性具有重要的意义。我国研究者探究的汉语儿童词汇获得涉及形容词、时间词汇、代词、量词、空间方位词和动词等。

在形容词的理解上，2—6.5 岁使用的形容词数量随着年龄的增长而较快地发展，4.5 岁增长速度最快。儿童使用各类形容词的顺序大体是从物体特征的描述开始，其中颜色词（如"黑"、"红"、"白"等）出现得较早，其次为动作（如"快"、"慢"）、人体外形（如"高"、"矮"、"胖"、"瘦"），再次为个性品质、表情情感，最迟使用的是事件情境的描述（如"糟糕"）（武进之等，1986）。

对时间词汇的理解上，朱曼殊（1982）的一项研究表明，儿童首先理解

■ 儿童心理学
....

"今天"、"昨天"、"明天"，然后向理解较小的阶段（如"上午"、"下午"）和
较大的时间阶段的词汇（如"今年"、"去年"和"明年"）发展；对于表示动
作时态的词，儿童首先理解"正在"（3—4岁），其次是"已经"（5岁），最后
才是"就要"（6岁）。说明儿童首先理解"现在"，然后以"现在"为起点向前
后延伸。

朱曼殊等（1986）调查了2.5—5.5岁儿童理解人称代词"我"、"你"、
"他"的指称意义的发展情况，要求被试在不同语言情境下辨别说话者所讲的
"我"、"你"、"他"所指的是谁。研究发现，幼儿对三个人称代词的理解水平是
"我"最高，"你"次之，"他"最低。幼儿在理解人称代词的指称意义时，还不
能灵活地随着语言环境的变化而转换参照点。

专栏6.1　汉语儿童对"我"、"你"、"他"的理解

朱曼殊等（1986）运用两个实验探讨儿童对"我"、"你"、"他"的理解。
实验一中，被试观看其他三人交谈情况的录像。三个交谈者轮流担任说话者、受
话者和第三者。因此，"我"、"你"、"他"的所指对象在随时转换。交谈内容都
是有关该三人的事或物，句子简单，但都包含一个人称代词或物主代词，如"你
看书"，"我写字"，"他画图"，"我的糖在塑料袋里"，"你的糖在盒子里"，"他
的糖在小碗里"。交谈时只通过面部表情让被试看清楚谁和谁是正在对话的双方，
此外不用其他任何暗示动作。被试每听完一句后需指出句子中所指的是谁和谁的
东西。

实验二共有三种实验处理：1. 主试A和被试对话，主试A为说话者，被试
为受话者，主试B为第三者。这时主试A说"我"是指他自己，说"你"是指
被试，说"他"是指主试B。2. 主试B和被试对话，主试A为第三者，这时主
试A、B角色对调，相应地"我"与"他"的所指对象也对调，"你"不变，仍
指被试。3. 主试A和主试B对话，A为说话者，B为受话者，被试为第三者，
这时"我"是指A，"你"是指B，"他"是指被试。被试每听完一个句子后需
指出句子中所讲的是谁或谁的东西。

在对人称代词的理解上，儿童对三个词项理解的难易程度为"我—你—
他"，而且年龄越小，对"他"的理解越差。尤其在实验二的第三种实验处理
中，幼儿很难理解别人说的"他"就是指"自己"，他们通常把别人说的"你"
当做自己。

量词是汉语有别于印欧语系等语言的一种特殊的词语类别。国内关于量词使
用情况的研究发现："个"是最活跃的量词，儿童在量词的使用中有一种十分明
显的"个化"倾向，即在不知道该用什么量词的时候，就用"个"来代替；儿

童对如"个、只、本、条"等个体量词的掌握，先于对如"双、对"等集合量词的掌握（应厚昌，1983）。

3. 词义的扩张与缩小

儿童早期的单词学习通常是将某一具体名称赋予某一具体客体，如称宠物狮子狗为"狗狗"。接着，儿童开始将该名称延伸到同一类事物的其他例子，以"狗狗"称在日常中看到的、画册上的或电视上的狗。这种延伸表明儿童正在形成一个由某些特征界定的叫"狗狗"的客体范畴。

但是，多数儿童在试图延伸这些早期称谓时会出现错误，他们也可能以"狗狗"称一只猫、一只狐狸、一只兔子等。这就是儿童在语义发展的早期阶段十分常见的过度扩展（overextension）现象，即儿童扩大了词的使用范围，儿童赋予所说的单词很多不同的意义。而出现这些错误的确切原因，目前尚不能确定。也许是儿童初始范畴过于宽泛，他们尚没有理解界定该概念的核心特征，也可能是儿童缺乏相应的词汇。

此外，儿童词义的发展中还出现一种与扩展相反的错误，即词义的缩小。也就是，儿童过于狭小地应用某一称谓。例如，"桌子"就特指自己家里的小圆桌，"鸟"就单指小燕子和麻雀，而并不能称谓鸵鸟。这种过度缩小在语言产生中比过度扩展少见，但在理解中可经常见到。例如，向幼儿呈现一组动物并要求他们指出鸟时，他们的反应可能并不指向其中的鸵鸟，而是选择并不属于该范畴的昆虫，如一只蝴蝶（因为蝴蝶像鸟一样会飞）。

过度扩展和过度缩小现象表明，在一段时间里儿童的单词使用不同于成人。儿童有时候通过过度扩展某一熟悉客体的名称，来指称不熟悉的客体。例如，儿童可能在第一次看到铲子时称之为勺子，尽管他知道这一称谓不正确。儿童有时候也会出现杜撰新词（coining）的现象，即儿童创造了成人语言中没有的新词。例如，儿童把"粉红色"称为"小红"，以便和"大红"相区分。单词杜撰常见于幼儿身上，并随他们词汇的增长而减少。这些现象说明，儿童的语言学习具有创造性。

（二）句义的发展

在语言发展过程中，儿童对句义的理解早于句子结构的掌握。未满1岁的婴儿还没有说出有意义的单词，却能根据说话人当时的表情、动作和情景来理解简单的句子，根据成人的要求作出相应的动作反应。1岁以后，在尚不能将单词组合成双词句时，儿童已能够正确执行"亲亲妈妈"、"宝宝过来"等指令。儿童此时不仅是对句子中某个单词作出反应，而且能听懂话语中的多个词义和它们之间的关系。2、3岁的儿童则喜欢和成人交谈，喜欢听成人所讲的故事、儿歌等，并能理解并非直接感受到的事物的描绘内容。

1. 儿童对复杂句子的理解

4、5 岁儿童已能和成人自由交谈，但对一些结构复杂的句子，如被动语态句和双重否定句还不能很好理解。直到 6、7 岁，儿童才能较好地理解常见的被动语态句和基本的双重否定句。但若把被动语态转换成主动语态，儿童就较容易理解句子的意思。为什么学前儿童经常曲解被动语态且很少说出这类句子呢？可能是因为同他们说话的人很少使用被动语态。国外有关研究表明，英纽克提塔特族和祖鲁族儿童，从他人的言语中听到许多使用被动语态的句子，这些儿童理解和使用被动语态句子的时间比西方儿童要早得多（Allen & Crego, 1999）。

儿童对各种复杂句的理解也有一个过程。缪小春、朱曼殊（1989）研究了 4—6 岁儿童对并列、递进、条件和选择复句的理解水平。使用的测试材料是包含"还"、"不是……而是……"（并列）、"不但……而且……"（递进）、"或者……或者……"与"不是……就是……"（选择）、"只有……才……"与"如果……那么……"（条件）七种关联词的复句。研究用的测试句是关于红、黄、绿、蓝、白五种颜色的圆木块与方木块，要求被试在听了主试的话以后，根据话语的意思将符合要求的某个或某几个木块拿给主试（见表6-3）。结果表明，4 岁儿童基本理解并列复句，6 岁儿童基本理解递进复句和条件复句。对于选择复句（"或者……或者……"，"不是……就是……"），6 岁儿童还没达到基本理解的水平。理解的次序可能一方面取决于句子所表达的逻辑关系的复杂性以及理解句子所需认知活动的困难程度，另一方面取决于语言的表达方式。

表6-3　用于考查儿童对复杂句理解的各种测试句举例

句子类型	句中包含的关联词语	句子举例
并列	还	把白的圆块拿给我，还要把绿的方块拿给我。
	不是……而是……	不是把白的圆块拿给我，而是把黄的方块拿给我。
递进	不但……而且……	不但把蓝的圆块拿给我，而且把白的圆块拿给我。
条件	只有……才……	只有我拿绿的方块的时候，你才能拿绿的圆块。（主试拿绿的方块） 只有我拿蓝的圆块的时候，你才能拿黄的圆块。（主试拿绿的圆块）
	如果……那么……	如果我拿蓝的方块，那么你拿白的方块。（主试拿蓝的方块） 如果我拿黄的方块，那么你拿白的圆块。（主试拿红的方块）
选择	或者……或者……	或者把蓝的方块拿出来，或者把白的方块拿出来。
	不是……就是……	不是把红的圆块拿出来，就是把蓝的方块拿出来。

2. 儿童的语义综合

与学前儿童相比，小学儿童逐渐精通语义综合，也就是说，作出超越实际言语意思的语义推断。例如，如果 6—8 岁的儿童听到"小明没有看到那块石头；那石头挡在路上；小明摔倒了"，他们能推断出小明被石头绊倒了。但有关研究表明，6—8 岁的儿童并没有意识到自己根据这几句话作出了推断，认为事实就是如此，而 9—11 岁的儿童能比较好地作出这类语言推理，并且意识到这是自己

的推断（Beal，1990）。一旦儿童开始将不同种类的语言信息（语调、语境、句义）综合起来，他们就能发现隐含在句子表面字意下的真正含义。例如，当6岁儿童把家里弄得一团糟时，妈妈生气地说："你做的好事！"这个儿童可能会注意到该句子的字面意思和它的讥讽语调或它的背景之间的矛盾，由此推断出妈妈言语中的讽刺意义。

随着抽象思维能力的发展，儿童语义综合能力越来越强，理解句子的非字面意思（如双关语、反语）的正确率也越来越高。

二、语法的发展

所有的人类语言均具有复杂的语法结构，儿童要理解和产生某种语言，需要对该语言的结构有所认识。

多数语言的语法包括三个主要方面：词序、曲折变化和语调。在许多语言中，如汉语、英语，句法（即词序）是最重要的。曲折变化常见于欧洲语言中，指的是一些添加到单词末以改变其意思的结尾，如英语中单词的复数形式、所有格和过去式的结尾。语调也是一种重要的语法变化，如在汉语中，升降调起着区分某些元音的作用，句子末尾的升调可将一个陈述句转化为问句。在这里，我们主要分析讨论句法结构的发展。

（一）儿童句子的发展阶段

1. 单词句

儿童在1—1.5岁左右开始说出有意义的单词，常常用于指称环境中的客体，"球"指"那是球"、"爸爸"意指"那是爸爸"等。尤其在单词语阶段末期，幼儿有时以一个单词来表达一个比该词意义更为丰富的意思。例如，"球"可能指的是"我想要那个球"、"那个球打中我"或其他意思。我们将这种单词称为单词句（one-word utterance），意指儿童试图用一个单词来表达那些成人用句子才能表达的含义。

单词句具有以下特点。一是单音重叠。在单词句阶段，儿童更多地发出"球球"、"灯灯"而非"球"、"灯"，来进行语言的表达。二是意义不明确。成人理解这些句子时，在很大程度上必须依赖于情境线索及其他各种非语言线索。例如，儿童说"灯灯"，可能是让照料者注意房间里的灯，也可能是让大人去开灯，还有可能是表达想要去触摸灯的愿望，要视当时的情境而定。三是与动作紧密结合。当儿童用单词表达某个意思时，经常伴随着动作。例如，当用"球"来表达"那个球打中我"的意思时，他在说出"球"这个词的同时，会用手指着自己的头。四是词性不确定。扩展的句意使原来的词性发生改变。如"嘟嘟"可用做名词来称呼汽车，也可用做动词表示开车。

2. 电报句

多数儿童要到大约 18 个月时，才开始将单词联合起来使用，产生双词和三词句，如"妈妈坐坐"、"开车车"。这样的句子没有可有可无的功能词，如冠词和介词，也略去了单词的一些部分，如结尾和无重音的音节，虽然比单词句表达的意思明确，但其表达形式是断续的、简略的、结构不完整的，好像成人的电报用语，故被称为电报句（telegraphic speech）。

实际上，在单词句阶段，已经出现了句子的各种前兆。单词句所表达的意思和语用功能，在整个单词句阶段不断发展，从单纯的称名，转变为更加像句子一样的交流。接近该阶段末期，儿童开始能接连产生许多单词话语，如用一个单词引起母亲注意某个对象，然后用第二个单词评价该对象（如"牛奶、热"）。这种多重单词句在单词之间存在较长的停顿，因此可能有别于不久出现的双词句。

电报句中单词联合的基本功能见表 6-4。研究表明，许多文化中最早出现的单词联合基本上是这十几个功能。就像单词句一样，电报句有时用相同短语表达不同意思，如"爸爸帽子"可能是要求父亲脱掉帽子，也可能是对父亲戴帽子的描述。此时，理解儿童的话语仍有赖于情境因素。不过随着年龄的渐长，儿童言语的这种电报语性质大大减少，他们的话语逐渐扩展，加入了越来越多成人语言的成分。

表 6-4　最初的单词联合的功能

功能	目的	例子
称名	命名、指称或确认	小兔子
否定	拒绝或否认	没哭
不存在	描述消失或完成的某物	牛奶没了
重复	描述或要求某事的重复	要牛奶
实体—属性	描述某一客体的特征	大汽车
所有者—所有物	说出两个名词，第一个拥有第二个	爸爸汽车
施事—动作	描述执行某一动作的一个人	妈妈吃
动作—对象	描述被施加于某一客体上的动作	打球
施事—对象	描述一个人对另一个人做某事	妈妈宝宝
动作—被动者	描述一个动作被施加于一个人	喂宝宝
实体—位置	说出一个名词及其位置	杯子桌子

3. 完整句

完整句是指句法结构完整的句子。完整句所体现出的语言精确性方面的差别对各种语言是不一样的。因此，在以后的语法发展中，不同语种儿童在掌握句法上的差异则因为各种语言结构的差异而不同。我国学者研究表明，2 岁儿童的话语大部分是完整句，3 岁儿童的话语已基本上都是完整句。句法发展的过程是从没有修饰语的简单句到有修饰语的简单句再到复杂句。

简单句是句法结构完整的单句。1.5—2 岁左右，儿童在说出电报句的同时，

开始说出结构完整但无修饰语的简单句，包括主谓句（妈妈吃），谓宾句（抱宝宝）和主谓宾句（弟弟喝水）；2.5 岁儿童已开始使用一定数量的简单修饰语；3 岁儿童的词汇量大幅度增加，句子中的修饰语显著增多，并具有一定的语法规则；3.5 岁儿童使用复杂修饰语句的数量增长最快。6 岁时，幼儿在 90% 以上的句子中都使用修饰语。

复杂句是指由几个结构相互连结或相互包含所组成的单句。2.5—6 岁的幼儿言语中出现了三类复杂句，即由几个动词性结构连用的连动句（如"小朋友看见了就告诉老师"）、由一个动宾结构和一个主谓结构连在一起的递进句（如"老师教我们做游戏"）和主语或宾语中包含主谓结构的句子（如"两个小朋友在一起玩就好了"）；2—2.5 岁，儿童开始能说出为数极少的简单复合句（即由两个以上的单句组合而成的句子），以后逐渐增加，其中联合复句（如"我没有吃过麦当劳，我只吃过肯德基"）的发展先于偏正复句（如"这个玩具坏掉了，不好玩了"）的发展。

（二）儿童句法结构的发展特点

1. 句子的功能从混沌一体到逐渐分化

幼儿早期的语言功能有表达情感、意动（语言和动作结合表示意愿）和指物三个方面。最初这三个方面密不可分，幼儿讲话时往往一边说，一边做动作，动作成了他们语言的注释，在指称客体的同时，一并表达自己的情感、意愿。随着年龄增长，这三方面的功能逐渐分化。

2. 句子的结构从简单松散到复杂严谨

儿童语言中的句子结构，从最初出现的那种主谓不分的单词句到双词句，而后又发展到简单句，最后出现结构完整、层次分明的复合句，是一种从简单松散的不完整句到复杂严谨的完整句的发展过程。儿童最初说出的句子不仅简单，而且常常不完整，缺漏句子成分或句子成分排列不当，不是漏掉主语就是宾语提前或谓语提前；即使说出的是复合句，在最初出现时，大部分也是不完整的，结构松散不严密，缺少连词，造成句子意思不明确，如果脱离当时的情境，很难理解这些话。到了 6 岁，儿童的句子一般就比较完整了。

随着年龄的增加，儿童句子中各成分间的结构也越来越严谨。例如，"小白兔把萝卜放在桌子上"，这种"把字句"的结构是严格的，"把"字前后两个名词的位置以及它们与动词的关系不能互换。

3. 句子的类型从陈述句到非陈述句

儿童刚开始掌握的句子类型是陈述句，到幼儿期陈述句占全部语句的 1/3 左右。虽然其他句型如疑问句、否定句等也慢慢地发展起来，但幼儿对较复杂的句型仍不能完全掌握。正如前面所言，让幼儿理解双重否定句"哪个小朋友今天没有不高兴"是相当困难的。另外，儿童也容易曲解被动句的意思（如将"明明

被军军撞倒了"理解为"明明撞倒了军军")。

三、语用的发展

语言既有结构（语法），也具有一定的意义（语义），同时它还执行一定的功能，即语用。所谓语用，是指在一定的语言环境中对语言的运用。例如，幼儿指向冰箱并说"杯子"时，他不大可能是指称冰箱，而更可能是要求母亲拿一杯果汁给他。

语用技能是指交谈双方根据语言意图和语言环境有效地使用语言工具的一系列技能，包括说和听两方面的技能。儿童的语用技能随着认知能力的发展而不断提高。

（一）说的语用技能的发展

婴儿在习得语言之前，已能十分有效地利用其他交流工具（如哭、面部表情和手势）进行交流。在习得语言后，儿童将言语反应加入到这种交流技能中。这时，儿童能够通过使用单词和短语以达到各种交流目的。研究发现，甚至婴儿最早说出的单词，通常也起着几种语用功能。例如，"妈妈"最初通常既被用于叫母亲，也用于向母亲要求某物（如婴儿一边说"妈妈"一边指向桌子上的一个玩具时），以后，这一单词也开始起着称谓父母这一更常见的作用。

轮流依次参与谈话的技能是儿童最先习得的会话技能之一，它可能习得于前言语阶段。其他一些重要的谈话规则比较难，要以后才习得。例如，格里斯（Grice）归纳出了会话合作的四准则，即数量准则，指的是使自己所说的话达到所要求的详尽程度，不使自己所说的话比要求的更多；质量准则，指的是不要说自己认为是不真实的话，不说自己缺乏足够证据的话；相关原则，指的是所说的话应与当前主题有关；方式准则，指的是避免晦涩的词语、避免歧义、避免赘述、说话有条理。研究发现，4—6岁儿童开始产生对这些会话原则的意识，但对于会话含义的推论略显滞后。

另外一种更高级的会话技能，涉及在对话中就他人所未知的某物进行有效交流，如向同伴介绍自己的新游戏，以使他人知道怎样玩这一游戏。这种交流形式叫做社会参照交流。为了进行有效的社会参照交流，儿童作为说者必须掌握大量重要的技能。

社会参照交流研究主要开展于实验室情境。研究通常采用由格拉斯伯格等（Glucksberg & Krauss）设计的指示—交流任务（referential-communication task）。在这种任务中，说话者和倾听者坐在桌子两侧，之间用隔板分开，彼此看不到对方，但都知道在两个人面前各有一套一模一样的玩具，如不同尺寸、形状或颜色的积木（见图6-2）。说话者的任务是具体描述自己眼前的某个物体，以使听者能根据自己的描述，从面前的一套玩具中确认出相应的物体。而听者的任务则是

利用说者提供的信息，选择正确的项目。在一些实验中，听者可能提问或对说话者描述的有效性进行评论。交流的成功与否，以听者选择的项目是否正确加以评定。利用这一程序，研究者得以确认许多影响儿童交流能力的因素。

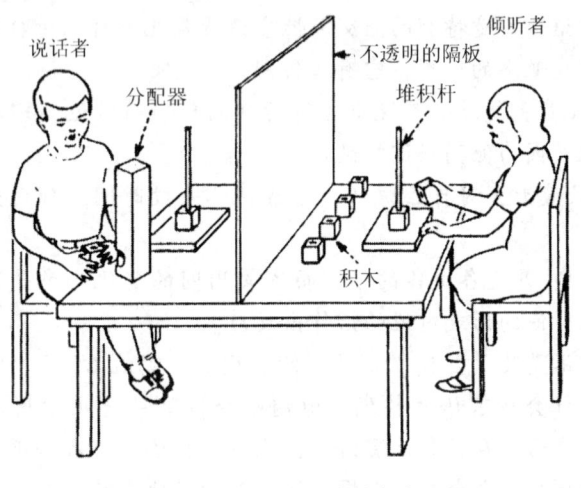

图 6-2　指示—交流任务

首先，儿童必须对听者的相关特点有所了解，才可能根据听者的需要调节自己的话语。例如，如果听者离得远，则必须高声说话；如果听者正要出门，则说话必须简短；如果听者的身份高（如老师），则说话应有礼貌。年幼儿童多数时候不敏感于听者的特点，但有时也能根据听者的一个重要特征（即年龄）调节自己的话语。就像成人使用简化的妈妈语对幼儿说话一样，在对婴儿或学步幼儿讲话时，仅4岁的幼儿有时也能简化他们的言语。这种能力发展很快，但即便如此，小学儿童也还往往倾向于高估年幼听者的理解能力。

其次，儿童需要注意到交流需基于说者与听者的共同背景，即说者和听者共享的信息。例如，说者必须认识到，如果听者已经知道了自己的生日，则只要对听者说"来参加我的生日晚会"就已足够；而如果听者缺乏这一信息，则该话语就不充分。研究发现，学前儿童对这一原则似乎有所认识，并随着年龄的增长而逐渐提高。

再次，更重要的一种技能或许在于儿童要随着听者的反馈来调节自己的话语节奏。研究表明，在一些有着非常明显线索的简单情境中，当听者出现误解时，即使只有2岁的儿童也表现出某种调节话语的能力。不过，一般而言，幼儿对听者反馈的敏感性十分有限，甚至在听者明显没有理解时他们仍坚持同样的说话方式。

■儿童心理学

专栏6.2　儿童的自我中心言语

皮亚杰指出，儿童的言语可分为自我中心言语和社会性言语两种形式，儿童言语发展的路线是从自我中心言语发展到社会性言语。

自我中心言语是儿童特有的非交际性言语，是儿童自己对自己说而不考虑听者的言语。根据皮亚杰的观察，它有三种形式。

1. 重复：儿童重复或小声说出他所听到的话。通常他不理解这些话，他重复这些句子仅仅是因为他高兴这样做。

2. 独白：儿童大声对自己说话，通常持续一段时间。独白出现时，儿童似乎在思考问题。

3. 集体独白：儿童各说各的话，而不管周围的其他儿童是否听他的话，因为他不需要别人听他的话或对他的话作出反应。

自我中心言语是儿童自我中心思维的表现。大约在6、7岁时，儿童的自我中心言语逐渐为社会性言语所替代。所谓社会性言语是儿童用以与别人交流思想、进行交际的言语。在社会性言语中，儿童把自己的想法告诉别人，并且关心别人对他说话的反应，也会对他人提出问题和回答他人的问题。

（二）听的语用技能的发展

交流是一个双向过程。因此，对逐步获得语言过程中的儿童而言，有效的交流还必须能理解父母和他人在说什么，才能跟随他们的方向、回答他们的问题或顺从他们的要求。如果母亲和婴儿想进行有效交流，则母亲的言语行为必须能被正在学习语言的婴儿理解。在听的语用技能方面，儿童也随年龄的增长而有极大进步。

日常生活中，人们并非总是以完整、直接、清晰的方式把自己想要说的内容表达出来，而时常通过疑问、请求、暗示、隐喻、反话等方式来表达，这些话语，我们一般称之为隐含句或间接语。对隐含句的理解，涉及句子的字面信息与内在意义，听者必须从句子的字面信息中推断出说者的真实意图，即能正确区分句子的字面信息与内在含义。年幼儿童在理解隐含句或间接语方面，发展比较缓慢。

研究者（桑标，缪小春，1992）考查了儿童在几种熟悉情境下的间接语理解能力的发展。母亲对儿童的指令分为三种形式：直接指令（direct directives，DD），以命令句式表达，明确表达了说者对听者的要求；常规性间接指令（conventional indirect directives，CID），包含了直接指令的命题，但不是以命令句式表达；非常规性间接指令（nonconventional indirect directives，NID），不包含直接指令的命题，但隐含了要听者作出某种反应的信息。实验时用三种形式之一向儿童提出一个指令要求，看儿童对这些指令是否能正确理解并作出合适的反应。以下

便是其中的一个语言情境及三种指令形式：

小明在外面玩得浑身上下都是泥巴，回到家里，妈妈看到小明就说：

"快去洗干净。"（直接指令，DD）

"不洗干净不能吃饭。"（常规性间接指令，CID）

"瞧你身上有多脏！"（非常规性间接指令，NID）

研究发现，随着年龄的增长，儿童对各种指令句的理解能力逐步提高，他们对间接指令的理解要晚于对直接指令的理解。5岁儿童正处于发展不同间接指令形式理解能力的重要时期，表现出理解相对明确的常规性间接指令要优于理解较为隐晦的非常规性间接指令的特点。6岁儿童对一般的间接指令句基本上能作出正确的反应。

另外，在社会参照交流中，作为听者，儿童也需要习得一些技能。第一，听者必须学会利用各种语境线索，包括说话者先前已经说过的话。第二，儿童必须学会辨别说话者所传递的信息对自己的任务是否有用，并学会在发现信息无效时进一步交流相关的问题。5岁儿童有时能够觉察到什么时候话语组织不良或缺乏关键信息，不过这一年龄的儿童常常不能意识到信息的缺乏；到7岁时，他们则更可能向说话者寻求进一步的确认信息或额外信息。

第三节　语言获得理论

儿童在没有教科书、没有课堂学习的情况下，竟然能在短短的三四年之内以惊人的速度习得母语这样复杂的符号系统。这种习得是如何完成的呢？

显然，对于这个问题，任何生物或环境单方面的极端解释，均无法作出令人满意的回答。比较有影响的语言获得理论主要有先天论、模仿说、强化说等，也出现了诸如语义引发这样的新观点。这些理论的争论焦点有：语言是先天的还是后天习得的、是被动学习还是主动创造等。这里，我们简要叙述这些理论的基本观点。

一、先天论

根据先天论者的观点，人类习得语言是生理上预先设定好的，言语能力仅仅是一种由基因携带、按某种生物时间表自然展现的遗传能力。先天论以美国麻省理工学院的语言学家乔姆斯基（N. Chomsky）提出的转换生成说为代表。

转换生成说又称"先天语言能力说"，强调先天过程和生物机制，主张语言的习得是一种本能和自然的过程，并指出所有的儿童从一生下来就具有语言习得装置（language acquisition device，LAD），这种装置是为了学会语言而存在的，是一种以生物为基础的、先天的模块。

乔姆斯基认为，儿童获得语言的过程通常在4岁内就能完成。在如此有限的

时间内，儿童掌握了本族语的基本语法现象，并且一致表现出从单词句到双词句到简单句再到复杂句这样的规律，不可能是归纳的结果。

乔姆斯基提出，每个句子都有两个结构层次——深层结构和表层结构。深层结构显示基本的句法关系，决定句子的意义；表层结构则表示用于交际中的句子形式，决定句子的语音等。句子的深层结构（语义）通过转换规则变为表层结构（语音），从而被感知和传达。儿童在语言的发展过程中，获得的是一套支配语言行为的特定规则系统。这种规则系统不是像行为主义所假设的那样是一大堆具体的句子，即不是句子的表层结构，而是这些句子的实质，即深层结构。因而，儿童能产生和理解无限多的新句子，表现出很大的创造性。

在乔姆斯基看来，语言获得过程就是由普遍语法向个别语法转化的过程，LAD 为儿童语言的习得提供了必要的前提条件。语言获得装置是以生来就有的普遍语法作为根据，对具体的少数语言素材——输入的本民族语言素材，提出一些初步的语法假设，然后再将这些假设逐个和具体素材的结构加以匹配和检验，接受彼此符合的假设，修改不符合的假设或重新建立新的假设，最后建成一套个别语法系统。这个过程是儿童自己完成的，但儿童对此过程并不能自己意识到。乔姆斯基假定这些转换规则的发展要经过几年时间，以此解释为什么儿童起初的语言技能相当有限，以及为什么它们的发展如此神速。

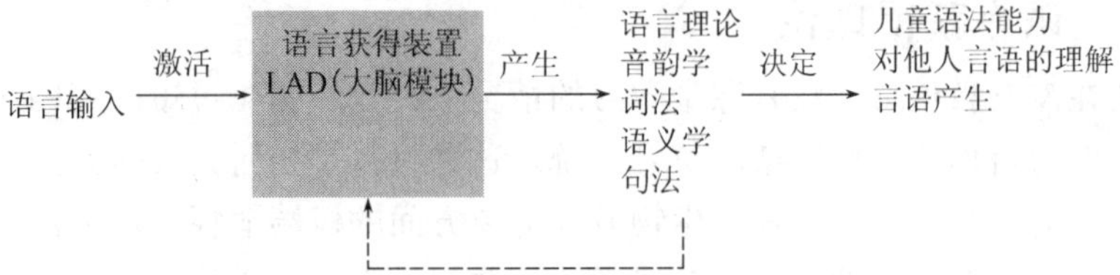

图 6-3　乔姆斯基的语言获得模型

"先天语言能力说"可以解释为什么在儿童认知能力较低的情况下，成人也没有对儿童言语的准确与否进行奖惩，并且没有提供明确的语言榜样，儿童却能如此轻而易举地拥有语言规则系统，以产生和理解言语及辨识不良言语。但 LAD 理论还无法完全解释在语言发展过程中确实存在的诸如发展速度、阶段性、顺序性、关键期、敏感性等方面的问题，也过于强调天赋和先天性，低估了环境和后天教育的作用，忽略了语言的社会性。

二、模仿说

模仿说认为，儿童是通过对成人语言的模仿而学会语言的。模仿说可分为早期的机械模仿说和后来的选择性模仿说。

机械模仿说由美国心理学家奥尔波特（F. H. Allport）首先提出，这种观点把儿童的语言看做是成人语言的翻版。应该承认，在语言习得中，模仿毫无疑问

是一个重要过程。例如，在单词习得中，尽管儿童有时杜撰自己的单词，但他们所说的许多单词来自于他们所听到的内容，他们对客体的习得顺序也至少部分是源自父母的称名练习。实际上，儿童早期的单词往往是他们父母最常使用的；父母对婴儿的言语越多，婴儿早期词汇发展越快。

不过，机械的模仿不可能对儿童语法发展的全部作出解释。正如乔姆斯基所言，我们具备产生完全新异言语的能力，并不仅仅停留在对所听到话语的简单复制。另外，幼儿能产生他们自己或许不曾听过的单词联合及成人言语中没有的过度规则化，这些形式显然也不可能源自于任何简单意义上的模仿。

为克服机械模仿的不足，不少学者认为，通过榜样而进行的语言学习不只局限于精确的复制，我们应该以某种比较宽泛的方式来界定模仿，才能真正认识模仿在儿童语言发展中的作用，于是有研究者提出了"选择性模仿"，即儿童学习语言并非是对成人语言的机械模仿，而是有选择性的。儿童模仿某种语言结构的一般形式，如某一短语的使用，但每次使用的具体单词则可能发生变化。研究表明，这些模仿形式有时是渐进式的，幼儿在重复父母的言语时，倾向于模仿比自己已掌握的更复杂的语言结构，然后这些结构可能逐渐融入儿童的自发言语中。因此，在某些情况下，一些较高级的语言结构最初的确出现于儿童对成人言语的模仿中，然后逐渐融入非模仿的自发言语中。

选择性模仿说所提出的语言获得模式比较符合语言习得的实际状况。例如，国内有研究者根据对三个幼儿与他人自然交往中的话语进行两年左右的追踪记录，提出选择性模仿可能是汉语语言获得的一个重要途径，儿童与环境的相互作用，尤其是与人们的言语交际是语言获得的重要条件（武进之，朱曼殊，1982）。

三、强化说

强化说是行为主义最有影响的解释儿童语言发展的理论，在20世纪40年代和50年代初非常盛行，主要代表人物是著名的行为主义者斯金纳。

斯金纳在其《言语行为》一书中提出，语言像人类任何其他行为一样，都是通过操作条件作用获取的。儿童学习语言，是他们自主或无意的发音受到父母或家人强化的结果，并在此基础上模仿成人的发音、词汇以及语法应用的过程。也就是说，儿童学习语言无非就是对环境或是成人的话语作出合适的反应，如果反应是正确的，成人就会给予物质上或口头上的鼓励，使之得到强化，而被强化了的反应逐渐形成语言习惯。斯金纳在后期的著作中又提出了"强化依随"的概念，即强化刺激紧跟在言语行为之后发生。

新近关于亲子互动的分析表明，父母有时的确对他们孩子言语的语法准确性作出反应，为他们提供各种形式的反馈和指导。例如，母亲经常以三种方式对孩子不正确的陈述作出反应：扩充，以某种纠正的或较完整的形式重述儿童的陈

述；重新塑造，以某种不同的结构重新阐述儿童的话语；澄清问题，表示听者没有理解该叙述，要儿童再次进行交流尝试。研究发现这些反馈形式确实有益，儿童对父母的这些反应比较敏感。

强化在语言习得中具有重要的作用，但是，语言的无限性属性决定了成人不可能对这些无限的句子都给出强化反应。而且，在儿童语言发展的自然环境中，成人比较关注的是儿童语言内容的正确性，而不是语法结构的正确性。因此，强化是儿童学习语言的一种重要方式，但绝不是唯一的方式。

四、语义引发观

先天论者认为儿童将言语分析为抽象的语法结构。另一种认知理论观点则认为，儿童首先将言语分析为基于意义的概念，作为某种从所听到的言语中抽取语言规则的工具。其中最广为人知的论点之一是平克（Pinker）提出的语义引发观（semantic bootstrapping）。

平克认为，儿童基于情境及单词的意思来理解一句话的含义，然后，从习得单词的意思，向习得某种语法迈出了第一步。按照这种观点，儿童首先在特定情境听到新单词并习得其词义，习得了诸如施事者和动作等语义范畴，例如，儿童会把那些具有"施动性质"（引起行为的事物）的词归为主语，把那些具有"动作性质"的词归为动词，这种习得是早期认知发展的必然结果。一旦获得这些范畴，幼儿就开始能够注意到像构成他们话语中的单词一样，其他单词也能在句子中起着相同作用。例如，除客体名称外，其他名词也能在句子中充当主语；一个句子的谓语词，可以是动作词，也可以是一般动词。按照这种看法，抽象语法范畴（如"动作者通常处于一句话的开始"）正是以这种方式，慢慢地从最初只是纯粹的语义系统中逐步发展起来。

当然，平克的模型也存在一些问题。第一，并非所有语义和语法之间的联系均有普遍性。例如，不是所有的名词都是物体的名称，正如并非所有的主语都是施事者一样。欲完全掌握诸如名词这种抽象的范畴，儿童必须超越最初对意义的依赖，并开始纯粹利用句法分布信息（例如，他可能注意到"真实"和"美好"可能像"狗"和"汽车"一样，出现于句子中同样的位置）。因此，语义可能"激发"句法系统开始运作，但句法不可能还原为语义。第二，对情境信息的错误解释可能导致语法错误。第三，忽略了个别差异。因此平克也对自己的模型不断进行修正，加入了其他一些提供语法线索的信息类型，如声音模式和词序；另外，他偏好用一种结合了自上而下和自下而上的信息加工过程来解释儿童的语法抽取问题。

专栏6.3 影响儿童语言获得普遍性（共性）和特殊性（差异）的因素

综合分析儿童语言获得的研究资料，许政援（1994，1996）提出了影响儿童语言获得普遍性（共性）和特殊性（差异）的四个因素。

第一个因素是语言本身。语言是一种符号，是反映客观世界的一种工具。人们所处的地区、社会虽然不同，但世界上的客观事物及其相互联系、人与人和人与物的关系，都有共同之处。因此，作为它们的反映的语言都有共性。这决定了儿童语言获得具有普遍性。但是，不同的语言之间存在着个别差异，即特殊性，如词汇变化和语法、句法上的差异等。

第二个因素是人类所特有的大脑和言语器官。人脑中有关言语的区域以及人的言语器官都具有共性，影响并决定儿童语言获得的普遍性。但是，儿童言语器官的发育和认知的发展都有早有晚，二者发展速度的匹配上也有所不同。

第三个因素是儿童的认知发展。儿童获得语言需要以一定的经验和认知发展作为基础，并且要有一定的抽象概括水平。儿童的认知是从具体到抽象不断地发展着，因而语言获得也是先具体、后抽象，一步一步地发展起来。但是，儿童认知发展也存在某些个别差异，它们能促进或限制儿童语言的获得与发展。

第四个因素是成人对儿童的言语教授和儿童相应的选择、模仿学习，以及儿童本身在语言获得过程中的抽象概括能力，即儿童的积极主动性和创造性。

【问题与思考】

1. 出生后最初三年里，儿童交流和言语发展的主要特征是什么？
2. 举例说明什么是词义的扩展与缩小。
3. 举例说明单词句和双词句的主要特点。
4. 儿童句法结构的发展呈现哪些特点？
5. 如何看待儿童习得使用语言的能力？
6. 比较各种语言习得理论之间的异同，并谈谈你的看法。
7. 通过本章的学习，你对第二语言的习得与教育有何看法？

第七章 情绪发展

【本章提要】

情绪是个体对外部和内部事物的主观体验，是儿童早期适应生存、适应社会生活的重要心理工具，对儿童的心理和行为具有重要的组织作用。本章先介绍了儿童情绪评定的三种主要方法，即生理测量、表情测量和主观体验测量；再分别从情绪能力的三个主要方面，即情绪表达、情绪理解和情绪调节，对儿童情绪发展作了介绍。其中情绪表达发展主要介绍新生儿最初的情绪表现，以及其后基本情绪和复合情绪发展的特点、情绪表达规则的获得；情绪理解发展则从表情识别、对混合情绪的理解、情绪归因等方面介绍了儿童情绪理解发展的基本状况；情绪调节发展介绍了情绪调节的含义、类型、发展特点以及发展的影响因素。

【学习重点】

1. 了解儿童情绪的功能和评定方法。
2. 把握儿童几种常见的基本情绪和复合情绪发展的特点。
3. 领会情绪的社会性参照作用的含义。
4. 掌握儿童情绪理解能力的含义、构成及发展特点。
5. 掌握情绪调节的含义及主要发展特点。

【重要术语】

情绪的社会性参照　怯生　基本情绪　复合情绪　自我意识情绪　情绪表达　情绪理解　情绪调节

情绪是一项重要而又复杂的心理活动，是个体生存适应的重要方式，也是个体发展的动力源泉和个体社会互动的信息纽带。个体的发展过程经历了一个由生物属性为主到以社会属性为主的复杂过程，在这一过程中，情绪扮演着重要的角色。情绪发展既受生物成熟的制约，也受到认知、言语和其他社会性发展的影响。同时，情绪的发展又保证和促进了个体其他方面的成长和进步。本章主要探讨儿童情绪发展的相关问题。

第七章 情绪发展 ■

第一节 儿童情绪及其评定

一、情绪与儿童发展

情绪在儿童的发展过程中具有重要的价值，主要体现在以下几个方面。

（一）情绪是早期儿童适应生存的心理工具

从进化的意义来讲，情绪可以帮助儿童，尤其是新生儿更好地适应与生存。对于新生儿而言，生存是其发展的首要目标。他们需要各种各样的物质供给和其他生存所必需的要素，而这些要素的获得在很大程度上依赖于成人的抚育。于是从出生开始，婴儿便参与到与成人相互作用的情境之中。婴儿与成人的相互作用最初凭借的不是语言，而是情绪性信息。喜怒哀乐表达了他们的生存需要，使他们不是被动地接受成人的哺育，而是与外界进行主动的信息交流。因此，婴儿的情绪反应是其适应生存有效的心理工具。

（二）情绪是儿童适应社会生活的心理工具

儿童从出生开始便进入社会的人际交往之中，他们凭借自己已有的情绪能力，主动地参与到人际沟通之中。婴儿的情绪表现可以影响到抚育者的行为，如哭泣会引来抚育者，早期的微笑和好奇会让抚育者感觉到孩子愿意并渴望与自己建立社会关系，而恐惧和伤心则暗示婴儿感到不安全或需要照顾。婴儿的愤怒说明抚育者的行为让他不高兴，应该停止，而愉快则鼓励抚育者继续当前的行为。所有这一切促成了儿童与成人之间良好的社会交往，从而帮助他们适应社会生活。

此外，作为情绪能力的重要组成部分，婴儿对他人情绪的识别和理解有利于他们对自己行为的选择和判断，并促进其对外部环境的了解。情绪的社会性参照（social reference of emotion）效应很好地反映了这一点。情绪的社会性参照效应是指婴儿在不确定的情境中，借助他人表情作出推断并引导其后续行为的现象。在7—10个月之间，婴儿识别和理解某种特定表情的能力大大提高，当他们遇到不熟悉的情境或陌生的物体时，不能作出确定的反应，这时会主动从母亲或照料者的面部表情中寻找线索或信息，以决定自己的行动。此时，母亲或照料者的面部表情就影响着婴儿的情绪和相应的行为。

（三）情绪是儿童组织心理活动的心理工具

情绪对于儿童的其他行为和心理过程起着引发、保持或干扰的作用。感知、记忆、注意、思维都会影响情绪，同时也会受到情绪的调节。情绪对儿童心理活动的组织首先表现在其动力功能上。新鲜事物所引发的兴趣会诱导儿童进行视觉追踪、听觉定位和触摸动作。现代情绪心理学认为，情绪不仅可以放大个体的内驱力，而且其本身就可以直接起到动机的作用，诱发个体产生相应的行为。对于儿童来讲，兴趣、愉悦等积极情绪会推动他们从事一些探索性和创造性的活动。

情绪对儿童心理活动的组织，还表现在其对儿童认知活动的调节上。研究发现，情绪既可以促进个体的认知活动，也有可能抑制个体的认知活动。一般来说，积极的情绪有助于提高儿童的认知操作水平，而消极情绪则会干扰和抑制儿童的认知操作活动。情绪对认知活动的影响还表现在情绪强度的影响上，情绪唤醒水平过高或过低均不利于认知操作活动，只有中等程度的唤醒水平才能使认知操作达到最优的效果。

专栏7.1　情绪的社会性参照作用

对于婴儿理解或解释面部表情的能力，心理学家称之为社会性参照。如果一个学会爬行的6—7个月婴儿遇到不熟悉的情境或陌生的物体时，不能作出确定的反应，就会主动从母亲或照料者的面部表情中寻找线索或信息，以决定自己的行动。此时，母亲或照料者的面部表情就影响着婴儿的情绪和相应的行为。社会性参照是一种在特定情境中发生的特定情绪交流模式，而非一般的情绪信号传递。

视崖实验不仅可以说明婴儿早期具有深度知觉，还可以说明情绪的社会性参照作用。将12个月的婴儿置于实验装置的"浅滩"一端，母亲站在"悬崖"一端，用玩具吸引孩子爬过来。实验中，一半母亲面带微笑，另一半母亲面露怯色。结果，母亲面带微笑的孩子中74%爬过了视崖；而另一组儿童无一爬过视崖，且出现害怕的表情。因此，婴儿不仅"读出"母亲的面部表情，而且正确地解释了其意义。

情绪的社会性参照是一种复杂的心理技能，婴儿获得这一能力不是轻而易举的。这一心理技能至少包括以下几部分：1. 朝向情绪信息源；2. 对信息源的情绪进行筛选；3. 整合信息源的面部综合模式；4. 鉴别这一情绪模式的意义；5. 作出采取行动的决定（孟昭兰，1989）。社会性参照行为的发展是婴儿情绪社会化发展的一个标志，对下列两方面的发展具有明显的意义。

第一，促进自我觉知的发展。社会参照行为发生之后，出现了儿童与成人在同一件事情上联系起来的结果，产生了所谓"意义分享"（meaning sharing）现象。意义分享包括：分享对当前事物的理解；分享共同的期望；分享共同的感情；导致成人和儿童在注意、意向、感情等方面心理功能处于同一境遇中。

第二，促进道德感和道德行为的发展。由于儿童活动能力的发展，他们的行为常常受到阻止。通过情绪（表情和语声的）的社会参照作用，特别是对儿童行为的阻止和矫正，在儿童原有意向和外来阻止之间的变化可以内化为一种自我体验的变换和转化。被鼓励的行为导致快乐、成功感、满足感；被斥责的行为导致悲伤、害羞、沮丧和内疚。儿童对行为标准的是非判断，是在同成人分享情绪体验的过程中产生的。

二、儿童情绪的评定

由于情绪的复杂性，如何对个体情绪进行有效的评定成为研究者们面临的一个重要问题。对研究儿童情绪的发展心理学家来讲，难度似乎更大，因为儿童对于自身情绪的体验和描绘都存在一定的不足。因此在研究过程中，研究者需要综合多方面的证据，包括生理的证据、表情的证据和体验的证据，以尽可能准确地反映儿童的情绪状态。对儿童情绪的评定方法大体可以分为三大类。

（一）生理测量

人处在某种情绪状态下，可以表现出许多生理反应，这些生理变化可以作为情绪的客观指标，如心率的变化、呼吸的变化、皮肤电阻的变化以及神经生化指标的变化等。尤其是从 20 世纪 70 年代以来，认知神经科学的飞速发展使得一系列无创伤性神经观测技术日趋成熟，如事件相关电位（ERP）技术、功能性磁共振成像（fMRI）技术等。这使得研究者可以在儿童身上实时地观察和记录其脑内电位变化和化学成分变化等，为研究情绪发展提供了重要而有效的支持。

（二）行为测量

婴幼儿情绪评定的另一类方法是对儿童的行为进行测量，其中研究者关注的焦点主要集中在对儿童面部表情以及言语表情的分析上。儿童处于高兴、悲伤、愤怒和其他情绪状态时，眉毛、眼睛和嘴部肌肉都会产生细微的运动变化（Izard et al，1982）。类似地，儿童发声的频率、响度、持续时间和声音模式（见图 7 - 1）也是情绪状态的指标（Papousek et al，1986）。

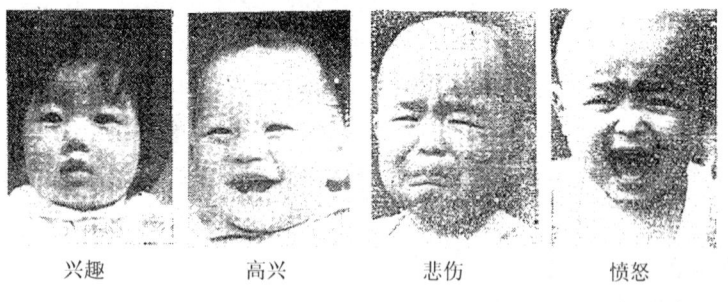

| 兴趣 | 高兴 | 悲伤 | 愤怒 |

图 7 - 1　儿童的四种基本表情（孟昭兰，1989）

艾克曼（Ekman，1978）等在总结过去对面部表情评定工作的基础上，制定了一个尽最大可能区分面部运动的综合系统——面部动作编码系统（facial action coding system，FACS）。伊扎得（Izard，1982）发展了一套儿童面部表情变化的编码系统，并利用这套系统发现：儿童在 4 个月时出现了惊奇和悲伤的表情，5—7 个月时出现害怕或愤怒的表情，害羞和羞愧的表情直到 6—8 个月时才出现，而 2 岁时才会出现假装和内疚的表情。

（三）主观体验测量

第三种评定婴幼儿情绪的方法是主观体验测量，即评定儿童对自己或他人情

绪的解释。主观体验测量运用标准化的量表来测量被试的情绪体验，要求被试报告其直接感受的经验（如："告诉我，上星期你是怎样感到高兴的？"），或者要求儿童完成命名、匹配或表现情绪性表情（如："告诉我图片上这个人感觉怎么样？""请指出谁感到伤心。"）。

随着儿童的发展成长，他们开始用成人教的概念来对情绪进行解释和命名。例如，假设两个孩子在争一个玩具，父母拿走了玩具，孩子们号啕大哭。一位家长可能告诉孩子们，他们因为生气而哭；另一位家长可能会说，孩子们因为害怕即将受到的惩罚而哭；第三位家长则可能告诉他们，孩子们因为羞愧而哭。儿童可能就从具体的情境和感受中学会了"生气"、"害怕"和"羞愧"等情绪标签。以后，他们在类似的情境中产生相同或类似的感受时，就会运用先前学到的情绪标签。

第二节　情绪表达的发展

情绪是个体心理过程的重要组成部分，它具有建立、维持和改变个体与外界关系的功能。情绪的这种功能被广泛认为是一种能力，即情绪能力。研究发现，学前儿童已经熟练具备了多种情绪能力。情绪能力主要由三部分组成，即情绪表达能力、情绪理解能力和情绪调节能力。在本章的第二节到第四节，我们主要围绕情绪表达、情绪理解、情绪调节三个方面，逐一探讨有关的发展特点。

儿童情绪的表现与表达，总体上呈现这样的发展趋势：1. 从情绪表现的形式看，是从外显到内隐，即从明显的、外露的向不明显的、内在的情绪表现发展；2. 从情绪表达的内容来看，是从生理需要到社会性需要发展。最初的情绪表示儿童的生理需要是否得到满足，以后产生了与社会性需要是否满足有关的情绪，最后又产生了与社会评价相联系的情绪，情绪反应的社会性越来越强。

一、最初的情绪表现

探讨个体情绪的发展，首要的问题是要回答，情绪究竟是何时出现的，即情绪的起源问题。不同的研究者对这一问题提出了不同的见解。

行为主义心理学创始人华生认为，新生儿有三种非习得性情绪：爱、怒和怕。他还详细地描述了这些情绪的表现：爱——婴儿对柔和轻拍或抚摸产生一种广泛的松弛反应，或像展开手指或脚作咕咕和咯咯声那样的一些反应；怒——如果限制婴儿的运动，他就会产生身体僵直、屏息、尖叫之类的反应；怕——婴儿听到突然发出的声音会产生吃惊反应，当突然失去身体支持时就发抖、嚎、屏息、啜泣。随着行为主义的兴起，关于新生儿有三大基本情绪的推论也跟着流行起来。但是其后的一些研究都未能证实华生对原始情绪的划分。

加拿大心理学家布里奇斯（Bridges, 1932）提出情绪分化理论，认为新生儿

的情绪只是一种弥散性的兴奋或激动，是一种杂乱无章的未分化的反应。它包括一些由强烈的刺激所引起的不协调的内脏和肌肉反应。通过成熟与学习，各种不同性质的情绪才渐渐分化出来。新生儿在 3 个月时，初生时的原始激动分化为两种矛盾的情绪状态，即痛苦和快乐；到 6 个月时，痛苦又进一步分化为怕、厌恶和愤怒；到 12 个月时，快乐又分化出高兴与喜爱；再过半年，又可看出爱成人与爱儿童的区别，与此同时，痛苦中又分化出妒忌；到 24 个月时，可以从快乐的热情中区分出较稳定的欢乐。

孟昭兰（1989）根据自己的研究及对前人研究的总结提出了婴儿情绪分化理论：1. 人类婴儿有 8—10 种从种族进化中获得的情绪；2. 个体情绪发生有一定的时间次序和诱因（见表 7－1）；3. 情绪发展有一定规律，也有个别差异。

表 7－1　婴儿情绪发生的时间、诱因和情绪表现

时间	诱因	情绪
初生	痛—异味—新异光、声、运动	痛苦—厌恶—感兴趣和微笑
3—6 周	看到人脸或听到高频语声	社会性微笑
2 个月	打针	愤怒
3—4 个月	痛刺激	悲伤
7 个月	与熟人分离，在高处	悲伤、怕
1 岁	新异刺激突然出现	惊奇
1—1.5 岁	在熟悉的环境遇到陌生人 做了不对的事	害羞 内疚、不安

二、儿童基本情绪的发展

所谓基本情绪（primary/basic emotions）是指那些先天的、在进化中为适应个体的生存演化而来的情绪，这些情绪具有不同的适应功能，并且可以在不需要认知参与的情况下自发地产生，是物种长期进化的结果。与基本情绪相对应的是复合情绪（complex emotions），复合情绪是在基本情绪的基础上，在社会情境中经由自我的认知评价而产生的情绪。儿童的基本情绪主要包括微笑、哭泣、害怕、兴趣、惊奇、厌恶等，每一种基本情绪都有其特定的发展规律。

（一）微笑

微笑是婴儿的第一个社会性行为。婴儿通过笑可以引出其他人对其积极的反应。许多心理学家，如鲍尔比（Bowlby，1969）、斯罗夫等（Sroufe & Waters，1976），研究了婴儿微笑发展所经历的几个阶段。

第一阶段：自发微笑（0—5 周），又称内源性微笑。这个阶段婴儿的微笑主要是用嘴做怪相，它与中枢神经系统活动不稳定有关。婴儿在笑的时候，眼睛周围的肌肉并未收缩，脸的其余部分仍保持松弛状态。这种早期的微笑可以在没有

外部刺激的情况下发生，是自发的笑或反射性的笑，在快速眼动睡眠（REM）时会发生。如果我们抚摸婴儿面颊、腹部或发出声音时，也能引起婴儿的微笑。由于这种早期的微笑可以由各种广泛的刺激引起，因而还称不上真正的"社会性"的微笑。

第二阶段：无选择的社会性微笑（3、4周起）。这种微笑由外源性刺激引起，如运动、发声物体或人脸。虽然这个时候婴儿还不会区分那些对他有特殊意义的个体，但是人的声音和人的面孔特别容易引出他们的微笑。大约到第5周时，婴儿开始对移动着的脸微笑。到第8周时，婴儿会对一张不移动的脸发出持久的微笑。从3个月开始，婴儿的微笑次数增加，对视觉刺激发出更多的微笑，特别是当最初的照料者（通常为母亲）出现的时候（Adamson & Bakeman，1985）。

这种社会性微笑是婴儿发展的重要里程碑。但是，这时候婴儿对陌生人的微笑与对熟悉的照顾者的微笑没有多大区别，只是对熟人的微笑比对陌生人的微笑多一些，这种情况持续到6个月左右。该阶段婴儿见到熟悉人的脸、陌生的脸，乃至假面具都会笑。

第三阶段：有选择的社会性微笑（5、6个月起）。随着婴儿处理视觉刺激的能力增强，他们能够认出熟悉的脸和其他的东西，开始能对不同的个体作出不同的反应。婴儿对熟悉的人会无拘无束地微笑，而对陌生人则带有一种警惕的注意。这种有选择的社会性微笑增加了婴儿与照顾者间的依恋。

儿童的微笑从自发性行为向可控制的行为转变，可能与大脑皮层的成熟有关。

（二）哭泣

哭泣是婴儿表达情绪的另一种常见方式。就像微笑一样，哭泣可以加强婴儿与照顾者之间的联系。新生儿哭泣的原因有很多，最初主要是因为饥饿、冷、湿、疼痛、睡眠被扰醒。婴儿发出不同类型的哭泣通常反映了其痛苦的性质。通过对18个婴儿在家里的观察，沃尔夫（Wolff，1969）将哭泣分为三种模式：基本的（或称饥饿的）哭泣、愤怒的哭泣和痛苦的哭泣。沃尔夫将婴儿因饥饿、痛、生气而发出的哭声录下来，放给不知情的母亲听。当这些母亲听到因痛而发出的哭声时都冲进房间去看看自己的孩子是不是发生了意外，而听到另外两种哭声时，都慢吞吞地作出反应。由此可见，婴儿已经能用不同的哭声传达自己的情绪。

儿童的哭泣大致经过三个发展阶段：

第一阶段：生理—心理激活（出生至1个月）。新生儿的哭泣通常由于饥饿、腹部疼痛或一般身体不适所致。母亲通常都会对新生儿的哭泣迅速作出反应：首先，看孩子是否有生理需要；然后，安抚孩子，如晃动摇篮或轻拍孩子。

第二阶段：心理激活（1 个月起）。这一阶段儿童表现为一种低频、无节奏的没有眼泪的"假哭"。许多父母认为，这种哭泣通常意味着婴儿想得到注意或照看。当婴儿得到注意或照看时，"假哭"就会停止。大约在第 6 周时，当母子对视时，婴儿倾向于停止哭泣。到了 3 个月，吮吸拇指可以减少哭泣。在所有减少哭泣的行为中，身体接触最有效。

第三阶段：有区别的哭泣（2—22 个月）。在这一阶段，不同的人可以激活或终止哭泣。这种哭泣是一种社会行为，反映出儿童的某种需要。在 8 个月时，儿童可能终止哭泣，看成人或父母是否在接受他们传递的信息（Bruner，1983）。这种有区别的哭泣表明，婴儿依恋某一个特定的人。当依恋对象离开或不在附近时，婴儿就会哭泣。

（三）害怕

婴儿经常表现出来的第三种基本情绪是害怕。害怕是一种消极情绪，它会导致儿童的知觉范围狭窄、活动受到限制，但是从进化的角度讲，害怕具有适应价值。它的原始适应功能在于起到了警戒的作用，有助于个体摆脱威胁或危险的情境，从而保全个体，这对处于弱势地位的儿童而言，尤其具有重要的价值。诱发儿童害怕情绪的刺激有很多，大体可以分为两大类，即对人的害怕和对物及情境的害怕。

1. 对人的害怕——怯生

婴幼儿对不熟悉的人所表现的害怕反应通常称为怯生（wariness of strangers）。7—12 个月的儿童会出现几种明显的害怕，其中最典型的就是对陌生人的害怕。在这个年龄阶段，一种中等强度的陌生事件可以引发儿童的兴趣，有时，儿童还会发出呀呀语和微笑。但是，更加陌生的事件可能使儿童产生不确定感和害怕。

4 个月的婴儿对陌生人也笑，只是比对母亲笑得要少，不过并不害怕陌生人。他们对新奇的对象包括陌生人显示了极大的兴趣。4、5 个月的婴儿注视陌生人的时间要多于注视熟悉人的时间，有一个来回注视比较陌生的脸和熟悉者的脸的比较期。约到 5—7 个月时，婴儿见到陌生人往往会出现一种严肃的表情，7—9 个月见到陌生人就感到苦恼了。

婴儿并非见到陌生人就一定会害怕，他们害怕与否受许多因素的影响。

（1）父母是否在场。如果婴儿坐在母亲膝盖上，或由母亲抱着，那么陌生人过来几乎不产生什么影响；如果母亲与婴儿有一定距离，就更可能产生害怕。

（2）环境的熟悉性。据一些心理学家（Sroufe et al，1974）报告，若在婴儿家里测定 10 个月的婴儿对陌生人害怕的反应，婴儿几乎很少出现怯生；若在不熟悉的实验室进行测定，就有近 50% 的儿童怯生；如果给婴儿一段熟悉环境的时间，那么害怕的人数则相应减少。

（3）陌生人的特点。婴儿并不是对所有的陌生人都感到害怕。刘易斯等（Lewis et al, 1974）为了了解婴儿害怕什么样的陌生人，对 7—19 个月的婴幼儿进行了实验，观察这些孩子对陌生的成年男子、成年女子、陌生儿童（4 岁的女孩）和儿童母亲的反应，还观察儿童对自己（在镜子里的映像）的反应。实验显示陌生人在场不一定引起婴幼儿的害怕，这要看儿童与陌生人的距离。距离越近，消极情绪越大。最为有趣的是婴儿对陌生儿童的反应与对陌生成人的反应完全不同，他们对陌生儿童显示了积极的、温和的反应。这表明婴儿并不是对所有的陌生人都害怕，而只是对陌生的成人感到害怕。那么，是成人的什么特点引起婴幼儿的害怕？是成人的高度，还是脸部特征呢？研究者的进一步实验（1979）是，让 7—24 个月的婴幼儿与陌生成人、侏儒、儿童在一起，发现婴儿对陌生成人、侏儒的害怕多于对陌生儿童的害怕。于是实验者认为，单凭高矮大小不能作为害怕陌生人的线索，脸部特征倒是重要的线索。

（4）抚养者的多少。婴儿熟悉成人的多少会影响其怯生程度。如果一个婴儿由少数几个成人抚养，他的怯生程度可能比由许多成人抚养的婴儿来得高。一般来说，在托儿所抚养的婴儿与在家里抚养的婴儿相比，前者怯生少些。

（5）婴儿与母亲的亲密程度。婴儿与照顾者（主要是母亲）的关系越密切，见到生人就越易产生害怕。

（6）婴儿接受的刺激。婴儿获得的听觉刺激和视觉刺激越多，怯生程度越小，因为这样的儿童已习惯于接受各种新奇的刺激，能对付并同化"陌生"的事物。因此，无论陌生人还是陌生的事物，对他们来说，并不算是太新奇，因而也不易引起害怕。

2. 对物及情境的害怕与恐惧

儿童除了在幼年时害怕陌生人以外，还怕其他一些客体和情境。随着年龄的增长，儿童的害怕情绪也在变化。学走步的孩子怕痛，怕带给他们痛的体验的人（如打针的医生）；幼儿期间的儿童害怕具体的东西，如狮子、老虎，但并不把它们与以前的痛联系起来；学龄儿童害怕学业失败。有些过去不害怕的人、物与事件，渐渐变成儿童害怕的对象，而过去曾经害怕的人、物与事件反倒变得不那么可怕了。

杰西尔德等（Jersild et al, 1935）通过访问母亲、孩子本人以及在实验情境里唤起孩子害怕的刺激反应等方式收集了儿童害怕的材料。他们发现，儿童从 2—5 岁，对噪声、陌生的物体或陌生人、痛、坠落、突然失去身体支持以及突然的移动等刺激的害怕降低、减少了；与此同时，对想象中的生物、黑暗、动物、嘲笑、有伤害性的威胁，如过马路、落水、火以及其他有潜在危险情境的害怕增加了。后一种害怕是随儿童认识能力的发展而发展起来的，也就是说，儿童渐渐可以预见潜在的害怕。

巴尼特（Barnett，1969）的研究也发现，对 7—12 岁女孩而言，随着年龄的增长，她们对想象中的生物和个体安全所引起的害怕明显降低，而对学校和社会关系所引起的害怕明显增多（见图 7-2）。现代儿童更由于身体发育加速、性成熟提前、学习任务繁重，导致社会性害怕和焦虑有明显增长，如学校恐惧症、考试焦虑等发生率都比以前高。

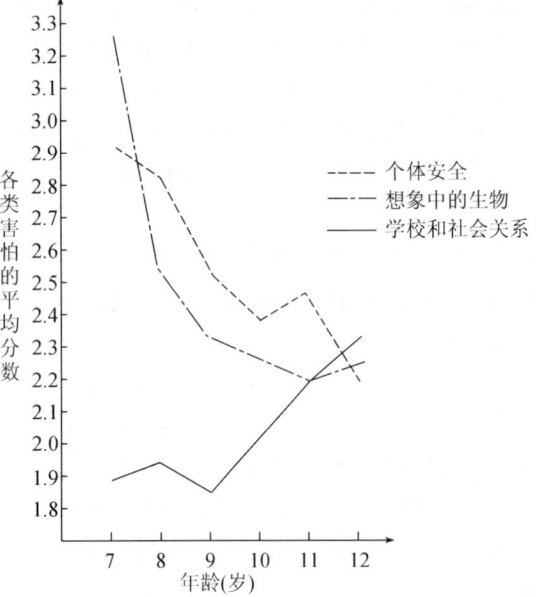

图 7-2　随年龄增长儿童害怕的变化

三、儿童复合情绪的发展

如果说基本情绪是进化的产物，为人类和其他物种所共有，那么复合情绪就是人类有别于其他物种的一个显著特征。复合情绪又称为次级情绪（secondary emotions），是在基本情绪的基础上发展起来的，社会情境以及个体对社会情境的认知和评价在复合情绪的发展过程中扮演了重要角色。儿童的复合情绪主要包括自我意识情绪（self-conscious emotion）和移情等。

（一）自我意识情绪的发展

自我意识情绪是个体在具有一定自我评价的基础上，通过自我反思而产生的情绪，是将自我卷入到情绪中的一种特殊情绪类型，包含内疚、羞耻、尴尬、妒忌、自豪等。自我意识情绪对个体的行为具有显著的调节功能，能促使个体通过引发和协调自己的行为来达到特定的社会目标，从而保持与真实的或理想中的自我表征一致。个体在从事某种社会行为时，自我意识情绪的产生可以帮助其识别和改正自己的行为，以避免做一些可能会引起自己或他人不满的事情。

自我意识情绪的产生涉及一系列复杂的认知活动，这也是为什么自我意识情绪出现比较晚的原因。刘易斯等（Lewis & Michalson, 1983）认为，自我意识情绪是与认知过程结合在一起的，自我意识情绪的发展要以认知能力的发展为前提：第一，个体必须内化一系列标准、规则和目标。第二，个体必须具有自我的意识。自我意识情绪与初级情绪最重要的区别在于，前者须在个体具备稳定的自我意识和自我表征的基础上发展起来。因为只有个体意识到他们已经达到或没有达到一些真实的或理想中的自我表征时，个体才会体验到自我意识情绪。第三，个体还必须将自我与这些标准、规则和目标作比较，以决定自己的成功与否，如果成败的原因被个体归为内部原因，也就是指向自我，这时所产生的情绪即为自我意识情绪。对失败作出内部归因很容易引发内疚和羞愧，而对成功作出内部归因则比较容易引发自豪。

自我意识情绪的出现要迟于基本情绪。伊扎得（1977）认为，自我意识情绪是在初级情绪的基础上发展而来的，但并不是由初级情绪组成的，自我意识情绪具有初级情绪的某些特征，但自我意识情绪要高于初级情绪。在伊扎得的基础上，刘易斯等人（1984）根据认知能力的发展，提出了自我意识情绪发展模型。

图 7-3 描述了一个一般的发展模型，这个模型非常强调自我参照行为及认知能力在自我意识情绪发展中的重要作用。在该模型的第一阶段，婴儿出现初级情绪，但是，出现这些初级情绪的时间是不确定的。在第二阶段，出现了自我参照行为（约在 15—24 个月）。自我参照行为与认知能力的发展及联合为第三阶段出现自我意识情绪提供了基础。自我意识情绪的第一个水平（包括尴尬、同情及嫉妒）是以自我参照行为为特征的，研究发现，最早自我意识情绪的萌芽出现在 18—24 个月之间，在这个年龄阶段的幼儿身上，我们可以看到羞愧和尴尬，表现为做错事后，他们会低垂着眼睛，耷拉着脑袋，用手把脸捂起来。自我意识情绪的第二个水平（自我评价情绪）如害羞、内疚、自豪等出现在 3 岁半左右。当儿童为自己的某一行为获得成功而感到愉快时，就会表达出自豪感；当儿童根据自己的标准、规则和目标将自己某一行动评判为失败时，他们会觉得羞愧（Lewis, 2002）。

自我意识情绪之所以出现得比较晚，也可能是因为儿童必须先理解特定的规则和标准以确定哪些行为是合适的社交行为。对儿童来说，产生自我意识情绪所必需的一个条件就是将外在的评价（我把牛奶打翻了，妈妈会气得发疯）内化为稳定的自我评价（我把牛奶打翻了，我很笨）。随着儿童年龄的增长，他们会逐渐从根据外在标准转向根据自己内在的标准来评价行为。比如，年幼的儿童可能会根据其他人的反应来体验内疚或羞愧的情绪（如我害怕别人再也不喜欢我了），但是年长的儿童会用自己的标准来作出自我评价（如我感到很愚蠢）（Ferguson et al, 1991）。

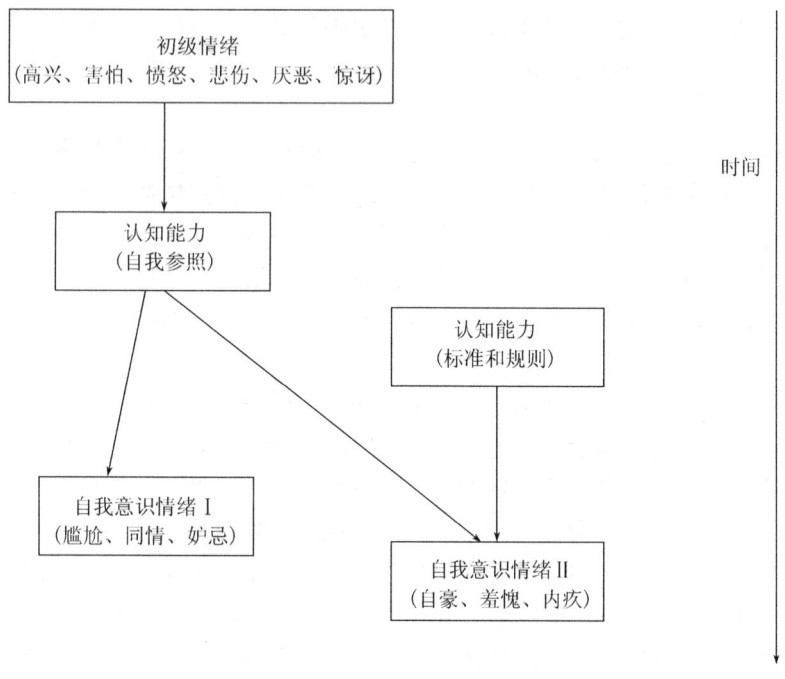

图 7 - 3　情绪发展的递进模型

（二）移情的发展

移情是指知觉到他人的情绪体验，并产生相应的情绪反应，也就是对他人情绪产生共感的反应。研究发现，刚刚出生的新生儿在听到别的孩子哭泣时自己也会哭，而且这种移情性哭泣依赖于刺激的性质。而新生儿对于自己哭声的录音和黑猩猩的哭声不会作出这样的反应。

霍夫曼（Hoffman，2000）将移情行为与认知发展联系起来，指出在认知上能区分自我和他人是产生移情行为的重要因素。他据此提出了移情发展的阶段模型，把移情的发展划分为四个阶段。

阶段 1：物我不分的移情阶段（0—1 岁）。这一阶段的儿童尚不能清楚地区分自我和他人，他人的苦恼和痛苦往往引发的是一种综合的苦恼反应。他们并不清楚到底是自己还是他人在经历着痛苦与悲伤。

阶段 2：自我中心的移情阶段（1—2 岁）。处于这一阶段的儿童逐渐学会区分别人的与自己的痛苦。然而，由于年龄小的儿童不能清楚地区别自己和他人的内部状态，他们经常将二者混淆起来。因此，儿童的助人行为是"自我中心"的，也就是说，儿童试图通过行动减轻他人的苦恼看起来也许只是为了减轻自己的苦恼。

阶段 3：认知的移情阶段（2、3 岁开始）。处于这一阶段的儿童已经具备了区别自己与他人观点和情感的能力。2、3 岁儿童的助人行为比年幼儿童更恰如

其分地反映了他人的需要和情感。这是因为随着年龄的增长，儿童学会了搜寻关于他人的信息、与理解他人苦恼有关的信息，以及能够用来形成有效的助人策略的信息。

阶段4：超越直接情境的移情阶段（童年晚期以后）。尽管儿童的移情还是由他人的直接苦恼所唤醒，但移情已经可以超越这种直接情境。即使在直接情境中并没有关于这种痛苦的线索，儿童还可能会想象另一个人所经历的痛苦来产生移情。因此，在移情发展的最高阶段，各种类型的信息——包括来自需要者的表达线索、直接情境线索和关于他人生活状况的认识——都能引发移情反应。

（三）情绪表达规则的获得

情绪表达规则知识是个体在社会化过程中获得的、用以指导特定社会情境下调节情绪表达，使之符合社会期望的一套规则。这些规则规定了在特定的情境中，应该表达哪些情绪，不应该表达哪些情绪。比如，收到一件自己不太喜欢的礼物时，尽管不是特别满意，但还是应该表现出高兴而不是难过。

情绪表达规则往往与个体所处的文化有关，它要求个体抑制自身的真实情绪体验，而作出与情境相匹配的情绪表现。也就是说，情绪表达规则规定了个体在什么情境下，对谁应该表现出什么样的情绪，而不管个体内心真正的情绪状态是怎么样的。

研究发现，3岁儿童开始显示出一定的掩饰真实感受的能力。在一项研究中，研究者（Lewis，1994）观察那些因为偷玩了不该玩的玩具而撒谎的3岁儿童，研究结果发现，这些儿童表现出了微妙的痛苦表情，他们对于自己真实感受的掩饰显然并不高明。即便是5岁的儿童，他们撒谎时对自身真实情感的掩饰也很容易被成人辨认出来。

在小学阶段，儿童对于社会所认可的情绪表达规则有了越来越清晰的认识，他们知道在特定的情境中应该表达怎样的情绪，而不应该表达怎样的情绪。在这一阶段，儿童对于情绪表达规则的认知存在一定的性别差异，女孩子似乎显著地好于男孩，她们更愿意遵守规则，表现在行为上更为得体。此外，研究还发现，在亲子互动过程中，母亲积极情绪表达得越多，其子女往往越能更好地掩饰自己的失望和其他消极情绪。

艾克曼（1969）提出了四种常用的情绪表达策略，分别是弱化、夸大、平静化、掩饰。弱化指减小真实情绪表现的强度，夸大指提高情绪表现强度，平静化指面部没有表情、很平静的样子，掩饰指表现不同于真实情绪性质的表情。

专栏7.2　青春期的情绪体验

青少年的情绪模式可分为愉快的情绪和不愉快的情绪，不愉快的情绪以愤怒、惧怕、嫉妒、焦虑等情绪为主；愉快的情绪如高兴、亲爱、乐趣、好奇等也

常出现。但愉快情绪出现的次数与强度，一般不如不愉快情绪出现次数多、强度大。可见，青少年已处于典型的烦恼增殖期，在情绪体验与情绪表现上带有明显的年龄特征。很多情况下，他们情绪的强度看上去和引发情绪的事件完全不成比例（Steinberg & Levine, 1997）。

美国心理学家阿奈特（Arnett, 1999）总结了有关青春期风暴的众多研究，这些研究无一例外地支持一定程度上的青春期风暴的论述，即青春期是一个比其他时期容易产生各种各样问题的时期。青春期风暴的典型表现可以概括为三个方面：与父母冲突、情绪激荡（mood disruption）和冒险行为。

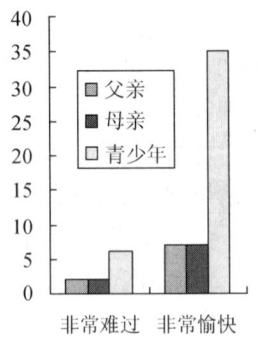

图7-4　青少年、母亲和父亲对极端情绪自我报告的百分比

为了考证青少年的情绪变化过程，有一项研究的具体做法是让他们整天带着传呼机，研究人员随机给他们打传呼并要求他们记录下此刻的思想、行为和情绪（称为经验采样法，experience sampling）。研究表明，青少年认为他们的情绪高峰体验远比他们父母所说的要高（包括积极和消极的，而且更多的是消极的）。例如，青少年报告"非常愉快"的次数是父母的5倍，报告"非常难过"的次数是父母的3倍（见图7-4）。通过对小学五年级和初中三年级学生的对比分析，发现从儿童期到青春期是一个情绪"滑坡"阶段，以"非常高兴"为要素的指标降低了50%，"成就感"、"自豪感"和"平静"等情感体验也出现了类似的变化（Larson & Richards, 1994）。也就是说，随着青春期的到来，幸福感锐减。

研究者认为，或许是青少年期飞速发展的抽象思维能力对情绪波动起了更主要的作用。青少年开始能由表及里地思考威胁自己将来生存与发展的长远性问题，不仅是青少年经历某一事件本身所造成的压力，更重要的是青少年如何体验和看待这些变化导致了情绪波动。有时候，即使对同样的或类似的事件，青少年也比儿童或成人更多地表现出极端或消极的情绪。

第三节　情绪理解的发展

情绪可以帮助儿童建立与外界环境的某种关系，同时也可以帮助他们维持和改变这种关系。要做到这一点，除了依赖于儿童情绪的表达之外，还依赖于儿童对自身和他人情绪的理解。

儿童对情绪的理解，总体上呈现这样的发展趋势：1. 从理解外部的情绪表现与单一的情绪，如面部表情的识别，发展到能理解一些复杂的、不明显的情绪，然后发展到能对情绪进行归因；2. 从情绪的归因看，最初将情绪归因为由

某个具体刺激直接作用于个体才能引起，发展到将情绪归因为由言语、表象、社会评价与自我评价等因素引起。

一、情绪理解的含义

情绪理解是指儿童理解情绪的原因和结果的能力，以及应用这些信息对自我和他人产生适当情绪反应的能力。许多研究表明，情绪理解能力可以帮助儿童更好地与他人相处，是个体发展和社会适应的良好反映指标。

情绪理解包含的内容非常广泛，表情识别、对情绪情境的识别、对混合情绪的理解、对情绪表达规则的认识等都可以归为情绪理解的范畴。徐琴美等（2006）认为可以将情绪理解划分为两个部分，即对情绪状态的理解和对情绪过程的理解。

对情绪状态的理解主要包括表情识别、情绪情境识别和混合情绪理解等。其中表情识别是指对他人表情（主要是面部表情）所包含情绪意义的准确辨别和理解。面部表情的识别能力反映出儿童能通过情绪表情推测他人内部心理状态的能力。情绪情境识别是指儿童能对特定情境中个体的情绪进行识别、判断和预测。一定年龄的儿童已经学会根据外部情境提供的线索，准确地识别和判断他人的情绪。例如，儿童在打针的时候会害怕，收到想要的礼物会很开心等。混合情绪理解是指儿童认识到同一情境可能会引发同一个体两种不同或矛盾的情绪反应。例如，开学的第一天既有与小伙伴重逢的喜悦，也有对假期留恋而产生的难过。

有关情绪过程的理解，研究者们着重关注对情绪产生前因后果的理解。对情绪原因的理解也就是情绪归因，是对各种引发情绪的原因的认识和解释。

二、情绪理解的发展

儿童随着年龄的增长，认知能力尤其是语言能力的飞速发展，社会交往日趋频繁，其情绪理解的水平也得到了迅速的提高。

（一）表情识别的发展

面部表情是人们情绪的外在表现，研究发现婴儿很早就能够对他人的面部表情进行识别和模仿。费尔德及其同事（Field et al, 1982, 1983）的几项研究表明，一个3天大的孩子已经可以模仿成年人的高兴、伤心和惊奇的表情（见图7-5）。在他们的研究中，新生儿被垂直地抱着，脸部与一个女模特的脸相距约10英寸。女模特做出以上三种表情中的一种，直到婴儿的视线移开。与此同时，观察者仅观察婴儿，记录婴儿的眼睛、眉毛和嘴的变化，并且猜测婴儿模仿的是何种表情。婴儿在模仿"惊奇"时睁大眼睛和嘴，在模仿"高兴"时张大嘴唇，在模仿"伤心"时紧闭嘴唇或锁住眉毛。

当然，也有一些研究者质疑这些发现，因为这究竟只是儿童基于表情面部特征进行的辨别，还是在对表情所代表情绪意义理解基础上的判断，研究者还不得而知，即这种辨别并不能够说明婴儿能完全理解不同表情所代表的情绪意义。但许多研究者相信婴儿对情绪表情具备早期的敏感性，或者说，婴儿很早就能识别和模仿成人的面部表情。目前研究可以确定的是，2岁的儿童能正确辨别面部表情，能谈论和情绪有关的话题，4—5岁的儿童能对高兴、愤怒的表情进行识别。此外，有研究发现，幼儿对于积极表情的识别能力要高于对消极表情的识别，即在四种基本情绪中，幼儿对高兴情绪的识别水平显著高于对伤心、生气和恐惧情绪的识别。

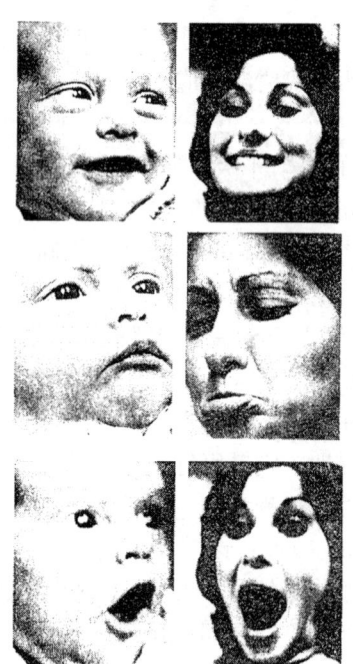

图7-5　新生儿模仿成人高兴、伤心和惊奇的表情
（上图：高兴；中图：伤心；下图：惊奇）

有研究者（Klinnert & Campos，1983）指出，儿童运用面部表情和分辨他人情绪表情的能力是逐步发展起来的，并区分出四个发展水平。

水平1：无面部知觉（0—2个月）。新生儿的视觉可以扫视成人面孔的边缘，但尚未形成边缘轮廓和轮廓内注视点之间的整合。也就是说，新生儿知觉面部表情所需要的对面孔各部分位置以及面孔轮廓的整合能力还未形成。在这一时期，婴儿自发的表情同成人对他发出的表情之间还没有联系。所以，婴儿还不能接受或理解情绪信息。

水平2：不具备情绪理解的面部知觉（2—5个月）。两个月的婴儿已经能知

觉到成人的面部表情，并作出一定的情绪反应。但这时婴儿还不理解成人面部表情的意义，作出的情绪反应不具有意义上的相应性。例如，3、4 个月的婴儿对成人的忧愁或微笑一律报以欢快反应。

水平 3：对表情意义的情绪反应（5—7 个月）。半岁婴儿对不同的正、负情绪可发生不同的反应，更精细地知觉和注意面容的细节变化。婴儿对面孔各部分的位置和轮廓变化以及其携带的意义的认知，在不同人身上和不同情境中发生时，可有一致性的理解。

水平 4：在因果关系参照中应用表情信号（7—10 个月）。婴儿接近 1 岁时，情绪作为信息交流成为可能。这时，婴儿已学会鉴别他人的表情，并影响自身行为。有实验表明，8 个月的婴儿对母亲的微笑、悲伤或无表情面孔，已能显示相应的欢快或微笑、呆视、犹豫或哭泣反应。

有一项研究是从全国 14 个省、市、自治区选取被试 12 327 名，分别来自从幼儿园小班到高中三年级的各个年级。研究者将高兴、惊讶、恐惧、愤怒、厌恶、轻蔑等六种面部表情的彩色照片作为实验材料，让儿童进行辨认，结果发现：儿童青少年对不同情绪的面部认知的速度是不同的，最早趋于成熟稳定的是高兴、愤怒，其次是轻蔑，然后是惊讶、恐惧和厌恶的表情认知（黄煜峰等，1986）。这表明儿童已经能够正确辨认与理解他人的情绪状态。

（二）对混合情绪的理解

混合情绪指的是个体在同一情境中产生两种不同情绪的现象，如果这两种情绪在性质上具有一定的冲突性，则又可称为冲突情绪。对混合情绪的正确理解和判断是儿童情绪理解能力发展过程中的一次重大飞跃。

有研究者（Gordis et al, 1999）设置了同时诱发两种截然相反情绪的情境，例如，主人公在学校即将放暑假的前一天会同时产生高兴和难过两种情绪，高兴是因为放假了，而难过是因为不能和同学玩了。然后，询问儿童情境中主人公的感受，结果发现 6 岁的儿童已开始对混合情绪有所了解。另一项研究（Harter，1987）更加强调了混合情绪的同时性，并且将混合情绪更细致地区分为同一性质的混合情绪和不同性质的混合情绪。结果发现，7 岁儿童只能识别同一性质的情绪，如同为积极情绪，或者同为消极情绪；只有到了 11 岁，儿童才能理解存在一种以上不同性质的情绪会同时发生在同一个体身上的现象。

（三）情绪归因的发展

对于情绪归因的研究，往往会采用半结构式访谈的方式。研究者向儿童演示一个故事，然后让儿童探讨故事主人公情绪产生的原因。有研究表明，从 3 岁开始，儿童能够对情绪进行归因，并能够评价引发情绪的原因。如研究发现，3 岁儿童可以推测当故事中主人公得到渴望已久的兔子时，会感到高兴，但当兔子换成小狗时，将感到难过（Wellman et al, 1991）。同时，有研究发现，大约从 3 岁

开始，儿童开始能识别情绪和引发情绪的情境。上述结果表明，大约从 3 岁开始，儿童能够对情绪产生的原因进行解释和评价，并能将情绪与情绪引发情境相联系，并在此基础上对这种联系有一定理解。而到了 5—6 岁时，儿童已经能够对自己和他人的情绪体验作出合理的解释。

相对于对积极情绪产生原因的识别，儿童对消极情绪产生原因的识别更为稳定。研究者（Fabes et al, 1991）认为，这是因为消极情绪的强度更大，更加频繁而且更容易突出情绪唤起的来源。也有的研究者探讨了特定领域的情绪归因，如徐琴美等（2004）的研究发现，儿童在成功情境下趋向于他人归因，而在失败情境下趋向于自我归因。另外，对内疚和羞愧等复合情绪理解的研究发现，9 岁儿童还不能很好地理解内疚情绪，他们更多地是从行为产生有利于违规者的结果来理解违规者的情绪，而 11 岁儿童已经能够理解羞愧情绪。

专栏7.3 小学儿童情绪认知的发展特点

有研究者（陈琳，桑标，王振，2007）采用故事情境法探究小学儿童情绪认知的发展。研究对象为小学二、四、六年级儿童，探讨他们对五种不同的情绪状态（基本积极情绪、基本消极情绪、积极自我情绪、消极自我情绪、冲突情绪）的识别，以及对情绪的原因认知（即什么原因导致该情绪发生）、情绪的外在行为表现认知（某种情绪一般导致什么外在的行为反应）、情绪的后继调节方式认知（为了调节某种不恰当的情绪，一般会采用什么方式）。结果发现：总体而言，情绪认知在小学阶段有明显发展；对基本积极情绪和基本消极情绪的认知最好，其次是积极自我意识情绪认知和冲突情绪认知，对消极自我意识情绪的认知最差（见图 7-6）。对情绪的原因认知明显好于情绪的外在行为表现认知和情绪的后继调节方式认知。

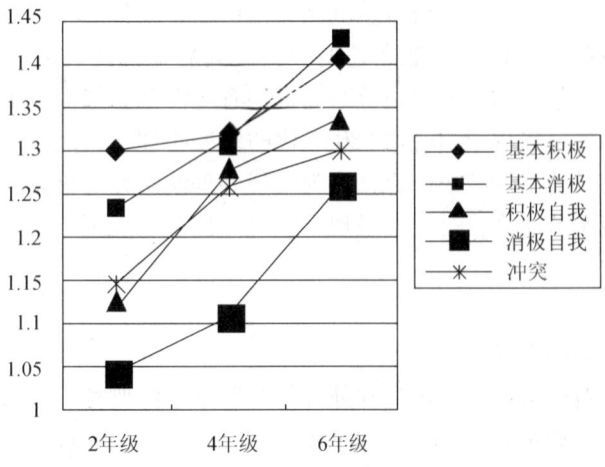

图 7-6 小学生不同类别的情绪认知发展趋势

三、情绪理解的作用及影响因素

作为个体情绪能力的重要组成部分，情绪理解在个体的发展过程中发挥着重要的作用。大量研究表明，儿童情绪理解与他们的社会性发展之间存在着密切的关系。

有研究者认为，儿童的情绪理解可能是家庭情绪表露与儿童社会行为之间联系的中介，也就是说具有丰富情绪表露的家庭可能促进儿童的情绪理解，而这一认识又与儿童的社会行为的发展相关联。邓赐平等（2002）的研究证实了这一点，研究发现家庭情绪表露会影响儿童的情绪理解，而儿童的情绪理解又会进一步影响其社会行为的发展。

对于情绪理解发展影响因素的研究主要集中在儿童自身特点及家庭环境的影响两个方面。在儿童自身特点方面，儿童的认知发展水平、语言发展水平与情绪理解的发展有着密切的联系。研究发现，儿童的情绪理解水平与其语言发展水平存在显著正相关。

儿童的家庭情绪环境对其情绪理解发展有着重要的影响。布朗（Brown，1996）的研究揭示了3岁儿童与家庭成员讨论情绪发生的原因、与哥哥姐姐积极的交流和语言能力都其6岁时的情绪理解显著相关。依恋方面的研究也表明，父母能否对孩子们发出的情绪信号作出及时反应对其情绪发展有很大影响，与母亲的安全依恋能促进学前儿童对消极情绪以及混合情绪的理解；与父母具有不安全依恋的儿童容易对同伴的意图作出敌意的归因。

第四节　情绪调节的发展

儿童的情绪并不总是与环境的变化相一致的，当儿童的情绪与其所处的生活环境发生矛盾和冲突的时候，需要他们对情绪进行调节以适应社会生活环境。心理学有关情绪调节的研究最早可以追溯到弗洛伊德，在他的相关论述中已经可以看到对情绪调节的形式以及功能角色的探讨。其后，拉扎鲁斯（Lazarus）的应激与应对研究，鲍尔比的依恋理论等对此也均有所涉及。然而，情绪调节作为独立的研究领域则最早出现于20世纪80年代的发展心理学，随后扩展到对成人的研究。现在，有关情绪调节的研究已成为发展心理学研究的重要内容之一。

儿童的情绪调节能力，总体上呈现出从毫无控制地表现，向有一定程度地控制情绪的方向发展。

一、情绪调节的含义

情绪调节是对情绪的内在过程和外部行为所采取的监控、调节，以适应外界环境和人际关系需要的动力过程。对于情绪调节概念的理解需要把握以下三个方面。

首先，情绪调节既包括对负性情绪的调节，也包括对正性情绪的调节；它既可以是抑制和削弱的过程，也可以是维持和增强的过程。被调节的情绪首先是那些让人感觉难受的负性情绪，为了符合社会适应的需要，正性情绪在某些情况下也需要调整。一般来讲，人们对负性情绪的调节要比对正性情绪的调节更加频繁（Gross & Thompson，2005）。此外，情绪调节不仅只针对具有强烈感受和过高生理唤醒的情绪，较低强度的、需要增强的情绪同样也需要调节。正如一些研究者所指出的，情绪调节应包括削弱或除去正在进行的情绪，激活需要的情绪，掩盖或假装一种情绪（Cicchetti et al，1995），或适应于应付不适当的情绪状态，是回避、忽视、转移、抑制或增强情绪的过程（Cole et al，1994）。

其次，情绪调节既包含有意识的过程，同样包含无意识的过程。马斯特斯（Masters，1991）认为情绪调节过程是在一些策略和机制作用下，情绪被管理和调整的过程。其中，机制是不需要个体努力和有意图地控制的自动化过程，而策略是个体为了调节情绪有意图、有计划作出的努力。情绪调节机制可以体现在调节过程中自动运作的生理、认知、情绪、情绪与认知相互作用、情绪与行为相互影响等过程；而策略可以是认知水平、行为水平有意图的努力，如认知策略、表情行为调节策略、人际策略等。策略可以带动相应的机制，策略的长期使用也可以成为新的机制。所以，情绪调节既包含意识的、努力的、控制的调节，也包括无意识的、无需努力的、自动的调节，我们可以将情绪调节理解为一个从意识到无意识的连续体（Gross，1998）。

再次，情绪调节具有情境依赖性。我们不能先验地假定某一种形式的情绪调节是好的或是不好的（Thompson & Calkins，1996）。情绪调节的过程既有可能会得到一个比较好的结果，也有可能会让事情变得更糟，这依赖于当时的情境。例如，抑制负性情绪的调节策略，可以使外科医生在做手术时，更好地应对一些压力情境。但在另外一种情境下，负性情绪的抑制可能会使个体表现出较低水平的移情，从而降低了帮助他人的动机。不仅如此，按照功能主义的观点，个体使用各种调节策略往往是用来达成个人的目标，这样的调节过程与调节结果，在他人眼中也有可能被知觉成一种不良的适应。

二、情绪调节的类型

情绪调节是一个非常复杂的主观动力过程，它包括对情绪不同成分的调节，包括对其他心理过程的影响，同时也涉及对外在情境的影响。因此可以从不同的角度对情绪调节进行划分。

（一）内部调节和外部调节

从情绪调节过程的来源划分，可以将情绪调节分为内部调节和外部调节两大类。其中，内部调节主要由个体自身完成，包括对神经生理、认知体验和动作行

为的调节。而外部调节则是来源于个体以外的环境，如幼儿痛哭时，大人的抚慰可以帮助幼儿尽快地从痛苦中走出来。外部环境调节可以分为支持性环境调节和破坏性环境调节两大类。有的环境因素有利于良好的情绪调节，而有的环境因素则不利于情绪的调节。

（二）减弱调节、维持调节和增强调节

根据调节努力的程度，可以将情绪调节分为减弱调节、维持调节和增强调节三大类。其中，减弱调节主要针对消极情绪，尤其是对强度过高的消极情绪所进行的调整和修正。维持调节主要针对那些有益的积极情绪，如兴趣、快乐等。增强调节则是对一些需要适当增加强度的情绪所进行的向上调节，这种调节在日常生活中出现的频率并不太多。

（三）原因调节和反应调节

格罗斯（Gross，1998）明确地将情绪调节分为原因调节和反应调节两类。原因调节是指对系统输入所进行的操作，是对引发情绪的原因进行加工和调整，它包括情境选择、情境修正、注意分配、改变认知等。反应调节则发生于情绪反应过程，此时情绪已经被激活，是个体从生理反应、主观体验和表情行为三个方面通过增强、减少、延长等策略调整一个正在体验中的情绪。

（四）认知调节、体验调节、行为调节和生理调节

根据情绪调节的对象，或者从情绪调节的主要成分来看，可以把情绪调节分成认知调节、体验调节、行为调节和生理调节。认知调节，即个体如何解释情绪产生的原因，由于主观情绪体验的产生受自身认知评价的引导，因此认知评价是情绪产生过程中的重要环节，是引起情绪和调节情绪的重要过程，调整评价就可以有效地改变情绪体验。体验调节则是指对个体主观的情绪感受进行调节。行为调节则是个体通过控制和改变自己的表情和行为来实现的调节，如抑制和掩盖不适当的情绪表达，或表露适当的交流信号。生理调节则是指由于情绪和生理反应相互影响，生理反应常常会进一步地加强情绪体验，因此，适当的生理唤醒会使个体神经系统强度适中，能使个体更好地进行其他的心理活动，思考更有效的应付当前情境的方法和策略，采取恰当的行为。

三、情绪调节的发展特点

儿童在很小的时候（大约 3 个月）就能够采取一些方法来调节自己的情绪，减少情绪压力。最早采用的情绪调节策略多是身体行为，如吸吮手指、橡皮奶头或怒视行为。随着年龄的增长，2—3 个月的婴儿开始采用控制视觉注意的方法来调节情绪。等到了婴儿能够爬行时，行为的躲避或接近成为他们调节情绪的有效方式。

从 2—3 岁开始，儿童的语言、认知能力发展迅速，自我意识开始萌芽，其

用来调节情绪的手段和方法也变得日趋复杂。研究发现，2岁时，幼儿开始依靠自己内部的情绪资源调节自己的情绪。伴随着表征和言语能力的出现，儿童开始采用多种类型的情绪调节策略来调节自己的情绪。与此同时，受表征和注意保持能力的限制，其调节情绪的策略和方式仍有很大的局限。王莉和陈会昌（2002）发现，2岁儿童已经具有使用复杂的调节策略的能力。这其中主要的情绪调节策略包括积极活动策略、自我安慰策略、寻求他人抚慰策略、被动行为策略、回避策略等，其中，积极活动策略在中国2岁儿童中使用的频率最高。

一般来说，儿童的情绪表现是比较外露的、易激动的。研究发现，随着儿童年龄的增加，儿童的归因能力不断增加，情绪体验逐步深刻，愤怒的情绪开始逐渐减少，并更加现实化。5岁儿童会因为下雨父母取消了野餐计划而感到愤怒，小学生则可能了解到实际原因而产生失望感；学前儿童常因父母的各种规定（吃饭、睡觉、洗澡）而产生愤怒，小学生产生愤怒则经常源自在同伴交往中，或在学校情境中受到戏弄、讽刺、不平等对待；学前儿童常用哭泣等直接的方式来表示自己的不满，小学生则逐渐学会以言语来表达自己的心情。小学生开始使用问题解决、寻求支持、远离、内化以及寻求外在原因等应对策略（Saarni, 1997），并越来越倾向于使用那些既有利于达成目标而又不破坏人际关系的方式，来应付人与人之间的情绪冲突。

总体而言，随着年龄的增长，儿童的情绪调节策略发展表现出以下四方面特点。

1. 从被动的、外部的调节到主动的、内部的情绪调节。在学步期和学龄前期，儿童所使用的情绪调节方式还多是依靠照料者提供的支持性的情绪调节（Denham, 1998），比如照料者摇着婴儿哄其入睡，给婴儿唱摇篮曲，轻轻地拍打婴儿等。随着年龄的增长，儿童即使是在没有他人支持的情况下，也可以独立运用一些情绪调节策略（Kopp, 1989）。

2. 从具体的、感觉运动调节到抽象的认知调节。在2岁以前，儿童的情绪调节策略主要是通过感觉运动方式来进行，而从2岁末开始，言语能力的发展使儿童获得了新的情绪调节策略，即言语调节，如用语言描述自己的感觉和使他们不开心的情境。儿童可以准确地识别自己和他人的简单情绪，能谈论过去、现在和将来的情绪，能谈论情绪的原因和后果，可以识别与特定情境相联系的情绪。之后，到了儿童中期，随着认知能力的进一步发展，儿童明白同样的事件可以引发不同人的不同感受，在事件发生后，情绪可以持续很久，他们控制、调节情绪以适应社会标准的意识逐渐增强，开始越来越多地使用认知调节策略。

3. 从单一情绪调节策略到多种情绪调节策略的综合运用。在早期，儿童的情绪调节策略比较有限，身体活动、寻求安慰等是他们应对和调节情绪体验的主要方式。随着认知能力的发展，儿童逐渐掌握了多种情绪调节策略。到了青少年

时期，他们开始能够在不同的场合灵活运用各种情绪调节策略，从而有效地应对突发的情绪压力。

4．随着年龄的增长，积极的调节策略越来越多，消极的调节策略越来越少。研究发现，随着儿童年龄的增长，他们越来越多地使用一些建设性的认知调节策略。

随着儿童年龄的增长，他们能更好地区分真正的情绪与假装的情绪，能更好地掩藏自己的情绪，更多地表现出社会接受的情绪。这些变化，都建立在儿童对不同情绪与社会交往之间关系理解的基础上，以及儿童的情绪调节能力发展基础上。

四、影响情绪调节发展的因素

在影响儿童情绪调节发展的因素中，个体的气质、认知能力以及社会环境扮演了重要的角色。与此同时，儿童的情绪调节能力又进一步对其认知和社会性发展产生了重要的影响。

气质与儿童的情绪调节能力发展有着密切的联系。艾森伯格等（Eisenberg et al，1998）指出要预测儿童所采用的情绪调节策略，必须评估两个重要的气质维度：1．情绪强度的高低；2．调节程度的高低。他们提出，这两种特征的结合会出现四种可能。中等调节水平和中等情绪强度可能是儿童最佳的情绪调节，因为这种儿童具有情绪表达能力、计划能力、以问题为中心的应付能力以及灵活地运用各种情绪调节策略的能力。

社会环境是塑造个体情绪调节能力的重要方面。其中，照料者与儿童之间的人际互动是形成情绪调节个体差异的重要原因。一项对婴儿情绪的研究发现，在父母和孩子的互动中如果父母面无表情（still-face），婴儿就会感到困惑，表现出的积极情绪反应少，消极、冷漠的情绪反应多，婴儿会更多地求助于内化的调节行为，如自我安慰或视线转移。艾森伯格等（1998）概括了父母影响儿童情绪调节能力发展的三个方面：1．父母对儿童情绪的反应；2．父母与孩子间关于情绪的谈话；3．父母自身对情绪的表达。他们认为，父母对儿童的情绪反应方式如果是积极的，即对儿童的情绪反应表现为敏感、热情、能表示理解的父母，其孩子的情绪调节良好，情绪出现唤醒过度的可能性更少。相比之下，父母对孩子情绪表达的要求过于严格，甚至进行惩罚，则会促使孩子隐藏而不是调节他们的情绪。

儿童的情绪调节同时也受到周围环境变化的影响，在不同的场合中，儿童在面对同样的情绪刺激时有可能会运用不同的调节策略。有研究发现，在只有陌生人的悲伤情境中，幼儿自我安慰的行为更多；而如果有同伴或兄弟姐妹陪伴时，儿童表现出悲伤情绪的潜伏期更短，情绪的起伏也更大。比起恐惧情境，儿童在

愤怒情境中所采取的情绪调节策略更多，这可能是因为在愤怒情境中，儿童会利用多种办法去努力获得想要的东西，而在恐惧情境下，很多策略显然是无效的。因此，在研究情绪调节时，还应结合具体的环境条件进行综合考虑。

【问题与思考】

1. 儿童的基本情绪有哪些？分别有怎样的发展特点？
2. 儿童的复合情绪有哪些？分别有怎样的发展特点？
3. 情绪的社会性参照作用有何种适应价值和现实意义？
4. 试述儿童自我意识情绪的发展特点及其适应价值。
5. 儿童情绪调节能力的发展有哪些基本规律？

第八章　人格发展

【本章提要】

人格是个体内在心理生理系统的动力组织，人格发展所涉及的面非常广。本章第一节主要从婴儿的先天气质、儿童的体貌与体格、青春期的成熟速率等角度，分析生物学因素与人格形成、发展之间的关系。家庭是儿童接触最早、接触时间最长的成长环境，孩子与父母建立的早期依恋、父母的教养方式、家庭结构等都对儿童的人格形成与发展起着长期而又重要的影响。本章第二节对此进行了系统的分析。同伴关系不同于家庭中的亲子关系和学校中的师生关系，第三节对同伴关系的发展与特点、同伴关系的评定、同伴关系的类型、影响同伴接纳的因素等进行了分析。自我是整合、统一人格各个部分的核心力量，也是推动人格发展的内部动因。自我概念是自我的认知层面，它是自我发展的基础；自尊是对自我价值的判断及与此相联系的情感，是自我的情感层面，也是自我发展的动力；自我控制是自我的意志层面，它是自我发展的保障。本章第四节深入分析探讨了自我概念、自尊、自我控制的发展历程及其在人格成长中的作用。

【学习重点】

1. 掌握气质在人格发展中的重要意义，了解托马斯等人对气质研究的贡献。
2. 了解成熟早晚与人格形成之间的关系。
3. 把握有关依恋研究的理论观点和相关事实，进而能分析解释早期依恋对以后发展的影响。
4. 理解东西方教养方式上的差异及对儿童人格发展的影响。
5. 把握同伴研究的意义、方法与主要研究结论。
6. 掌握自我概念、自尊、自我控制的含义，并了解它们的发展特点。

【重要术语】

先天气质　拟合度模型　依恋　分离焦虑　陌生情境测验　内部工作模型
教养方式　同伴关系　观点采择　自我认识　自尊　自我控制　延迟满足

美国心理学家奥尔波特认为，人格是个体内在心理生理系统的动力组织，决定着个人特有的思想和行为（1961）。国内学者提出，人格是个人在各种交互作

用过程中形成的内在动力组织和相应行为模式的统一体（郭永玉，2005），包括五层含义。第一，人格是指一个人外在的行为模式，即个人与环境（特别是社会环境）的互动方式。第二，人格是指一个人内在的动力组织，包括：1. 稳定的动机；2. 习惯性的情感体验方式和思维方式；3. 稳定的态度、信念和价值观等。正是一个人内部的动力组织决定了其外在的行为模式。第三，人格就是这样一种蕴蓄于中、形于外的统一体，这种统一体往往由一些特质（trait）所构成。第四，动力组织与行为模式的统一体意味着人格具有整体性、稳定性、复杂性和独特性等特点。第五，人格既是各种交互作用的结果，也是各种交互作用的过程。

有关人格的发展，不仅要了解人格发展的趋势，还要关注那些孕育人格稳定性和可变性的个人变量与环境变量的作用机制（Pervin，1996，2001）。因此，本章主要从生物学因素与人格形成、家庭因素与人格发展、同伴与人格发展、自我与人格发展等角度，来阐述个体人格的形成、发展与影响因素等问题。

第一节　生物学因素与人格形成

一、先天气质

（一）儿童气质的维度

在日常生活中我们可以发现，婴儿在出生后不久就表现出明显的个体差异。例如，有的孩子哭泣较多，而有的孩子则比较安静；有的孩子很容易抚慰，而有的孩子即使照料者使尽了十八般武艺也难以让他平静下来；有的孩子生活很有规律，而有的孩子则令人难以捉摸他的饮食、睡眠等规律。也就是说，婴儿在出生之后很快就出现了明显的气质差异。

发展心理学中所说的气质（temperament），指的是在情绪反应、活动水平、注意和情绪控制等方面所表现出来的稳定的质与量方面的个体差异（Rothbart & Bates，1998）。迄今为止最有影响力的气质研究是托马斯和切斯（Thomas & Chess）在1956年发起的、持续30多年的纽约追踪研究（New York Longitudinal Study，简称NYLS）。这也是迄今持续时间最长、研究最全面的气质研究。该研究选取了141名儿童，从出生后几个月起就对他们进行追踪测查，出生后第一年每三个月一次，1—5岁每半年一次，5岁后每年一次，一直持续到他们长大成人。托马斯和切斯从九个维度来研究婴儿最初的气质结构（见表8-1），通过父母访谈得到婴儿在这九个维度上的信息，然后用聚类分析的方法，发现大部分幼儿都可以归为以下三种类型。

1. "容易型"（the easy child）：这类婴儿饮食、大小便、睡眠都很有规律；心境、情绪比较愉快、积极；乐于探究新事物，在新事物与陌生人跟前表现出适度的紧张，对环境的变化容易适应。这一类约占儿童总数的40%。

2. "困难型"（the difficult child）：这类婴儿与第一种类型的婴儿正相反，活动没有什么节律，不容易预测和把握；对新环境反应退缩，很难适应，对新的环境或陌生人很敏感，反应很强烈，往往很紧张，如哭闹不止等。这类约占儿童总数的10%。

3. "慢热型"（the slow-to-warm-up child）：这类婴儿的行为表现居于上述两种类型之间，属于慢性子的人。他们对环境的变化也不易适应，在陌生的人与物跟前反应也很退缩；不容易兴奋，但是反应的强度比较低；对环境刺激的反应比较温和、抑制；心境比较消极。这类婴儿约占儿童总数的15%。

需要注意的是，这三种气质类型，只能包括托马斯等研究中被试的65%，还有35%的婴儿不能归属于这三种类型中的任何一类，即他们兼有这三种气质类型中的两种或全部的特点，可归属为交叉型。

表8-1 托马斯用于评价气质的维度

维度	含义和例子
活动水平 （activity level）	活动的时间与不活动的时间之比。有的婴儿总喜欢动来动去，而有的婴儿则很少动。
节律性 （rhythmicity）	身体功能的规律性。一些婴儿睡眠、进食等都相当有规律，而另一些则没有什么规律，不可预测。
分心 （distractibility）	外部刺激改变行为的程度。有的婴儿很容易被抚慰，给他一个玩具他就很快停止哭泣，而有的婴儿则很难安静下来。
探究和退缩 （approach/withdrawal）	对新事物和陌生人的反应。有的婴儿容易接受新的事物，能够对陌生人微笑，作出友好和接受的表示；而有的婴儿在接受新事物时表现退缩并且哭闹。
适应性 （adaptability）	儿童适应环境变化的容易性。虽然有的婴儿在新事物跟前表现退缩，但是他们适应得很快。新的事物或陌生人再次出现时他们就会接受。但是有的婴儿则仍旧大哭，难以适应。
注意广度和持久性 （attention span and persistence）	专心于一项活动的时间。有的婴儿面对新玩具能玩很长时间，但是有的婴儿几分钟后就失去了兴趣。
反应的强度 （intensity of reaction）	反应的能量水平或剧烈程度。有的婴儿笑或哭的声音很大，而有的婴儿则表现适度。
反应性阈限 （threshold of responsiveness）	唤起一个反应所需要的刺激强度。有些婴儿对于光线和声音上的微小变化会感觉很奇怪，而有的婴儿对这些小变化只是稍稍注意了一下。
心境的性质 （quality of mood）	与不高兴、不友好的行为相比，友好、愉快的行为量。有的婴儿在玩耍和与他人互动时经常微笑，而有的婴儿则动不动就大惊小怪或哭泣。

在这三种气质类型中，最吸引研究者注意的是第二种，即困难型婴儿。一般认为，这类气质的婴儿在成长过程中最有可能出现适应困难。在托马斯和切斯的研究中，这类婴儿中有 70% 在后来的学校生活中出现了适应不良等行为问题，而属于容易型的婴儿出现行为问题的比率仅为 18%。其他一些有关婴儿气质的纵向研究发现，困难型气质的婴儿在儿童早期和中期很容易出现焦虑、退缩或攻击行为。因而可以认为，气质是人格形成的基础，也是影响儿童日后心理健康的重要因素。

罗斯巴特等人（Rothbart & Mauro, 1990）在托马斯等人研究的基础上，也提出了一种婴儿气质的模型（见表 8-2）。这个模型综合了其他人对婴儿气质研究的成果，如将托马斯和切斯的气质维度中的"分心"和"注意广度和持久性"合并，认为这两个维度属于同一维度中的两极，统称为"注意广度和持久性"；同时又增加了"易怒性"这一维度，用来强调情绪的自我控制。罗斯巴特的六个维度代表了气质的三个基本成分：1. 情绪（"害怕性"，"易怒性"，"积极情绪"，和"可安抚性"）；2. 注意（"注意广度和持久性"）；3. 活动（"活动水平"）。根据罗斯巴特的观点，这些成分形成了婴儿能力和局限的整合系统。

表 8-2　罗斯巴特用于评价气质的维度

维度	含义
活动水平 （activity level）	大动作的活动水平。
可安抚性 （soothability）	相应照料者的安抚，焦虑、哭泣和悲痛的减少。
注意广度和持久性 （attention span/persistence）	导向性行为或兴趣的持续时间。
害怕性 （fearful distress）	对强烈刺激和新刺激反应的谨慎和压力，包括适应新情境所需要的时间。
易怒性 （irritable distress）	当欲望的满足受挫时所表现出来的大惊小怪、哭闹和烦恼情绪。
积极情绪 （positive affection）	愉快情绪表现的频率。

（二）儿童气质的稳定性与可变性

如果儿童的情绪、注意、活动风格随着时间推移并不保持稳定，那么很难宣称气质这种东西确实存在。事实上，许多研究支持气质的长期稳定性。那些在注意广度、易怒性、好交际或羞怯上得分低或高的婴儿，当几年后被再次评价时，

他们很有可能反应类似，甚至延续到成年时期（Caspi et al, 2003）。

然而，虽然气质是先天遗传的，但并不是一成不变的。事实上，一个年龄段与另一个年龄段之间气质上只有较低或中等程度的相关。尤其是某些气质特征，如害羞和乐群性，只有在极端的情况下（即非常害羞或极其外向）稳定性才比较强。

气质的不稳定性主要有以下三方面的原因。

1. 气质本身会随着年龄的发展而发展，早期的行为会被整合到新的、更复杂的系统中。例如，大多数婴儿刚出生的几个月都比较喜欢哭闹，但是当婴儿逐渐学会控制自己的注意与情绪时，他们会变得安静一些。

2. 某些行为的含义会随着年龄的增长而变化，而这些行为反映了气质的特点。例如，早期活动水平较高的孩子，往往更容易哭闹并不容易被抚慰，而不喜欢活动的孩子则比较安静，显得更敏感、注意力更强一点。但是随着年龄的发展，情况会正好相反：喜欢活动的孩子变得更敏感、更喜欢探索新世界，原来活动水平较低的孩子会显得退缩和害羞。

3. 环境对气质也具有一定的塑造作用，即父母的抚养实践、孩子成长的社会环境也会对儿童的气质产生重要的影响。

早期气质存在一致的种族和性别差异。例如，与欧美的白人婴儿相比，亚洲婴儿趋向于较不活跃、较不易怒和较少发声，难过时更容易被安抚，并且更善于使自己平静下来（Kagan et al, 1994）。从婴儿期开始，男孩倾向于更活跃和大胆，女孩则更焦虑和胆小。

（三）气质与儿童抚养：拟合度模型

儿童最初表现出来的气质特点是人格发展的基础。正是这种差异或特点制约了父母或其他教养者与儿童相互作用的方式，也正是这样一些差异或特点制约了父母或教养者对儿童作用的效果。例如，有的婴儿生下来就表现得对照料者较为冷淡，有的婴儿则相反。于是，那些喜欢别人拥抱、亲吻的婴儿就可以从父母那里引出比不愿别人抱的婴儿多得多的反应，而且反应的情况也不同。喜欢别人抱的婴儿会促使母亲对他表示更多、更亲热的行为，而冷冰冰的婴儿则更易引出父母与此相应的反应。同样地，对于一个退缩、害羞的儿童来说，母亲提供丰富刺激的行为（如提问、教导、用手指引导孩子观察），有目的性地促进儿童的探索行为，会有利于帮助孩子克服气质的不足之处；但是对于生性好动、活动水平较高的孩子来说，过多的成人干预则可能会抑制儿童自发的探索行为。还有，如果母亲属于生活很有规律的人，而婴儿属于困难型气质，对于母亲来说，总想建立一种秩序，按时给孩子喂奶、哄其入睡等，但孩子没有这种节律，这势必会使母子之间出现很多的冲突。母亲与孩子的特点如反过来，也一样会引发亲子之间的冲突。

第八章　人格发展 ■

托马斯和切斯认为，气质并不直接决定儿童的人格发展。他们提出拟合度模型（goodness-of-fit model），用于解释气质和环境如何一起产生有利的结果。所谓拟合，是指婴儿的先天气质与其面对的抚养环境之间的匹配。

拟合度模型提示我们，婴儿是带着独特的性情来到世界上的，照料者必须接受。因此，在早期人格发展过程中，父母要创设认可每个儿童气质的抚养环境。

专栏8.1　儿童的羞怯与父母教养态度的拟合

有许多研究（Kagan, 1989; Rothbart & Bates, 1998）表明儿童的气质在其社会性发展和社会适应过程中起重要作用。然而，气质对儿童发展的影响是在一定的文化背景中发生的，文化会影响气质特征的表现，以及气质对社会适应功能的作用。在儿童发展过程中，儿童的气质和文化是相互作用的。父母的信念和态度决定了父母对儿童的行为解释、行为反应和情绪表现，而这反过来构成了儿童发展的重要的社会化环境。或者说，文化价值观影响父母教养方式与儿童气质之间的拟合。

在西方国家，羞怯、退缩的儿童被看做是社交不合格的。因而，羞怯—内向儿童的同伴接受性和社会性可能发展不良，尤其是在入学后（Rubin, Chen et al, 1995）。当羞怯的儿童认识到他们的社交困难时，他们会形成消极的自我概念和自我感觉，如感到压抑。然而中国成人正面评价这样的儿童，把他们看做社交成熟度较高。这使羞怯儿童获得社会支持、在同伴互动中获得赞同。

在一项比较加拿大和中国儿童的研究中，中国儿童在羞怯方面得分较高。并且，加拿大羞怯儿童的母亲报告更多的保护和惩罚以及更少的接受和成就鼓励；中国羞怯儿童的母亲则刚好相反——更少的惩罚和更多的接受和鼓励（Chen et al, 1998）。加拿大母亲和中国母亲对儿童羞怯—内向行为的不同态度和行为，使得羞怯—内向的加拿大儿童和中国儿童经历了不同的社会环境。

社会和文化背景对个体发展的影响并不是固定不变的，而是不断变化的。有研究者（Chen et al, 2005）用群组设计，调查了在社会变迁的不同时期中国儿童的羞怯—内向与社会、学校和心理调节之间的关系。研究收集了代表中国社会变化三个不同阶段的三个年龄群组（1990、1998、2002）的数据。羞怯对不同群组调节变量的预测效应见表8-3。

表8-3　羞怯对不同群组调节变量的预测效应

调节变量	1990 群组	1998 群组	2002 群组
积极社会测量提名	0.16[b]	0.12[a]	-0.13[a]
消极社会测量提名	0.06	0.28[c]	0.27[c]

（续表）

调节变量	1990 群组	1998 群组	2002 群组
教师评定的能力	0.16^c	-0.05	-0.20^c
领导能力	0.19^c	0.11^a	-0.10
学业成就	0.15^b	0.09	-0.08
抑郁	-0.03	0.01	0.19^c

说明：1990，1998 和 2002 群组的人数分别是 $N=429$，390 和 226，分析时对性别效应进行了控制。

a：$p<0.05$，b：$p<0.01$，c：$p<0.001$

借助于 LISREL（线性结构关系）分析，发现羞怯和调节变量间的相关在 1990 群组和 2002 群组间都是不同的。羞怯与消极的社会测量提名及老师评定能力之间的相关在 1990 群组和 1998 群组间存在显著差异。羞怯和所有调节变量间的相关，除了消极社会测量提名外，在 1998 群组和 2002 群组间也不相同。总的来说，在 1990 群组，羞怯与同伴接受性、领导能力和学业是正相关的；而在 2002 群组中，羞怯与同伴接受性、学校适应呈负相关，而与同伴拒绝和抑郁呈正相关。1998 群组羞怯与同伴关系和调节变量之间的相关是不显著的或是混合的。可见，尽管中国的传统文化对羞怯持赞许态度，然而，随着社会的变迁，羞怯已不再是社会赞许的行为。

在上述研究中，父母的信念和行为被视为影响个体发展主要的文化"媒介"，也有人认为儿童气质和父母教养方式之间可能是相互作用的（Collins et al，2000；Schaffer，2000），这种相互影响的方式需要在文化情境中加以探索。

二、体貌与体格

体貌、体格指的是一个人的面部特征、身高、体重及和身体的比例。体貌与体格是影响人格的间接因素，因为体貌与体格会影响到他人对自己的反应，如漂亮的小孩子会得到更多人的关注。因而，体貌与体格具有一定的社会价值与意义，成为影响人格发展的因素之一。其中在儿童心目中有权威的人，如父母、老师对儿童外貌的看法将很大程度上决定体貌与体格对人格的影响程度和方向。

体貌与体格对人格的影响有三种可能的解释：1. 体格可能反映了潜在的精力与气质上的差异；2. 父母及周围的人对不同体格的人有不同的反应，从而造成了人格发展结果的差异；3. 父母对不同体格的孩子的期望不同，这影响到不同体格的孩子人格发展的结果。

三、成熟速率

在短短几年内，学龄儿童就因青春期的发育变化，而拥有了发育完全的成人体形。总体而言，无论是第一性征（主要指生殖器官本身，即女性的卵巢、子

宫、阴道，男性的阴茎、阴囊、睾丸等），还是第二性征（身体外部可见的性成熟标志特征，如女性乳房发育和两性腋毛、阴毛的出现），女孩的成熟时间一般要比男孩早两年（见表8-4），但在每个个体身上出现和结束的年龄具有很大的差异。

表8-4　男孩与女孩出现青春期主要变化的平均年龄及年龄范围

女孩	平均年龄	年龄范围	男孩	平均年龄	年龄范围
乳房开始发育	10	(8—13)	睾丸开始增大	11.5	(9.5—13.5)
身高突增开始	10	(8—13)	阴毛出现	12	(10—15)
阴毛出现	10.5	(8—14)	阴茎开始增大	12	(10.5—14.5)
力量突增达到顶峰	11.6	(9.5—14)	身高突增开始	12.5	(10.5—16)
身高突增达到顶峰	11.7	(10—13.5)	遗精(首次射精)出现	13.5	(12—16)
初潮(首次月经)出现	12.5	(10.5—14)	身高突增达到顶峰	14	(12.5—15.5)
体重突增达到顶峰	12.7	(10—14)	体重突增达到顶峰	14	(12.5—15.5)
形成成人的身材	13	(10—16)	面部毛发开始生长	14	(12.5—15.5)
乳房发育完成	14	(10—16)	声音开始变得低沉	14	(12.5—15.5)
阴毛生长结束	14.5	(14—15)	阴茎和睾丸发育完全	14.5	(12.5—16)
			力量突增达到顶峰	15.3	(13—17)
			形成成人的身材	15.5	(13.5—17.5)
			阴毛生长结束	15.5	(14—17)

　　青春发育期的身体变化，会直接导致心理变化。例如，有研究发现（Bardwich, 1971），月经周期的第22天，随着雌激素和黄体酮的含量大大增加，大约有40%的女性体验到更为强烈的抑郁、焦虑、烦躁、自尊心下降、疲倦、头痛等。虽然这些情绪体验和自我感觉在平时也会体验到，但是强度要弱些。月经周期的心境变化与激素含量的变化有关，这是身体变化直接影响心理活动的体现。

　　青春发育期的身体变化，也对心理发展产生间接的影响。间接的影响主要是指身体变化通过个人因素或社会文化因素对个体的心理发展产生影响。传递身体变化对心理发展影响的中介因素，包括思维态度、对身体变化的感受、性观念的获得、与父母或同伴的冲突、社会关于身体发育与美感的标准、发育速度的社会常模等。也就是说，身体变化对青少年的影响还取决于青少年对这些变化的意义及重要性的解释，取决于青少年对他人所作反应的解释，以及取决于青少年对这些变化是否符合社会常模所作出的解释。

　　成熟的早晚心理适应更有着重要的影响。身体成熟程度的差异会使同年龄的儿童招致不同的社会心理环境，从而影响一个人的情绪、兴趣、能力和社会交往。研究表明，身体成熟的早晚对于男女青少年的影响是不完全相同的，甚至有

可能是相反的。一般来说,早熟的男孩和晚熟的女孩在情感、人格和社会适应上处于一个相对有利的位置。

早熟的男孩显得更加独立、自信,具有身体上的吸引力,在同伴中比较受欢迎,多数还是同学中的"领袖"人物,具有一定的权威,有不少还是运动"健将"。而晚熟的男孩在成人和同伴看来,往往显得紧张、缺乏自信,还会有许多寻求注意的行为。

女孩的情况与男孩的情况正好相反,早熟的女孩会经历许多社会困难。她们往往显得比较退缩且缺乏自信,心理也比较压抑。此外,这些女孩也更容易卷入越轨行为中,如酗酒、在外面玩得很晚、同居等,并且在学校中的成绩也不是很好。相对来说,晚成熟的女孩则适应较好,往往被认为具有身体上的吸引力、社会性较强,也多是学校中的"领袖"人物。

成熟速率对青少年的影响需要考虑到许多复杂的因素,这不仅包括生理方面,还包括青少年身边的社会环境以及文化因素。

第二节　家庭因素与人格发展

家庭是儿童出生后首先接触到的环境,是对儿童影响最早、影响时间最长的环境。在人格形成的关键时期,即儿童最具可塑性的时候,儿童大部分时间是在家庭中度过的。因此,家庭环境对于儿童人格的发展具有特别重要的意义。

家庭对于儿童的影响来自多个方面,包括父母本身的个性特点、父母的教养观念和教养方式、亲子之间形成的依恋、家庭的完整性,以及家庭的社会经济地位、家庭空间的大小、环境的布置等。在本节,我们着重分析依恋、父母教养方式、家庭结构等与儿童人格发展之间的关系。

一、依恋

依恋(attachment)是婴儿寻求并企图保持与另一个人亲密的躯体联系的一种倾向。依恋具有三个特点:一是寻求与依恋对象身体上的亲近,如幼儿倾向于在母亲身上或附近活动;二是可以从依恋者那里获得慰藉、安全感和丰富的刺激;三是依恋遭到破坏后,会造成依恋者情感上的痛苦。

(一)依恋的发展

习性学的依恋理论是当今最有影响的依恋理论。习性学的主要观点是,人类的许多行为都来自于种系生存和延续行为的进化。英国心理学家鲍尔比(Bowl-by,1969)认为,人类婴儿和其他动物一样,都有一种先天遗传的行为。这种行为帮助婴儿留在父母的身旁,从而降低危险,增加生存的机会。和精神分析对喂养(feeding)的重视不同,鲍尔比认为喂养并不是形成依恋的基础,依恋有着深刻的生物根源,从生物进化和种系生存的角度能更好地理解依恋现象。同时,鲍

尔比也继承了精神分析对早期抚养质量的重视，认为依恋的质量对于儿童日后形成人际关系的能力有深刻和长远的影响。

情绪的发展和认知机能的提高是依恋形成的基础。随着情绪的发展，儿童出现了害怕的情绪，害怕逐渐成为幼儿生活中的主导情绪之一；记忆能力和客体永久性的形成是儿童认知机能提高的重要标志，使得儿童能够意识到什么是不熟悉的、陌生的，能够认识到母亲或其他依恋对象的持续存在，从而为形成稳定的依恋奠定认知基础。

按照鲍尔比的观点，依恋的发展经历了四个阶段。

1. 前依恋期（无差别的反应期，0—6周）。这时，婴儿还没有实现物、我的分化，认知能力存在缺陷，对任何人都表现出相似的行为。不过，婴儿具有一些先天的能力，如以哭、笑等来唤起抚养者的感情，获得照料。哭是一种要求抚慰的信号，当父母给予反应时，婴儿会通过安静下来或笑的方式强化父母的这种行为，并给抚慰者带来情感上的满足。

2. 依恋关系建立期（有差别的社交期，6周—6个月）。婴幼儿对父母等抚养者表现出更多的积极情绪，如更多的微笑。这是由于识别记忆、再认能力的发展，以及随着反复出现的、类似于条件反射的情感联结而出现的，即抚养者的出现总是与紧张的消除或降低、需要的满足相伴随。因此，在父母面前婴幼儿表现出更多的微笑等积极情绪，这给抚养者带来了更大的报偿和满足感。但是由于认知能力的限制，婴幼儿仍不会在父母要离开时表现出反抗行为。

在依恋关系建立期，婴幼儿通过与主要照料者的互动，习得了以下三方面的人际关系知识。

（1）习得互动规则：婴幼儿意识到在社会互动中，参与互动的双方轮流作出行为和反应。

（2）习得影响：婴幼儿意识到通过社会互动，他们能以一种一贯的、可预测的方式影响他人的行为。

（3）习得信任：婴幼儿逐渐对能满足他们生理、心理需求的照料者产生信任。婴幼儿对特定个体可靠性的认识程度会影响他们之间依恋关系的稳固性。

3. 依恋关系明确期（积极寻求与专门照顾者的接近，7—24个月）。这一时期的标志性事件是分离焦虑（separation anxiety）和怯生出现：当婴儿的依恋对象要离开时，他们会表现出明显的反抗、哭叫等行为。分离焦虑的出现具有跨文化的普遍意义，即在不同的文化背景下，6个月左右婴儿开始出现反抗分离的行为，强度持续增加，一直到大约15个月左右。

除了反抗分离的行为外，稍大一点的孩子还会出现有意地寻求与父母亲近，获得父母的情感支持等行为。当父母在时，他们可以将父母作为安全基地进行游戏、对环境进行探索，出现了对照顾者持续稳定的情感。

■ 儿童心理学

4. 交互关系形成期（24个月以后）。到两岁左右，随着语言与表征能力的快速发展，儿童能够更好地理解父母的目标，理解到影响父母离开和出现的因素。因此，分离焦虑逐渐下降。

专栏 8.2　哈洛的恒河猴研究

发展心理学家哈洛（Harlow）被公认为自弗洛伊德之后在研究早期经验对成年期影响方面作出巨大贡献的心理学家。

哈洛等研究者曾经采用代理母猴，对恒河猴的早期依恋方式进行了考查（Harlow & Zimmerman，1959）。他制作的代理母猴是这样的：用光滑的木头做身子，用海绵和毛织物把它裹起来；在胸前安装一个奶瓶，身体内还安装一个使其温暖的灯泡，看起来是一只"绒布母猴"。然后他们又组装了另一只由铁丝网制成的代理母猴，外形与"绒布母猴"基本相同，胸前也安装能喂奶的乳房，且也能提供热量，看起来是一只"金属母猴"。换句话说，这只"金属母猴"与"绒布母猴"相比，除了在被哈洛称为"接触安慰"的条件方面有差异外，其他方面完全一样。

然后，研究者把这些人造母猴分别放在单独的房间里，这些房间与幼猴的笼子相通。8只幼猴被随机分成两组，一组由"绒布母猴"喂养（用奶瓶），另外一组由"金属母猴"喂养，也提供奶。哈洛试图将喂养的作用与接触安慰的作用分离开来。他把猴子放在笼子里，并记下在出生后的前5个月中，幼猴与两位"母亲"直接接触的时间。

在最初的实验中，所有的幼猴与两只代理母猴都接触。其中一半幼猴由"绒布母猴"喂奶，另一半则由"金属母猴"喂奶。之后幼猴偏爱的是"绒布母猴"，但是令人惊奇的是，这种偏爱程度趋向于极端，甚至对那些由"金属母猴"喂养的幼猴而言也是如此。母猴是否满足幼猴的饥饿、干渴等生理需求并不是幼猴依恋母猴的主要因素，这与当时流行的观点相反。"接触安慰"在幼猴对母猴产生依恋的过程中起重要的作用。经过最初几天的调适后，无论哪只母猴提供奶，所有的幼猴几乎整天都与"绒布母猴"待在一起。甚至是那些由"金属母猴"喂养的幼猴，它们为了吃奶才迫不得已离开"绒布母猴"，吃完后便迅速返回"绒布母猴"身边。幼猴在受到不熟悉的物体（如一只木制的大蜘蛛）威胁时，会跑到"绒布母猴"身边，抱住"绒布母猴"，似乎"绒布母猴"能给它更多的安全感。

图 8-1 哈洛以及幼猴在"金属母猴"和"绒布母猴"实验条件下

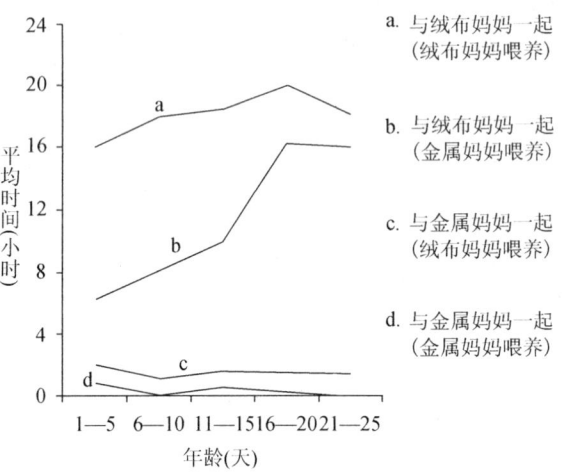

图 8-2 不同喂养条件下幼猴与替代母亲的接触状况

（二）依恋的测量

虽然几乎所有的孩子都会形成与照料者的依恋，但是依恋的质量具有很大的个体差异。一些婴儿在依恋对象身边特别放松，具有很强的安全感，他们确信依恋对象会在他们需要的时候给予及时的帮助和保护；而另一些孩子则没有这样强烈的预期，他们在依恋对象身边时也会表现得很不安。

目前，应用最为广泛的依恋测量方法是安斯沃思（Ainsworth，1969）等提出的陌生情境测验（strange situation procedure）。设计该方法的基本假设是：儿童被置于由亲子分离和陌生人出现所导致的压力情境中，突出了其寻求安全的努力，此时依恋能被最好地观察到。

该方法由 8 个情节组成，每个情节持续时间约 3 分钟，其中情节 3、4 和 5、7 是测量依恋的关键场景。一般都由母亲作为抚养者出现，在特殊情况下，可以

由其他养育者代替。8 个情节如表 8-5 所示。

陌生情境测验包括 3 个主体（幼儿、母亲、陌生人），2 种人际关系（幼儿与母亲、幼儿与陌生人），4 种主要情境（亲子分离、团聚、陌生人在场、陌生人退场）；其压力是逐次升级的。重点是观察儿童在渐次增强压力的情况下，母亲在场与否时的行为表现，尤其是对待分离之后团聚的方式。

表 8-5　陌生情境测验的情节

情节	事　件	要观察的依恋行为
1	实验者、母亲和儿童进入房间，然后实验者离开	
2	母亲在旁边看孩子游戏	将母亲作为安全基地
3	陌生人进入房间，并坐下来和母亲说话	对陌生人的反应
4	母亲离开房间，陌生人进行抚慰	分离焦虑
5	母亲返回，并提供必要的抚慰，陌生人离开房间	对重聚的反应
6	母亲再次离开	分离焦虑
7	陌生人回来，并提供抚慰	被陌生人抚慰的可能性
8	母亲再次返回，并提供必要的抚慰，陌生人离开	对重聚的反应

（三）依恋类型

根据婴儿在陌生情境中的反应，可以将他们描述为几种安全型或不安全型的依恋。

1. 安全型依恋（securely attached）。安全型依恋的婴儿将养育者作为探索环境的安全基地。当养育者在场时，婴儿探索房间，玩房间里的玩具。当养育者离开时，婴儿会轻微地表示抗议，当养育者回来时，婴儿又恢复了和养育者之间的积极互动，可能会朝她微笑或爬到她的膝盖上。然后，他们通常重新开始玩玩具。

2. 不安全—回避型依恋（insecure avoidant attachment）。不安全—回避型依恋婴儿以回避母亲的方式表现出不安。在陌生情境中，这些婴儿与养育者之间几乎没有互动。在母亲离开房间时也几乎没有什么不安。当母亲回来时通常并不恢复接触，甚至会背对着母亲。即使有所接触，婴儿常常也会看别的地方。

3. 不安全—抗拒型依恋（insecure resistant attachment）。不安全—抗拒型依恋婴儿通常一方面依附养育者，另一方面又以踢打或推开的方式拒绝她的接近。在陌生情境中，这类婴儿通常很焦虑地紧抓着养育者而不去探索周围环境，当养育者离开时，他们通常大声哭泣，却在她回来给予安慰时把她推开。这类婴儿不容易被抚慰。

4. 不安全—混乱型依恋（insecure disorganized attachment）。不安全—混乱型依恋婴儿是混乱而不定向的。在陌生情境中，这些婴儿可能表现出困惑、混乱和

恐惧。被归为混乱型的婴儿，表现出明显的回避和抗拒，或其他一些特定的行为，如在养育者身边也感觉害怕等。

陌生情境测验极大地推动了依恋的研究，被视为研究婴儿社会情感发展的最有力的、最有效的方法，它使众多研究之间具有了可比性。但是，陌生情境测验中的场景毕竟不同于真实的情境，幼儿的表现与真实情境中的表现还是有差异的。陌生情境测验也不具有文化普适性，不同的文化对婴儿行为的期望与要求会有差异，因此，如果采用同一标准对不同文化中的幼儿进行评价，则有可能出现偏差。此外，陌生情境测验适用的年龄也有限制，主要适用于1—2岁的幼儿。

（四）影响依恋的因素

1. 抚养质量——母亲的敏感性和反应性

在育儿过程中，母亲的敏感性和反应性已成为影响依恋质量的重要因素之一。敏感性指母亲对孩子需求信号的敏锐觉察，而反应性指母亲根据儿童所发出的需求信息，恰当、及时、一致地予以满足。根据儿童需求的性质，可以将其分为两大类：对儿童的饮食、睡眠、躯体健康等基本生理需要的敏感性与反应性；对儿童寻求注意、感情、爱抚等心理需要的敏感性与反应性。

国内有研究发现，我国母亲对幼儿生理、心理需要的敏感性和反应性既有中度正相关，也存在显著差异。对幼儿生理需要的敏感性水平，要明显高于对孩子心理需要的敏感性水平（陶沙等，1997）。这是因为儿童的生理需要比较外显、明确和强烈，容易得到父母的重视和正确判断，并且生理需要同孩子的生存直接相联系，因而父母对孩子生理需要的敏感性容易达到并维持较高的水平。相反，儿童的心理需要相对内在和隐蔽，其表达信号又受儿童思维和语言水平的局限而较为模糊不清，与此同时，心理需要的满足对个体生存的影响是间接的，这些因素可能导致父母对满足孩子心理需要的重要性认识相对不够，并且在对孩子心理需要信号的识别、满足方式的选用方面相对较差。

此外，随着儿童年龄的增长，母亲对孩子心理需要的敏感性与反应性逐步降低。这一方面可能是由于随着幼儿年龄的增长，母亲对幼儿的成熟要求逐步提高，越来越要求孩子的行为举止像个"大孩子"。幼儿年龄越大，母亲可能倾向于把孩子寻求注意、要求母亲抚慰、陪伴等心理需要的信号视为"撒娇"或"缠人"，因而减少对孩子这些心理需要的关注。另一方面，随着年龄的增长，幼儿的独立性增强，他们独立应付和处理日常问题的能力渐渐提高，向母亲发出寻求注意、情感抚慰等心理需要信号的频率与强度可能也逐步降低。

2. 儿童的特点

依恋作为孩子与父母之间的双向关系，必然受到孩子本身特点的影响。这种影响主要来自于三个方面：外在的体貌特征、身体的健康情况和内在的气质特点。

3. 文化因素

安斯沃思的研究主要是基于美国文化背景，所获得的依恋类型及各类型儿童的百分比也是对美国儿童研究的结果。事实上，依恋类型存在着很大的文化差异，各种类型在人群中的比例也存在着文化上的差异。在德国等西欧国家中，回避型依恋的儿童比美国多很多。德国父母鼓励儿童独立，鼓励孩子的非依附行为，因此这种回避型依恋是文化信仰和抚养实践的结果，并不意味着这是非安全型依恋。而在日本及以色列等国，抗拒型依恋的儿童比美国多，同样这种反应也并不代表必然是非安全型依恋。日本母亲很少将孩子交由陌生人照看，因此在陌生情境测验中，日本儿童所体验到的压力远远高于美国儿童所承受的压力，他们出现更多的反抗行为也应在情理之中（Van Ijzendoorn & Kroonenberg, 1988）。

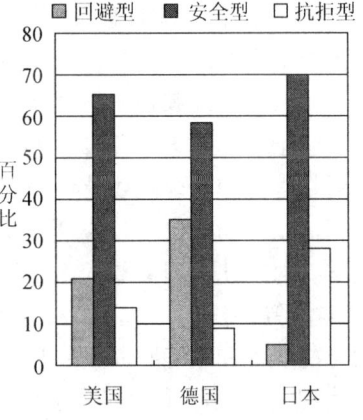

图 8 - 3　依恋的跨文化比较

（五）依恋对后期心理发展的影响

依恋是婴幼儿最早出现的心理模式之一，对未来心理的发展具有重要的影响。

1. 依恋是幼儿出生后最早形成的人际关系，是成人后形成的人际关系的雏形。鲍尔比（1980）提出，儿童在经历依恋的四个阶段的同时，他们会建立起一种与抚养者的持久的情感联结，这种情感联结使他们能在任何时间或地点都将依恋的对象作为一个安全基地。在早期亲子互动的背景下，所有个体都将发展出有关自我和他人的内在表征，即内部工作模型（internal working model）。内部工作模型不仅包括存储在心理表征结构中的关于自我和依恋对象关系的一般预期，而且包括与自我和他人有关的人际经验的具体细节与之相关的情感体验。其中最重要的两种成分是自我意象（image of self）和他人意象（image of other）：自我意象即有关"自己是否是能够引起依恋对象作出有效反应的人"的表征；他人意象即关于"依恋对象在自己需要支持和保护时是否会是及时作出反应的人"的表征。这两种表征会成为未来所有亲密关系的范型，并贯穿于儿童期、青少年

第八章 人格发展 ■

期以及成人期。

2. 依恋影响未来的心理健康。大多数纵向研究发现，形成非安全型依恋的幼儿出现内化或外化的情绪、行为问题的比率远远超过了形成安全型依恋的幼儿。在婴儿期形成安全型依恋的孩子，在幼儿期探索的热情较高，在做假装游戏时想象力更丰富，在解决问题时更有耐心、灵活性也较高。进入幼儿园后，他们的自尊水平、社会能力、与其他小朋友的合作、受他人的欢迎程度、同情心等都较高。相比较来看，回避型依恋的孩子则比较孤立，不喜与人合作；矛盾型依恋的儿童则表现出较多的攻击行为，对幼儿园适应困难。但是，当作出依恋与儿童以后发展关系的结论时，仍需要小心。

3. 依恋关系具有传递性，会影响到儿童成人后与自己孩子的抚养关系。研究发现，依恋具有传递性，例如，幼儿早期与父母形成安全型依恋，在幼儿长大为人父母时，也更容易与自己的孩子形成安全型依恋。

专栏8.3　"过渡物"依恋

在1岁以后，不少孩子会出现一种新的依恋现象——对某一种软质物品或玩具恋恋不舍。由于这一现象在儿童心理发展中具有过渡性的意义，心理学家将儿童所依恋的软质物品称为"过渡物"，这种现象也被称为"过渡物"依恋。

被儿童用做"过渡物"的物品，通常是与他们的日常生活密切相关的小毛巾、小毯子、小棉被、软质的玩具等。孩子对所依恋的"过渡物"，最典型的表现为嗅、抚摸、搂着睡觉等；此外，在疲劳、不开心、身处陌生的环境时也会玩弄它或是将它放在脸蛋上轻轻地摩擦。儿童的"过渡物"依恋现象非常普遍，年龄范围也比较大，从1岁左右开始，一直会延续到7、8岁。

"过渡物"的价值在于它能够让婴儿在身体离开母亲的同时，继续紧靠着象征母亲的一个替代物，这样儿童就能够象征性地和母亲联系着，与此同时，又在身体和心理上独立于她。从这个意义上看，所谓的"过渡物"依恋，真正起到了从孩子对父母的依恋，到成长为独立的自我之间的一种过渡的作用。

二、父母的教养方式

在家庭系统中，父母无疑是最直接与孩子发生互动的层面，他们的一言一行对孩子的行为和人格形成都发生着直接而又重要的影响。

（一）四种教养方式

美国加利福尼亚大学的心理学家鲍姆令德（Baumrind，1971）曾对父母的教养方式（parenting style）与儿童人格发展的关系进行了长达十年的三次研究，这些研究已经成为发展心理学史上具有里程碑意义的经典研究。在第一次研究中，鲍姆令德将学前儿童按人格成熟水平分为最成熟、中等成熟和最不成熟三组，然

后从控制、对孩子成熟的要求、与儿童的交往、教养这四个方面评定三组儿童父母的教养水平。结果发现，第一组儿童的父母，教养水平得分最高，第二组次之，第三组得分最低。鲍姆令德将这些父母分别称为权威型、专制型和放纵型。

第二、三次研究的程序与第一次相反，并采用长期追踪研究的实验设计。即首先对这些幼儿（同样的被试，包括三种类型的幼儿及父母）的人格进行评定，等到这些儿童长到9岁时再进行一次人格评定。结果发现，权威型父母的孩子在认知能力和社会能力发展方面都胜过其他两组儿童；专制型父母的孩子发展水平一般；放纵型父母的女孩在认知和社会能力方面的得分都低于平均值，男孩的认知能力尤其低。最新的研究表明，这些认知和社会能力上的差别会一直持续到青少年期。

鲍姆令德最后将这些研究信息进行整合之后，提出了教养方式的两个维度：要求（demandingness）和反应性（responsiveness）。要求指的是父母是否对孩子的行为建立适当的标准并坚持要求孩子去达到这些标准；反应性指的是父母对孩子接受和爱的程度及对孩子需求的敏感程度。根据这两个维度，可以将父母的教养方式分为四类（见表8-6）。

表8-6　教养方式的两个维度和四种类别

	接纳，反应	拒绝，不反应
要求，控制	权威型	专制型
纵容，不控制	放纵型	忽视型

1. 权威型教养（authoritative parenting）

在多数情况下，这是最有利于孩子成长的抚养方法。鼓励孩子独立，同时也会有一些限制和控制。亲子间言语交流较多，父母对孩子也表现得温和并充满感情。权威型父母会耐心地倾听孩子的观点，并鼓励孩子参与家庭决策；设立恰当的目标，并坚持要求儿童服从和达到这些目标；支持儿童的积极行为，并且鼓励儿童成熟、独立和与年龄相符的行为。

鲍姆令德发现，在这种教养方式下成长的孩子，社会能力和认知能力都比较出色。他们在掌握新事物和与同龄儿童交往过程中表现出很强的自信，具有较好的自控能力，并且心境比较乐观、积极，成就感也比较强。这种发展上的优势在青春期时仍然可以观察到，即这类青少年具有较高的自信，社会成熟度更高，学习上也更勤奋，学业成绩也较好。

2. 专制型教养（authoritarian parenting）

持这种教养方式的父母对孩子的要求很严厉，强加给儿童一些不经解释的规矩，提出很高的行为标准，这些标准和要求甚至不近情理，孩子没有丝毫讨价还价的权利。这种教养方式的特点可以用一句话来概括，即"因为我说了，所以你

必须这样做"。如果儿童出现稍许的抵触，父母就会采取体罚或其他惩罚措施。从本质上看，这种教养方式只考虑到了成人的需要，而忽视、抑制了儿童自己的想法和独立性。

鲍姆令德发现，在这种教养方式下成长的儿童表现出较多的焦虑、退缩等负面的情绪和行为，往往感觉不快乐。在青少年期，他们的适应状况也不如权威型教养方式下成长的儿童。但是，这类儿童在学校中往往有较好的表现，出现反社会行为的比率并不高。

3. 放纵型教养（indulgent parenting）

持这种教养方式的父母对孩子充满了爱与期望，积极地投入孩子的养育中，但是却忘记了孩子社会化的任务，他们很少对孩子提出任何要求或施加任何控制，允许孩子想做什么就做什么。儿童很难学习到自我控制，甚至会为所欲为。这样教育出来的孩子在控制自身行为上也存在困难，他们可能会变得霸道。

鲍姆令德发现，在这种抚养方式下成长起来的孩子，表现得很不成熟，自我控制能力尤其差，自我中心、固执，很难与同龄人相处。他们在任务面前缺乏恒心和毅力，当要求他们做的事情和愿望相背时，他们几乎根本不能控制自己的冲动，会以哭闹等方式寻求即时的满足。他们往往对父母缺乏尊重，表现出很强的依赖和无尽的需求。这种情况在男孩身上表现得尤为明显。

4. 忽视型教养（neglectful parenting）

持这种教养方式的父母对孩子的成长表现出漠不关心的态度，他们既不会对孩子提出什么要求和行为标准，也不会表现出对孩子的关心。他们对孩子的成长所做的最多只是提供食品和衣物，或他们很容易就可以做到的事情，而不会去付出什么努力为孩子提供更好的生活和成长条件。父母之所以用这样的方式来对待孩子，可能是因为父母自己的生活中充满了生存的压力，或者自己遭遇了重大的挫折或不幸，家庭关系出现重大问题，使他们没有时间和精力来照顾孩子。

不管出于何种原因，这种极端的忽略也可以视为对孩子的一种虐待，这是对孩子情感生活和物质生活的剥夺。由于和父母之间的互动很少，这种成长环境中的孩子，社交能力不良，自控和独立能力都较差。而且，他们自尊水平较低，不成熟，与家庭疏远。进入青春期后，他们可能出现旷课和犯罪行为。

专栏8.4 儿童虐待问题

儿童虐待（child abuse）是指父母、监护人或其他年长者对儿童施以躯体暴力和性暴力，造成儿童躯体与情感的伤害，甚至导致死亡，或对儿童的日常照顾、情感需求、生活监护、医疗和教育的忽视现象。儿童虐待现象在不同文化背景、不同的家庭中都有比较高的发生率，对儿童的身心发展造成了明显的不利影响。美国在1997年一共报道了300万件儿童虐待案件，比过去的十年增加了

132%（U. S. Department of Health and Human Services，1999）。儿童虐待多发生在3—14岁，大约30%属于躯体虐待，20%性虐待，50%为被忽视（American Association for Protecting Children，1986）。日本的调查表明，躯体虐待在婴幼儿和小学生中发生率最高，初中生多见性虐待。其中53.6%为躯体虐待，26.7%为被忽视，11.1%为性虐待。并且，对受虐儿童而言，受虐方式往往是一种以上。

儿童虐待有多种形式，通常表现为：

身体虐待（physical abuse），打骂儿童，造成儿童各种肉体上的伤害，如疼痛、烫伤、骨折以及其他伤痛；

性虐待（sexual abuse），性侮辱、性抚弄、性交以及其他方式的性虐待；

生理忽视（physical neglect），剥夺儿童的生活条件，使他们不能得到足够的食品、衣物、医疗条件和照料；

精神忽视（emotional neglect），照料者失职，不能满足儿童爱和精神方面的需要；

心理虐待（psychological abuse），监护人的行为严重伤害儿童的认知、情感和社会交往能力。

（二）家庭系统中的教养方式变化

家庭是一个处于不断成长和变化之中的系统，系统某一环节的变化都会引发系统整体的调整。伴随着孩子的成长，家庭系统同样需要调整才能保证整个系统的良性运行。这其中，首先需要调整的就是与孩子发生直接互动的教养方式。在这四种教养方式中，权威型无疑是最为理想的教养方式，但是即使是权威型教养，也需要随着儿童的成长在具体的教养策略和方式上进行调整，这样才能满足儿童成长的需要。

总体来看，教养方式的适应性变化趋势为：在对儿童关心和爱护的基础上，父母赋予孩子更多的自主权利，而对孩子的直接控制日趋减少。在婴儿阶段，孩子还不具备自我照料的能力和自我意识，因此他们的一切行为都需要父母来控制。到儿童中期，孩子的自我意识开始萌芽，社会化的要求急剧增加。这时，孩子的社会空间扩大，大多数父母与孩子在一起的时间显著减少。孩子独立自主的要求日益增加，但是他们还不具备独立作出正确决策所需要的全部认知能力和社会经验。因此，父母可采取的最具适应性的教养方式为共同控制，即对于孩子的事情，通过与他们协商后，共同作出决定。到了青春期，父母最重要的就是培养孩子的自主性，给孩子尝试和自我决定的机会。因此，教养方式经历着这样的调整：由父母控制到父母与孩子的共同控制再到父母鼓励下的孩子自主决策。

不同的教养方式对孩子的影响，体现出文化上的差异，最典型地表现在专制型教养方式对儿童发展的影响上。研究发现，在东方文化中，专制型教养方式下

培养出来的儿童，并没有大量表现出像西方社会中的孩子那样的适应问题，相反却表现出孝敬父母、尊敬师长、爱好学习等良好的行为特征。出现这种差异的原因主要在于东西方社会的价值取向和对这种教养方式的看法和理解不同。一方面，东方文化以社会价值取向为主流，专制型教养方式有利于家庭权威的形成和社会规范的内化。另一方面，在东方文化中，父母对孩子的严格管教往往是对孩子爱的表示，并不表示对孩子的遗弃和拒绝，而在西方文化中则正好相反。正是对父母行为的不同理解导致了相同的教养行为对儿童发展的不同影响。在中国，过度干涉和保护似乎不会使孩子产生悲观的归因方式，可能由于我国固有的文化传统的影响，成人及其子女不会在内心给予一种负性的评价。

三、家庭结构

家庭结构主要包括核心家庭、大家庭和破裂家庭。

（一）核心家庭与人格发展

核心家庭即独生子女家庭，指一对夫妇和一个孩子组成的家庭。与传统的理解不同，研究发现，独生子女并不像人们想象得那样娇生惯养、自私任性。相反，他们与其他孩子一样在心理调适和社会交往能力方面发展得很好，而且在某些领域还体现出优势。研究者认为，独生与非独生子女整体适应与社会能力上没有区别，包括融合动机、同伴威望、社会参与；在个性、社交性、个人控制方面无差别，唯一有差别的是独生子女的个人调整与成就动机比非独生子女更高（Mancillas，2006）。因此，他们在学校中的成绩通常更为优异，能接受更高层次的教育（Falbo，1992）。这其中的主要原因可能是独生子女与他们的父母有更亲密的关系，父母们对他们的要求更严格、期望更高（Falbo & Polit，1986）。

然而独生子女家庭也有其两面性。一项针对美国独生子女家庭的调查显示（Hawke & Knox，1978），独生子女与其父母对于生活在独生子女家庭中有满意的地方也有不满意的地方，他们认为独生子女家庭固然有优势可言，同时也存在着缺陷。表8-7即是对这些优势和缺陷的概括。

表8-7　独生子女家庭的优势和缺陷

优势		缺陷	
父母	子女	父母	子女
有时间追求个人的事业和爱好，减轻了经济负担，不必担心对孩子的待遇不公平	没有竞争，有更多的隐私，物质生活更为丰富，亲子关系更为密切	在过度纵容与适度关注之间难以把握，只有一次尝试的机会	不能体验兄弟姊妹之间的亲情，父母对其成功的期望致使压力太大，赡养父母的负担过重

实际上，中国的独生子女与其他孩子在社会交往能力和同龄认可方面没有多

少差异。综合国内多年来这方面的研究，主要的研究结论及共识主要表现在以下两方面（缪小春，2001）。

1. 认知方面独生子女具有优势。

2. 在个性方面，独生子女内部差异很明显：合群性方面，入托入园的独生子女比未入托入园的合群性强得多，且独生子女和非独生子女之间的差异随着年龄的增长而逐渐减少甚至消失；在农村中，独生子女，特别是男童，任性、依赖、怯懦等不良品质更为严重；此外，独生子女个性特征与父母的生育意识有很大关系。目前中国少年儿童身上存在的一些不良特征，可能主要不是由于他们是独生子女，而是由其他原因造成的。

有研究者认为独生子女的优势之一是重视和喜欢独处，研究发现他们并不因缺少同胞而感觉不安，低水平的合群是出于个人偏好，而不是因为缺乏社交技能（Mancillas，2006）。

（二）大家庭与人格发展

大家庭即几代同堂的家庭。这类家庭的优点是孩子受成人教育和爱抚的时间较多，可能比一般孩子有更好的社会适应；不过，这种家庭中容易出现隔代溺爱，以及在教育孩子的观念和方法上出现代际的不一致，从而使孩子无所适从，形成焦虑不安、恐惧等不良的特征。

（三）破裂家庭与人格发展

破裂家庭即只有父母一方和孩子所组成的家庭。依据出现的原因，又可分为离异家庭和单亲家庭。据中国国家统计局和民政部门的统计，1990 年中国离婚对数为 79.9 万对，2000 年为 121 万对，2005 年为 161.3 万对，从绝对离婚对数可以估计，中国离婚率的增加趋势也很显著，这其中 67% 的离异家庭涉及孩子[①]。

离异家庭由于长期以来家庭关系不和，使孩子长期生活在充满敌意的、没有安全感的环境中，比单亲家庭的孩子更容易出现情绪和行为障碍。大量研究证实婚姻的破裂对儿童来说是一件痛苦的事（Hetherington et al，1998）；但研究同时也指出儿童在对待父母离异上的反应有着很大的个体差异。儿童的年龄、气质和性别，家庭得到的社会支持以及社区环境都会影响儿童对父母离异的调适。

与家庭的分离对儿童来说无疑是一个重大事件，对儿童心理的发展会产生不利的影响。然而，并不是父母离婚时儿童的年龄越小，对儿童心理发展的影响越大，甚至有的经验在儿童年龄较大时发生比在幼小时发生的影响更显著（Schaffer，2000）。因为经验的影响在很大程度上取决于儿童对事件的心理表征和内部

---

① 民政部计划财务司. 民政统计历史资料汇编［G］. 北京：中国民政统计年鉴增刊，1993：374－383；中国统计年鉴［M］. 北京：中国统计出版社，2001：436；2006：509.

体验。儿童的认知水平和情绪、个性的发展决定了他对所遇事件的反应，决定了经验对其影响的程度。

父母离婚两年后，大多数儿童表现出适应性的提高。然而总体而言，父母离异的儿童和青少年，与父母有着稳定婚姻关系的儿童相比，在学业成就、自尊和社交能力方面的得分会略低一些，情绪和行为问题也多一些（Amato et al，2001）。对有些儿童来说，持续的困难会在成人期转化为较差的适应性。

专栏8.5　教养过程中父亲的作用

无论是在亲子关系和教养方式的有关研究中，还是在现实中对孩子成长的关注中，通常母—子间的交往更受人重视。而不容忽视的是，父亲在教养过程中同样起着举足轻重的作用。

早在19世纪末，弗洛伊德就注意到了不同养育方式对孩子的影响，他对父母的角色作了简单的划分：父亲负责提供规则和纪律，母亲负责提供爱与温暖。

现实生活中，父亲拥有着区别于母亲的性别角色和社会角色，父亲通常扮演玩伴、榜样、保护者、道德规范者、教育者等角色。表现在与儿童的交往行为上，父母之间也往往存在着很大的差异。这些差异对子女的发展产生了不同的作用。研究者发现在某些行为特质上，父亲的影响和作用要大于母亲。教养过程中父亲的作用通常表现在以下几个方面。

1. 提供打闹游戏氛围，促进儿童发展。父亲和母亲都是儿童重要的玩伴，但是二者与儿童游戏的类型却存在着巨大的差别。例如，在抱孩子的动因上，父母往往是不一样的。母亲抱孩子主要是为了照顾他们，竭力使其安静，限制其活动以免产生意外。相反，除了一般的照料，父亲抱孩子则大多是为了玩耍以及与孩子的交流，为了让孩子多探究。母亲在引导儿童游戏时通常更多地使用情感性内容，注重指导性游戏（instructional play），而父亲更倾向于肢体的、打闹性的和非固定化的游戏，注重功能性游戏（functional play）（Lamb et al，1999）。父亲更多的是与孩子一起进行动作幅度大、身体碰撞激烈的打闹游戏，使孩子获得游戏的快乐。

2. 提供性别行为榜样。父亲为孩子的性别角色形成提供了参照。一般认为，男孩通过对父亲的模仿形成了性别角色行为和男性行为品质，女孩则通过对父母行为的对比，深化对自身性别角色的认识。

3. 促进认知和社会性发展。相对于母亲，父亲有更多时间和机会参与人际交往，而随着孩子长大和生活自理能力的增强，与外界交往的需要也日益增多，孩子与父亲的交往，满足了他们的交往需求，扩大了他们的交际范围。男性比女性更乐意冒险和寻求刺激，故父亲往往给孩子更多的自由去探究与探险，让孩子在行动中获得自信、增强自我效能感。

4. 产生与母亲不一样的管教效果。父亲参与照顾孩子对其后代主观幸福感的形成和生活满意度具有独特作用。

第三节　同伴与人格发展

同伴是指儿童与之相处的具有相同或相近社会认知能力的人。年龄相同或相近的儿童，由某种共同活动引发并在活动中体现出相互协作的关系，就构成了儿童的同伴关系（peer relation）。同伴关系为儿童学习技能、交流经验、宣泄情绪、习得社会规则、完善人格提供了充分的机会。

同伴作为一种重要的安全感来源，对于儿童的健康发展具有重要的意义。从社会学习的观点来看，同伴是强化物。同伴间的互动，往往强化或惩罚了某种行为，从而影响了该行为出现的可能性。此外，同伴还提供了行为的榜样和社会模式。在还没有足够的能力来评价自己行为的效果之前，同伴的行为可以作为衡量自己的尺码。另外，同伴之间的竞争还是个体自我效能感的重要来源。

儿童与同伴的互动首先表现出一种量上的增加，这也是儿童与同伴之间关系最明显的变化。这一量的变化是质变的基础。

一、同伴关系的发展与特点

（一）婴儿期

儿童很早就对同伴发生兴趣。最初的行为是注视和触摸，这大约出现在婴儿3、4个月的时候。在6个月的时候幼儿就会对同伴微笑，向同伴发出"呀呀"的声音。1岁时，同伴相互作用中出现了较多的交流行为，如微笑、打手势、模仿等相互影响和相互交流的行为。1岁以后，同伴间相互协调的互动行为出现的频率明显增加，其中最主要的形式是在游戏中的模仿行为。在2岁左右，幼儿开始使用言语来影响和谈论同伴的行为。

虽然同伴对婴儿来说是一种有趣的、可以为其带来快乐的社会对象，但是，对这一时期的婴儿来说，最为重要的社会关系还是依恋，即与父母建立的情感联结，尤其重要的是母子关系。同时，依恋关系对于同伴关系也发挥着重要的影响。婴儿与同伴最初的互动方式，是在和母亲早期所建立的互动方式基础上发展起来的。同时，婴儿与母亲的依恋质量也是影响他们与同伴互动的一个重要因素。安全依恋的儿童，在与同伴互动的过程中，更容易表现出自如与大胆。

（二）儿童期

这一时期，随着幼儿运动能力和交流技能的发展，儿童的社会领域比婴儿期扩大了许多。儿童已经能够更好地表达自己的想法，理解他人的想法，并可以对不同的社会对象采取不同的行为，从而形成不同的同伴关系。

游戏是幼儿与同伴互动的主要方式，在幼儿生活中有重要的地位。对学前儿

童同伴关系的研究，许多研究者都将注意力集中于儿童的游戏。帕滕（Parten，1932）通过长期对学前儿童的观察，发现幼儿期的游戏经历了三个发展阶段，这三个阶段又可以称为三种游戏类型。

第一阶段：非社会化的活动阶段。这一阶段的主要行为包括旁观他人游戏、单独游戏（自己一个人玩，根本不关注别人做什么）等活动。

第二阶段：平行游戏阶段。在其他儿童附近，用相近的方式来进行游戏，但他们并不试图去影响对方，彼此之间也没有真正的互动或合作。这是一种有限的社会活动。

第三阶段：联合（associative）游戏和合作（cooperative）游戏阶段。这一时期，儿童开始参与两类真正的社会互动——联合游戏和合作游戏。联合游戏指的是儿童在一起玩同样的游戏，但彼此之间没有明确的分工或没有一个共同的目的。他们的互动行为主要是交换玩具和评价同伴的行为。合作游戏的特征是幼儿为了共同的目标而组织与协作起来进行游戏，各游戏者的行为服从于共同的团体目标。

需要说明的是，这三个阶段是随着幼儿年龄的增长而依次出现的，但并不意味着后者的发展要替代前者。在学前期，这三个阶段的游戏行为是共存的。虽然非社会化的活动随着幼儿年龄的增加而递减，但是对于3、4岁的幼儿来说，这仍是他们最常见的活动方式。同样，尽管3—6岁的儿童出现了更高社会化水平的游戏行为，但是单独游戏和平行游戏仍然占据着重要的地位。

专栏 8.6 幼儿的游戏分类

依据游戏所需要的认知努力，也可以将幼儿的游戏行为分为四类。

1. 功能性游戏：简单地重复性地操作物体或不操作物体的肌肉运动，如摇拨浪鼓、跳跃类游戏。

2. 构造性游戏（或称创造性游戏）：带有一定目的，为了制作某个东西而操纵物体的游戏。如积木游戏、剪纸、画画。

3. 假装游戏（或称象征性游戏）：使用某一物体或某人来代替真实的不在身边的对象。如过家家、将一排凳子当做火车、警察和小偷等游戏。

4. 规则性游戏：按照事先制定的规则和限制进行游戏，如棋类游戏。

可以看出，从简单的功能性游戏到规则性游戏，认知的复杂性逐渐增加，不同年龄儿童主导的游戏类型是不同的。年龄越大，主导游戏的认知复杂性就越高。功能性游戏主要出现于婴幼儿时期，并在这一时期占据主导的地位；规则性游戏则要到儿童将要进入小学的时候才可能出现；而假装游戏对学前儿童而言具有特殊的吸引力，在学前阶段居主导地位。

（三）青少年期

青少年与同伴相处的时间已经超越了家庭以及别的一切社会关系。这一阶段最为重要的一个变化是，集体作为同伴互动的社会背景，其重要性日益增加。集体由经常发生相互作用的人组成，成员之间以一致的、结构化的方式相互影响，并且分享共同的价值观，对本集体具有归属感。集体的出现，使得同伴对青少年行为和价值观的影响有可能超过父母的影响，同伴成为青少年价值观的重要来源。这一阶段同伴影响有以下特点。

1. 随着年龄的变化而变化。同伴影响在青少年早期达到顶峰，之后开始下降。

2. 同伴的影响大小存在着很大的个体差异。这种个体差异和父母的教养方式有很大的关系。权威型教养方式的孩子会更多地与父母交流自己的想法，受父母的影响较大；而父母对孩子缺乏明确要求的家庭，孩子更容易受到同伴群体的影响。

3. 同伴的影响及同伴与父母的相对重要性，随着生活领域的变化而不同。例如，在衣服、音乐、朋友的选择等领域，同伴的影响超过了父母，特别是青少年时期；而在职业、学习等方面，父母仍具支配性的影响。

除了一般而言的同伴集体，在青少年阶段，年轻人还会形成一种小群体（clique）——由五至七名好朋友组成的小团体，他们往往具有类似的家庭背景、态度和价值观。小群体在青少年早期只局限于同性成员，小群体的成员关系对于女孩来说更为重要，因为她们可以时常亲密地交流情感并在小群体中获得支持（Henrich et al，2000）。

同伴群体的价值观是青少年在家庭中获取的价值观的一种延伸。然而，一旦青少年加入了一个小群体后，小群体又会改变他们的信念和行为。一项关于团体联系和健康威胁行为之间关系的研究指出，"智慧一族"的冒险行为最少，"受欢迎者"和"运动健将"的冒险行为次之，而"反习俗者"和"惹麻烦者"的冒险行为最多，而且他们还经常滥用药物，进行无保护的性活动，并且自认为"敢做任何事情"（La Greca et al，2001）。

二、同伴关系的评定与类型

（一）同伴关系的评定

同伴关系如何，研究者经常采用社会测量技术（sociometric techniques）来予以评定。社会测量技术是一种自我报告式的同伴关系评价技术，要求儿童自己来评价对他人（同伴）的喜欢程度，主要包括两种方法。

1. 同伴提名（peer nomination）

在一个社会群体中（如学校中的一个班），让每个儿童根据所给定的同学名

单或照片进行限定提名，即让每个孩子说出自己最喜欢与最不喜欢的同伴。如"你最喜欢和谁玩"，"你最不喜欢和谁玩"，然后根据每个孩子所获得的正向提名、负向提名的多少，来对儿童的同伴关系特点进行分类。

2. 同伴评定（peer rating）

与同伴提名法不同的是，同伴评定法要求儿童根据具体化的量表对同伴群体内其他全部成员逐一进行评定。例如，问儿童"你喜欢不喜欢和×××玩？"可以让儿童选择很喜欢、喜欢、一般、不喜欢等几个级别。利用此方法获得的结果与实际同伴交往情况，以及同伴观察获得的数据之间有较高的相关性。

（二）同伴关系的五种类型

以上述方法进行分类来描述儿童的同伴关系（或称社会接纳性），一般可以将儿童分为五类。

一是受同伴欢迎的儿童（popular children），受到同伴正向的提名较多。这类儿童具有较高的、积极的社会技能，往往比较敏感、友好、合作、有自己的观点。

二是被拒斥儿童（rejected children），受到同伴的负向提名较多。被拒斥儿童与受同伴欢迎的儿童完全相反，表现出许多消极的社会行为。被拒斥儿童又分为被拒斥攻击性儿童和被拒斥退缩儿童，这两个子类型的儿童也有不同的社会行为表现。大部分被拒斥儿童属于被拒斥攻击性儿童。

被拒斥攻击性儿童有严重的行为问题，对他人充满敌意，经常与同伴发生冲突。他们的自控能力较差，行为比较冲动，不能很好地控制自己的情绪。另外，这类儿童观点采择能力较差，往往误解同伴的行为，经常将同伴的普通行为视为敌意的表示。被拒斥退缩儿童较少，他们的行为比较消极，具有明显的社会退缩倾向。由于这类儿童性格软弱，朋友较少，因此很容易成为同伴欺侮的对象。

三是矛盾的儿童（controversial children），又称为有争议的儿童，他们的正向提名和负向提名都较多。有争议儿童的社会行为表现是积极与消极的混合物。他们可能有被拒斥儿童的攻击行为，也可能有受同伴欢迎的积极的亲社会行为。这类儿童的社会身份会随着时间和环境的变化而发生较大的变化。

四是被忽视的儿童（neglected children），不管是正向提名还是负向提名都很少。被忽视的儿童由于和同伴的互动较少，常常被认为比较害羞。但是与被拒斥儿童不同，这类儿童并没有太多的社会焦虑，也不会因自己没有朋友而感到不开心。相反，当他们需要朋友时，他们会较快地投入到同伴活动中，建立起良好的社会关系。

五是一般的儿童（average children）。在幼儿园和小学中，大约有三分之二的儿童可以被划分到上述四种典型的类型中，剩余的约有三分之一的儿童则属于一般的儿童。

以上五类儿童中，对受欢迎的、被忽视的、被拒斥儿童的研究最多。同伴接纳可以有效地预测其当前和未来的心理适应。被拒斥儿童一般情绪都比较低落、有较强的孤独感，并且自尊水平较低。在老师和同学眼中，被拒斥儿童往往被认为具有较多的社会和情感问题。被拒斥儿童入学后，学业成绩往往比较差，青少年期出现反社会行为和犯罪倾向的几率较高。这些儿童的人格与行为特点总结见表8-8。

表8-8 受欢迎儿童、被拒斥儿童和被忽视儿童的特征

受欢迎儿童	被拒斥儿童	被忽视儿童
外表吸引人	许多破坏行为	害羞
积极快乐的性情	好争论、反社会	表现退缩
许多双向交往	说话过多	不敢于表现自我
愿意分享	极度活跃	过于循规蹈矩
高水平的合作游戏	不愿分享	许多单独活动
有领导才能	许多单独活动	逃避双向交往
缺乏攻击性		

到底是儿童的行为与人格特征造成了不同的同伴地位（如受欢迎或是被拒斥），还是不同的同伴地位导致了儿童不同的行为与人格特征呢？心理学家目前尚难以作出明确的回答。而最有可能的解释是，二者之间存在着互为因果的循环关系。

三、观点采择能力的发展与同伴关系

观点采择是采用他人的视角来理解他人的想法和感受的能力。塞尔曼（Selman，1980）提出了观点采择（perspective-taking）的发展理论，从3岁到青春期，包括五个阶段。这些阶段始于儿童早期的自我中心观点，终止于青春期较为深入的观点采择。观点采择是与自我中心相对而言的，它要求个人在对他人作出判断或对自己的行为进行计划时把他人的观点或视角考虑在内。

为了研究儿童的观点采择，塞尔曼对儿童进行个别访谈，请他们对下述的两难困境进行评论。

霍莉是一个8岁的女孩，她喜欢爬树，在周围所有孩子中是爬树爬得最好的。一天，她从树上摔了下来。尽管没有受伤，她父亲还是感到非常不安，要求她保证不再爬树。霍莉作出了保证。

当天晚些时候，霍莉和她的朋友遇到了肖恩。肖恩的小猫被困在树上，必须马上采取些行动，不然小猫就会掉下来。霍莉是唯一一个能爬上树并把小猫救下来的人，但她想起了对父亲作出的保证（Selman，1976）。

然后，塞尔曼问孩子一系列关于这个两难困境的问题，例如：

- 霍莉知道肖恩对小猫的感觉吗？
- 如果霍莉的父亲发现她爬树了，他会有怎样的感觉？
- 霍莉认为，如果父亲发现她爬树了，父亲会怎样做呢？
- 在这种情况下你会怎样做呢？

通过分析儿童对上述两难困境的反应，塞尔曼得出结论，认为儿童观点采择遵循表8-9所描述的发展顺序。

表8-9 塞尔曼的观点采择阶段

阶段	观点采择阶段	年龄(岁)	描述
0	自我中心观点	3—5	儿童能够区分自己和他人，但不能区分自己和他人的社会性观点（想法、感受）。儿童能够识别他人的外显情绪，但不知道导致社会行为的因果关系。
1	社会—信息观点采择	6—8	儿童能意识到他人的观点是建立在他们自己的归因基础之上，不一定和儿童自己的观点相一致。不过，儿童倾向于聚焦于一个观点而不是综合不同的观点。
2	自我反省的观点采择	8—10	儿童认识到每个人都能意识到别人的观点，这种意识会影响自己及他人对彼此的看法。站在别人的角度思考问题是判断他人意图、目的和行为的一种方法。儿童能够形成整合的观点链，但无法在此基础上抽象到同时性的相互观点采择的水平。
3	相互的观点采择	10—12	青少年意识到自己和他人都能同时相互地将彼此视为客体。青少年能置身于两人互动之外，从第三者的角度看待两人间的互动。
4	社会与习俗系统的观点采择	12—15	青少年意识到相互的观点采择并不一定带来充分的理解。社会习俗被看做是必要的，因为群体的所有成员（广义的他人）都能理解（社会习俗），不论他们有怎样的地位、角色和经历。

张文新、林崇德（1999）认为，6—10岁是儿童社会观点采择能力快速发展的时期，10岁左右的小学儿童能够根据有关事件信息准确推断他人的观点。儿童同伴之间的社会互动对其社会观点采择能力的发展有积极影响，在同伴关系中处于地位孤立、同伴社会互动经验欠缺的儿童，其社会观点采择能力的发展显著落后于高同伴互动经验组的儿童。同样，儿童的观点采择能力能够提高他们在同伴群体中的地位、增进友谊的质量。观点采择能力强的儿童能更好地理解同伴的需求，因而，他们能更有效地和同伴进行沟通（Hudson et al, 1982）。

第四节 自我的发展

自我（或自我意识）是人格的主要组成部分，是衡量人格成熟水平的标志，是整合、统一人格各个部分的核心力量，也是推动人格发展的内部动因。自我的发展比一般的认识发展更为复杂，认知过程的发展模式主要显示出线性或阶段性的增长，而自我在显示发展时会以进取和退缩的不同形式表现出来。

一、自我意识的含义与结构

自我意识是个体对自我（包括生理、心理及社会关系诸方面）的意识，是一种多维度、多层次的综合性的心理系统，它不仅体现在认知上（自我认识），而且体现在情感（自我体验）和意志（自我控制）上；它不是与其他心理活动并行或独立的，而是统领人的整个心理和行为，并渗透其中，对人的心理和行为起调控作用。因此，自我意识是人对自我的生理、心理及社会关系诸方面的认知、体验和调节，它渗透于整个心理和行为中，是对之起调控作用的综合系统。

西方最早比较系统研究自我结构的心理学家是詹姆斯（W. James）。他认为自我分为四种成分，即身体的、精神的、社会的、纯粹的自我，开创了自我研究的先河。

人本主义先驱罗杰斯通过对患者进行访谈总结后，认为自我包括主观我和客观我两个方面。主观我是自我的主动力量，客观我是主观我认识的对象。此外，罗杰斯还根据临床实践，提出了现实我和理想我的结构划分。

大多数研究者认为，自我意识是一个动力系统，由知、情、意三方面构成。"知"即自我认知，包括自我概念和自我评价等；"情"即自我的情绪体验，包括自我感受、自尊等；"意"即自我控制，包括自我控制和自我调节等。其中，自我概念、自尊和自我控制是个体自我系统最主要的方面。

自我具有两个基本特征：一是区别于他人的"分离感"，即个体意识到自己作为一个独立的个体，在生理、认知和情感方面都具有自身的独特性；二是跨时间、跨空间的"稳定的同一感"，即个体知道自己是长期且持续地存在的，不会随着环境及自身的变化而否认自己是同一个人。

弗里曼（Freeman, 1992）的研究发现，自我意识的发展呈现曲线变化，从小学到初中逐年下降，随后开始上升，到大学毕业后开始下降，到中年后又开始回升，然后随年龄的增长而平缓下降。

二、自我认识及其发展

自我认识（self cognition）是自我意识的认知成分，指个体对生理自我、心理自我、社会自我的认识，主要涉及"我是谁"、"我为什么是这样的人"等问

题。它包括自我感觉、自我观察、自我概念、自我分析和自我评价等层次。自我认识部分地建立在角色和不同成员身份的基础上（Harter，1990，1999）。自我概念是自我认识中最主要的方面，集中反映了个体自我认识乃至自我意识的发展水平，也是自我体验和自我调控的前提。

（一）婴儿期的自我认识

婴儿无法用言语表达他们的观点，也不能理解复杂的指导语。研究者（Amsterdan，1968；Lewis & Brooks-Gunn，1979）通过呈现婴儿自身形象的方式测量他们的视觉自我辨认（visual self-recognition）。母亲在婴儿的鼻子上点一个红点，观察者观察婴儿隔多久触碰自己鼻子一次。然后，将婴儿放在一面镜子前面，观察婴儿触碰鼻子的次数是否增加。这个实验的思路是，如果婴儿照镜子后试图触碰或擦掉红点，那么该婴儿就意识到镜子里的像是他（她）自己，但事情又有点不对劲，因为鼻子上多了个红点。研究发现，1岁以下的婴儿不能认出镜子里的自己。在15—18个月左右，出现自我辨别的婴儿比例有所增加。到2岁时，大部分儿童都能辨认自己。我国学者（刘金花，1993）也重复了这一研究，研究结果也基本与此一致。18—24个月借助镜子立即去摸自己鼻子的人数迅速增加，表明在自我的发现上出现了质的飞跃。

（二）儿童早期的自我认识

由于儿童能够运用言语进行交流，对儿童期自我认识的探究就可以采用更灵活多样的方法，而不必局限于视觉自我辨认了。研究者主要通过访谈的方式，探索了儿童自我认识的许多方面，归纳出幼儿自我认识的五个主要特点。

1. 自我、心理和身体的混淆。幼儿通常把自我、心理和身体相混淆。大部分幼儿认为自我是身体的一部分，常常是头部。对他们来说，可以从许多物理维度来描述自我，如大小、形状和颜色。

2. 具体的描述。学龄前儿童用具体的词语思考和定义自己。当你让一个5岁的孩子描绘他自己时，他很可能回答道："我叫小明，今年5岁。我有很多很多的玩具，我能够自己刷牙了……"从这些描述中，我们可以看到学前儿童用以描述自我的，主要是可以观察到的具体特征，如名字、外貌，以及日常行为。

3. 物质性描述（physical description）。幼儿也通过许多身体和物质上的属性区分自己和他人。4岁的炜炜说："我和林林不一样，因为我比较高；我和我姐姐不一样，因为我有辆自行车。"

4. 动态描述（active description）。动态维度（active dimension）是儿童早期自我的一个核心成分。例如，学龄前儿童通常会使用与活动相关的词描述自己，比如玩耍。

5. 不现实的积极高估。儿童早期的自我评价通常是不现实的积极评价，代表了对个人特质的高估（Harter，2006）。幼儿会说"我知道自己的一切"，但事

实上并不真正知道；或者会说"我从不害怕"，但实际上并非真的如此。之所以会出现对自己的不现实积极高估，是因为幼儿很难区分他们想要拥有的能力和实际的能力，不能够产生区别于现实自我的理想自我，以及很少进行社会比较——与别人相比自己是怎样的。

（三）儿童中晚期的自我认识

在儿童中晚期，自我评价变得更加复杂。随着儿童的成长，他们能够逐渐地将自己的内心世界与外部行为、短期行为与长期行为整合起来，从而能够认识到自己身上一些稳定的特点。有五个主要的变化标志着复杂性的增加。

1. 内在特质。在儿童中晚期，他们转而使用内在特质的词汇定义自己。他们已可以区分内部特质与外部状态（state），在定义自我时，比幼儿更多地使用包含主观内部特质的词汇。例如，在一项研究中，二年级学生比幼儿更多地在自我定义中使用心理特质（如偏好或人格特质），而较少使用物理性特征（如眼睛的颜色或所有物）（Aboud & Skerry，1983）。

2. 社会性描述。在儿童中晚期，儿童开始在自我描述中涉及社会的方面，如提到社会组织（Harter，2006）。例如，儿童会把自己描述为少先队员或有两个亲密朋友的人。

3. 社会比较。在儿童中晚期，自我认识更多地涉及社会比较，儿童更喜欢用比较的而不是绝对化的词语来区分自己和他人。也就是说，小学生更多地以"和别人比我能做什么"的方式来考虑自己能做的事。

4. 真实自我和理想自我。在儿童中晚期，儿童开始区分真实的自我和理想的自我，表明他们认识到了自己已经拥有的能力与渴望拥有的能力、自己已经拥有的能力与他们认为最为重要的能力是不同的。

5. 现实性。在儿童中晚期，儿童的自我评价变得更加现实（Harter，2006）。这也许是由于社会比较和观点采择能力的发展所致。

（四）青春期的自我认识

该阶段是自我认识发展的一个重要时期，实现由"客观化期"到"主观化期"的过渡。自我认识在青春期的发展是复杂的，包括自我的许多方面（Harter，1998，2006；Nurmi，2004）。随着自我水平的不断提高，青少年进行自我评价的需要越来越强烈，并带有强烈的社会比较倾向。将自己的状态与他人的状态进行对比，从而获得比较明确的自我评价，是促使青少年心理发展的一个重要途径。青少年的自我认识具有以下一些特点。

1. 抽象化与理想化。根据皮亚杰的认知发展理论，青少年的思考方式变得更加抽象化和理想化。在描述自己的时候，青少年比儿童更多地使用抽象和理想化的标签。例如，14岁的小明对自己的描述是："我是个普通人。我优柔寡断。我不知道我是谁。"

2. 自我关注。青少年比儿童有更多的自我关注，这种自我关注反映了青少年的自我中心主义。

3. 自我内部的矛盾。随着青少年开始在不同的关系背景下将自我的概念区分成不同的角色，他们感到在不同自我之间存在显著的矛盾（Harter，2006）。青少年可能会这样描述自己："我虽情绪波动较大但也善解人意，虽长得不好看却很有吸引力，很无趣也很好奇，关心别人也不总那么在乎，内向但喜欢热闹。"在青春期早期，青少年倾向于把这些相反的特质看做是互相矛盾的，这可能会导致内部冲突。青少年在不同的社会情境中，如在父母面前、在老师面前、在一般同学面前、在好朋友面前，面临着不同的社会压力和要求。他们在不同的社会情境中对自我有不同的要求，会表现出自我不同的侧面。而在青少年早期，他们还不能将这些特征有机地联系起来，尚没有认识到它们之间的内在一致性。因此，他们经常会出现"哪一个是真正的我"这样的困惑。到了青春期中晚期，青少年开始理解为什么一个人会有相反的特质，更能将这种矛盾看做是一种适应性，并把这些相反的自我标签整合进逐渐形成的同一性中（Fischer & Bidell，2006；Harter，2006）。

4. 波动的自我。青少年的自我认识在不同情境和不同时间会发生波动（Harter，1990，2006）。通常直到青春期晚期甚至成年早期，在青少年建立起一个更为完善的自我理论之前，青少年的自我都表现出持续变化的特点。

5. 真实自我和理想自我。作为真实自我的补充，青少年逐渐发展起建构理想自我的能力。一种观点认为，理想自我或想象自我的一个重要方面就是可能自我——个体可能会成为的、希望成为的以及害怕成为的自我（Markus & Nurius，1986）。因此，青少年的可能自我既包括他们希望成为什么样子，也包括他们害怕自己变成怎样的人。未来的积极自我特征（进入好的大学、得到赞赏、拥有成功的职业生涯）能够对未来的积极状态起引导作用。

（五）四种同一性状态

与青春期自我认识密不可分的，是青少年自我同一性的发展。按照精神分析心理学家埃里克森的观点，青少年阶段的核心任务是发展自我同一性。自我同一性的形成与先前各阶段中建立起来的信任感、自主感、主动感、勤奋感有直接关系（见第二章）。如果先前各阶段的发展任务完成得比较顺利，自我同一性的建立也就比较容易。

在埃里克森之后仍有不少的心理学家对同一性的问题感兴趣，对此展开了一系列的研究。最有代表性的是玛西亚（Marcia，1966）等人对同一性状态（identity status）的研究。

玛西亚根据探索（exploration）和投入（commitment）这两个维度将同一性分为四种类型，也可以称为四种同一性状态、同一性危机解决的四种途径，见图

8 – 4。

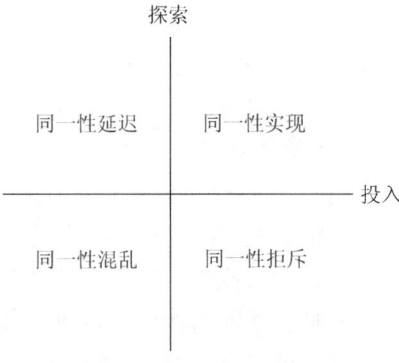

图 8 – 4　同一性的两个维度与四种状态

这四种状态的含义如下所述。

同一性实现（identity achievement）：经过对多种选择的探索，同一性实现的个体已经确立了一套清晰的价值观和目标。他们有一种心理上的幸福感、时间上的同一感，知道自己正在做什么。

同一性延迟（同一性探索）（identity moratorium）：延迟达成意味着迟滞。这类青少年尚未确定明确的目标，他们还处在探索—收集信息和尝试各种活动的过程之中，他们期望在这一过程中确定自己的价值观和目标来指引未来的生活。

同一性拒斥（identity foreclosure）：这种类型的个体已经有了自己的价值取向和目标，但那是尚未经过探索的。他们仅仅是接受了权威人物（通常是父母，但有时也会是老师、宗教领导人、恋爱的对象）已经为他们选择好了的东西。

同一性混乱（identity diffusion）：这类个体缺乏清晰的方向。他们既没有致力于某种价值观和目标，也不去努力追求它们。他们可能从来没有探索过，也可能是曾经试图这样做，但是发现太过困难而选择了放弃。

需要指出的是，这四种类型，不仅仅是一种分类，还代表着一个建构的过程，是动态的。第一，它们没有必然的好与坏之分。例如，虽然同一性实现一般来说是较好的状态，但是如果同一性实现得过早，也可能限制了个体的发展，使个体失去尝试多种目标和新体验的机会。第二，对于每个个体而言，都会经历这四种状态。只有经历过探索，才能达到同一性实现的状态。在实现之前也可能出现一段时间的同一性混乱。第三，这四种状态是可以相互转化的。同一性探索会转化为同一性实现，同一性实现之后也可能由于新的环境与刺激而导致新的同一性混乱。即使同一性拒斥状态也可能因为环境的改变而转化为同一性探索的状态。

三、自我体验及其发展

自我体验是自我意识的情感成分，反映个体对自己所持的态度，主要涉及"我是否满意自己或悦纳自我"等问题，包括自我感受、自尊、自卑等方面。其中，自尊是自我体验中最主要的方面。

自尊（self esteem）指的是自我所作出的对自己的价值判断，以及由这种判断所引起的情感。对自我的价值评判或称自我价值感影响着个体的情绪体验、行为表现及长期的心理适应。这种影响可以称为自我预言的实现，即一旦个体认为自己是一个什么样的人，不管是积极的还是消极的判断，自我就会向着这个预言的方向发展，并最终导致预言的实现。

国内有研究者提出（李晓文，1993），自我意识发展的本质特征在于能够使人更为主动、积极地调节自己，自尊需要是儿童自我意识发展的内在动力。当儿童开始学会认识事件对于自我的关系和意义，从而更为主动、合理地满足自尊需要时，自我意识便得以发展。

用因素分析的方法可以对自尊的结构进行探索。例如，哈特（Harter，1982，1986）让儿童对自我的许多方面作等级判断，如"我喜欢上学"、"同学们都很喜欢我"等。他的研究发现学前儿童至少可以区分出两个方面的自尊，即社会接受（自己受欢迎的程度）和能力（自己擅长做什么，不擅长做什么）。到6—7岁的时候，儿童至少形成了三个方面的自尊，即学业自尊、身体自尊、社会自尊。随着儿童的成长，这三个方面又会不断地细化，形成一个层级结构（见图8－5）。

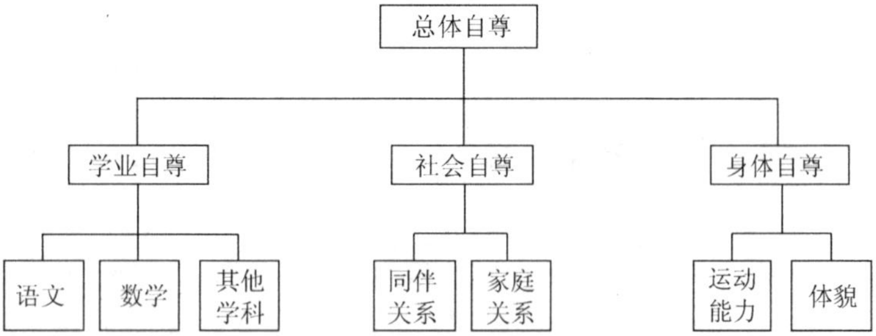

图 8 － 5　自尊层级结构图

对于总体自尊而言，层级结构中不同方面的评判并不具有相同重要的意义。某些自己比较重视的方面，对于总体自尊有更大的影响，如有的儿童重视学校中的成绩，有的则重视父母对自己的评价。

学业自尊预示着儿童认为学校课程的重要性、有用性和有趣性，还预示着他们努力的愿望，以及他们在这些课程上的成绩。有着较高社会自尊的儿童通常受到同学们的喜爱（Harter，1999；Jacobs et al，2002）。此外，不论年龄、性别、社会经济地位、种族群体如何，有着较高自尊的个体倾向于能更好地自我调节、

■ 儿童心理学

善于交际以及尽心尽责。相反，在各个方面表现出低自尊的个体，则与焦虑、抑郁、反社会行为相联系（Robins et al, 2001）。

儿童的自尊整体来看具有较高的稳定性，重测信度系数都在 0.70—0.90 之间，但也经历了一些波动。在儿童由幼儿园入小学、由小学入初中、由初中升高中时自尊水平都有较大的降低。出现这种现象的原因可能是因为，一方面儿童到新环境中会面临新的要求和挑战，会出现一段时间的适应困难期，从而影响了儿童对自我的真实认知能力的评价。另一方面，新的环境中儿童要面临新的社会比较对象，这也会使儿童的自我意象出现一段时间的不稳定，从而造成自尊水平的下降。随着他们评价不同的优点和缺点，个体自尊从儿童期到青春期变得越来越稳定。

研究发现，在学习成绩与自尊之间只存在中等程度的相关，而且这种相关也并不意味着高自尊会带来较好的成绩（Baumeister et al, 2003）。增强学生自尊的尝试并未提高他们的学业成绩。

如图 8-6 所示，美国青少年的自尊在过去的几十年中迅猛上升（Twenge & Campbell, 2001）。但是和他们的前辈相比，美国青少年成绩较差，并且表现出更多的反社会行为和其他调节问题。因此，学习成绩究竟与自尊是一种怎样的关系，在当代儿童发展中仍值得进一步探究。

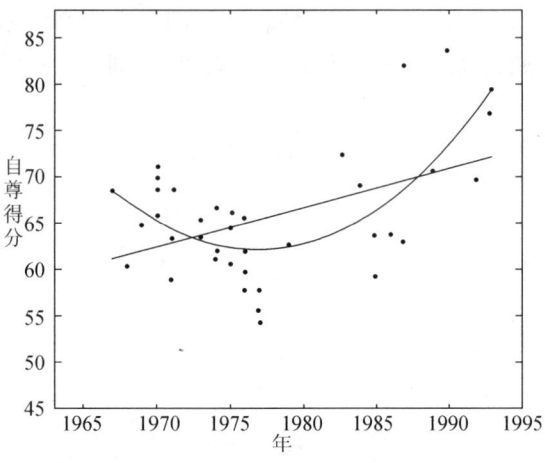

图 8-6 美国中学生自尊水平的代际变化

四、自我调控及其发展

自我调控是自我意识的意志成分，指个体对自己行为与心理活动的自我作用过程。它包括自主、自律、自我监督、自我控制等方面。其中，自我控制（self control）是自我调控中最主要的方面。

自我控制指的是对优势反应的抑制和对劣势反应的唤起的能力。所谓优势反

应指的是对儿童具有直接、即时吸引力的事物或活动所引起的想要获得该事物或参加某活动的冲动趋向，劣势反应与此正好相反。例如，8岁的小明想要看动画片，但是作业还没有做完。这时如果他能够压制自己想看动画片的冲动趋向，而坚持将作业做完，那么他就是使用了自我控制。

（一）自我控制的早期发展

大多数研究者认为，自控最早发生于出生后12—18个月之间，此时儿童开始意识到照料者的希望与期望，并愿意遵守照料者的简单命令与要求，即对父母指示的服从（compliance）。也有一些研究者认为自控可能出现得更早些，是伴随着注意机制的成熟而出现的。注意机制的成熟是自控发生与进一步发展的重要基础，12个月时维持注意的能力可以预测24个月时的自控水平。另外，儿童自控的发生必定具有一定的认知基础。首先，儿童必须有将自己视为独立的、具备自主性的个体的能力，这是儿童控制自己行动的基础；其次，儿童必须具备一定的表征与记忆能力，能够将抚养者的指示与要求内化到自己的行为中。

大约在2岁左右，随着儿童认知能力的提高，尤其是心理表征能力的发展，儿童的自我控制能力也逐渐发展起来。这时儿童能够在没有外界监控的情况下服从父母的要求，并根据他人的要求延缓自己的行为。大约从3岁时开始，儿童逐渐地获得了自我连续性和自我同一性的认识，开始把自己的行为与父母的要求联系起来。儿童能意识到，当他们在家里、操场或亲戚家时，可以在哪里玩，不能在哪里玩；可以碰哪些东西，不能碰哪些东西。由于这些能力的发展，这时儿童有可能根据自己的动机进行自我调节。

（二）延迟满足范式

对儿童早期自控的研究，延迟满足（delay of gratification）已成为最经典的研究范式。研究者通常设计一些典型的实验情境，对儿童在实验情境中的行为表现进行评价，借以测定儿童的自控水平。学前儿童变得更擅长自我控制，他们学习如何抵制诱惑，以及给自己指令来保持注意力的集中（Thompson，2006）。

米歇尔（Mischel，1970）将延迟满足解释为一种甘愿为更有价值的长远目标而放弃即时满足的抉择取向，以及在等待期中展示的自制能力。米歇尔等人经过大量的实证研究逐渐奠定了延迟满足两阶段结构的实验范式，也称自我延迟满足范式（self-imposed delay，SID）或米歇尔范式。

该研究范式的一般程序是：首先，实验者与被试在实验室内做一些热身游戏。随后，由实验者向被试出示两种奖赏物，如一块软糖和两块软糖，或者是一块椒盐饼干和两块椒盐饼干，让被试在数量不等的两个奖赏物之间作出偏好选择（第一阶段——延迟选择）。然后实验者告诉被试，他现在有事情要做，需要离开房间一会儿，并接着说："要是你能够等到我回来，你就可以吃这个（指向被试选择的奖赏物）；要是你不想等了，你可以按铃随时把我叫回来。但是如果你

按了铃，那么你就不能吃这个了（指向被试选择的奖赏物），只能吃这个（指向被试没有选择的奖赏物）。"确信被试理解之后，实验者离开房间，并通过单向玻璃观察记录儿童的延迟时间和延迟等待策略（第二阶段——延迟维持）。实验者15分钟后回来，或在儿童按铃（或违规）后回来。

在此情境中，儿童面对的是令人难过的两难选择：一方面被试要想获得自己偏爱的奖赏，就不得不面对诱惑、干扰而执行艰难的等待任务；另一方面，被试面前无需等待即刻可得的奖赏偏偏却又不是自己的最爱。延迟任务包含这种复杂的、相互冲突的列联结构可谓是实验范式的主要特点。

（三）延迟满足及对后期行为的预测

米歇尔采用自我延迟满足范式，对斯坦福大学附属幼儿园的653名4—5岁儿童进行了延迟满足的实验（Mischel et al，1970）。10年后，对其中仍能找到地址的被试家庭发放问卷，进行跟踪调查。调查结果发现，在延迟满足情境中能等待较长时间的儿童，到青少年期，父母评价他们有较高的学业与社会能力、言语流畅、理性而又专注、有计划，更有能力处理挫折与压力，在学业能力倾向测试（SAT）中比同伴的得分更高（Mischel et al，1988，1989）。

杨丽珠等研究者（2007）采用追踪研究，用实验室实验和情境观察相结合的方法考查了54名儿童4岁时的自我延迟满足能力，5年后结合教师访谈与评定、同伴提名、儿童自评等方法综合评定这些儿童9岁时的学校社会交往能力，探讨儿童4岁时自我延迟满足能力对其9岁时学校社会交往能力的预期作用。结果表明：4岁时自我延迟满足能力高的儿童在9岁时的学校社会交往能力总体发展也好，其遵守规则与执行任务能力、与教师交往能力、与同伴交往能力、社交情绪发展水平都显著高于那些在4岁时自我延迟满足能力低的儿童。

针对青少年的自我调节研究还比较少（Clark-Plaskie & Lochman，1999）。一方面，青春期认知技能的进步（如逻辑思维）、自我反省的增加、更高的独立性导致了自我控制的增强。认知能力的发展也使青少年能更好地理解为了渴望的东西而延迟满足（如在班级里得到好名次）的重要性，而不是去寻求即时满足（如听摇滚乐或上网游戏）。另一方面，"我不可战胜"感的增强（可能会导致冒险行为）和社会比较可能会导致青少年较少的自我控制。

（四）自我控制的意义

自控对于儿童的发展具有重要的意义。一些研究发现，具有较高自控能力的儿童具有较高的成就动机。另外，自控能力的缺乏还是儿童多动症出现的重要原因之一。巴克利（Barkley，1997）根据多年对儿童多动症（ADHD）的研究指出，儿童多动症本身并不是如我们长期所认为的那样，是一个注意失调的问题。它起因于调节抑制及自我控制功能的脑功能损伤，而这种自控上的损失又反过来损伤了其他对维持注意起关键作用的脑功能。这一研究结论已得到了大多数儿童

临床心理学家的认同。

自我控制有一个适宜的度。儿童自我控制过低，常常表现为容易分心，无法延缓满足，易冲动，攻击性强；自我控制过强，儿童会表现出很强的抑制性（抑制个体的需要和情绪表达）和一致性（与成人的要求保持一致）。后者平时很少在班级和家里惹麻烦，容易被成人忽视，这样的儿童容易焦虑、抑郁、不合群。最适宜的自我控制可以称之为有弹性的自我控制，这类儿童的特点是"管得住，放得开"，能随着环境的变化改变自控的程度，他们具有很强的灵活性。

专栏8.7 个体自我调节过程中的热系统和冷系统

为了论证认知和注意在自我调节过程中的重要作用，研究者（Metcalfe et al，1999）提出了自我控制过程中的双系统启动模型，指出在个体自我调节过程中有两种控制系统：热系统和冷系统。热系统主要指以杏仁核为基础的情绪系统，它促使个体产生接近—回避或者攻击—远离的反应，而冷系统是以海马为基础的认知系统，它推动个体进行反思和认知调节。虽然在相对低水平的压力情境中，两个系统倾向于共同发挥作用，但随着压力的增加和个体情绪唤醒水平的提高，热系统开始占据支配地位。因此，个体自我调节的有效性取决于冷系统的激活程度以及能否抑制热系统的活动以降低情绪唤醒水平。

【问题与思考】

1. 早期气质对个体人格发展究竟起怎样的作用？为什么要强调父母教养要与婴幼儿的气质拟合？

2. 早期依恋对未来心理发展会产生什么样的影响？

3. 观察你身边的父母与孩子之间的互动行为，尝试运用本章所提到的有关依恋、教养方式等影响人格发展方面的知识进行分析，并提出科学育儿的建议。

4. 你是否赞同"随着年龄的增长，父母的影响逐渐减小，而同伴的影响逐渐增大"这样的看法？说说你的理论与事实根据。

5. 越来越多的孩子迷上了网络和电脑游戏，运用你所学到的同伴关系方面的知识，分析一下这种现象的利弊。

6. 自我是推动人格发展的内部动因。对此你是如何理解的？

7. 试述婴幼儿早期的延迟满足与后期自我控制之间的联系。

第九章 道德发展

【本章提要】

道德是调整人们相互关系的行为准则和规范的总和，涉及情感、认知和行为三方面。与此相对应，关于儿童道德发展的主要理论也各有其侧重点。认知发展理论强调道德的认知成分，即道德推理；社会学习理论则注重解释儿童怎样抵制诱惑、发展起道德行为并抑制违反道德规范的行为；精神分析学家则强调情感的成分，或者道德情感。本章第一节从上述理论出发来阐述儿童道德认知、道德行为和道德情感的发展。对儿童道德行为的研究则主要集中于亲社会行为和攻击行为。第二节围绕儿童亲社会行为的发展趋势、影响儿童亲社会行为发展的因素，分析亲社会行为的发展及其特点。第三节则从攻击的界定、攻击行为的理论解释、攻击行为的发展趋势、影响儿童攻击行为发展的因素、儿童攻击行为的控制等角度，深入探讨了攻击这种典型的消极道德行为。

【学习重点】

1. 把握有关儿童道德发展的相关理论。

2. 能够了解亲社会行为的含义和发展理论，并结合实例来阐述亲社会行为发生、发展和变化的趋势及影响因素。

3. 能够了解攻击行为的含义、分类和发展理论，并结合实例说明攻击行为的发展趋势和影响因素，以及控制攻击行为的方法。

【重要术语】

他律道德 自律道德 前习俗水平 习俗水平 后习俗水平 亲社会行为 利他行为 移情 反社会行为 攻击 社会信息加工模型

道德是调整人们相互关系的行为准则和规范的总和。道德发展指涉及是非、对错判断标准的认知、情感和行为方面发生的改变，包括个体内的以及个体间的，前者在个体并没有参与社会互动时调整个体的活动，后者用于协调社会互动并对冲突矛盾作出公断（Gibbs，2003；Walker，2004，2005）。在本章中，我们先介绍发展心理学家对道德发展的相关理论探讨，随后主要就积极的道德行为——亲社会行为与消极的道德行为——攻击行为进行分析。

第一节 道德发展的理论

道德是一套规则，它能使人们辨别是非，在是非分明的基础上行事，为良好的操行而感到自豪，或者因为违背了规范而感到自责或羞愧。大量研究和理论在谈及"什么是道德"时都会强调道德的三个成分：情感、认知和行为。情感成分指对于是非或善恶行为的感受，以及激发道德思考和道德行为的感受，如自豪、自责或羞愧等；认知成分指对是非、善恶行为准则的认识，以及如何行为的决策；行为成分是执行或违背道德时的行为表现。与此相对应，关于儿童道德发展的主要理论也各有其侧重点。认知发展理论强调道德的认知成分，即道德推理；社会学习理论则注重解释儿童怎样抵制诱惑、发展起道德行为并抑制违反道德规范的行为，如撒谎、偷窃和作弊等；精神分析学家则强调情感的成分，或者说道德情感。

一、认知发展模型

心理学家认为儿童道德（道德推理）的发展在很大程度上有赖于儿童的认知发展，并遵循一定的阶段次序。这一理论的代表人物有皮亚杰和柯尔伯格，后者的理论是对前者的继承和发展；图列尔（Turiel，1987）的领域模型也提出了较新的观点。

（一）皮亚杰的道德认知发展理论

一般认为，皮亚杰是第一个系统地追踪研究儿童道德认知（判断）发展的心理学家。皮亚杰在1932年出版的《儿童的道德判断》，是研究儿童道德发展的里程碑，为儿童道德认知发展的研究奠定了基础。

1. 皮亚杰的研究方法

皮亚杰认为道德的成熟包括两方面的内容：一是对社会规则的理解和认识；二是对人类关系中平等、互惠的关心，这是公道的基础。他和同事对于儿童道德发展的探讨主要基于以下几个方面的研究：（1）儿童对游戏规则的理解和使用；（2）儿童对撒谎和说真话的认识；（3）儿童对权威的认识。

皮亚杰认为，要研究儿童道德判断的性质，不能采用直接的提问法和把儿童放在实验室里进行剖析，只有在儿童对特定行为的评价中才能分析出他们对问题的真实认识。因此，他和同事创立了两种研究方法：临床法和对偶故事法。

（1）临床法（谈话法），主要用于研究儿童对游戏规则的意识和执行的发展情况。皮亚杰和同事分别同4—13岁的儿童一起玩弹子游戏，或观察儿童玩弹子游戏，从中记录儿童如何创立和强化游戏规则。在玩的过程中，皮亚杰向儿童提一些事先设计好的问题，如"这些规则是从哪儿来的"，"每个人都必须要遵守规则吗"，"这些规则可以改变吗"，等等。然后再分析儿童的回答，从中归纳出

■ 儿童心理学

儿童有关规则认识和使用的阶段性特征。

表 9 – 1　儿童有关规则认识和使用的阶段性特征

阶段 1：规则还不是有遵循义务的活动规则。儿童常把自己认定的规则与成人教的规则混在一起。

阶段 2：以片面的尊重为基础的强制性规则。儿童认为规则是外加的、绝对不能变的东西。年幼的儿童并不了解为什么要有规则，只是因为年长的儿童强迫他们遵守。

阶段 3：规则成为彼此同意的合理的规则。规则由儿童集体商定，可以改变；参加者有义务遵守确定下来的规则。皮亚杰认为这种义务感是儿童道德发展的一个重要标志。

（2）对偶故事法，包含许多道德价值内容的对偶故事，用来研究儿童对过失行为、说谎和社会公正的道德推理的发展。

例如，在研究儿童对过失行为的判断时，研究者向儿童讲述下面的故事，然后要求儿童说出评定的理由。

A. 有个男孩叫约翰，听到有人叫他去吃饭，就去开饭厅的门。门外有一张椅子，椅子上放着一只盘子，盘内有 15 只茶杯。约翰不知道这些，结果撞倒了盘子，打碎了 15 只杯子。

B. 另一个男孩亨利，有一天他妈妈外出，他想拿碗柜里的果酱吃。果酱放得太高，他的手够不着，结果碰翻了一只杯子，杯子掉在地上摔碎了。

在儿童听完故事后，实验者会问他们一些问题，来判断哪个孩子的过失更严重。下面是实验者与一个 6 岁孩子的对话（皮亚杰，1932）。

这个故事你懂吗？

懂。

第一个孩子干了什么？

他打碎了 15 只杯子。

第二个孩子呢？

他不小心打碎了 1 只杯子。

第二个孩子怎么会打碎杯子呢？

因为他笨手笨脚，拿果酱时把杯子碰了下来。

这两个孩子哪个更调皮？

第一个，因为他打碎了 15 只杯子。

如果你是爸爸，你对哪个惩罚得更厉害些？

打碎 15 只杯子的那个。

为什么他会打碎 15 只杯子呢？

门关得太紧撞倒的；他不是有意的。

那么第二个孩子呢？

他想拿果酱，手伸得太远，把杯子碰翻打碎了。

他为什么要拿果酱呢？

因为妈妈不在，就他一个人。

在这个研究中，5 岁以下的儿童没法作出比较，6 岁以上的儿童才能作出回答。6—7 岁的儿童说约翰更坏些，因为他打碎了 15 只杯子，亨利只打碎了一只杯子，所以约翰比亨利坏。他们根据行为客观后果的严重性来进行判断。相反，10—12 岁的儿童则说亨利更坏一些，因为约翰开门时不知道门后有杯子，他是无意的；亨利则是趁妈妈不在偷吃东西时打碎杯子的。这时的儿童已注意到行为的动机和意图，从行为的主观责任去作判断。一般趋势是：根据客观责任作判断在年幼儿童身上出现，随着年龄的增长而减少；根据主观责任作判断出现较迟，并随年龄的增长而增加。这两种道德判断重叠的时期，称为道德法则的内化阶段。

2. 儿童道德发展的阶段

根据以上考查和研究，皮亚杰将儿童道德的发展划分为四个阶段。

（1）前道德阶段（2—4 岁）。这一阶段的儿童没有真正的道德概念和规则。他们在游戏行为中可能会制定一些限制（如红色的积木必须放在一起），但大多数玩耍和想象性游戏没有正式的规则。

（2）道德实在论阶段（5—7 岁），也称为他律道德（heteronomous morality）。这一阶段儿童的道德判断有以下几个特征：①认为道德规则是由权威制定的，权威通常包括父母、老师和警察等。这些规则是绝对的，不可以改变。例如，因为医疗急救而超速行驶，6 岁儿童会认为你的行为是不对的，违反了警察制定的交通规则，理应受到惩罚。②判断行为的好坏只依据行为的客观后果，即客观责任（objective responsibility），而不是行为者的意图或动机。③非此即彼，即判断别人的行为时，不是好就是坏，而且认为别人也会这样想。④内在的公正（immanent justice），认为惩罚是天意，违反规则就一定会受到惩罚，而不管是否有人发现。例如，一个孩子偷了糖果但是没人看见，第二天他摔伤了膝盖，会认为这就是对其偷窃行为的一种惩罚。⑤单方面遵守权威，有一种遵守成人标准和服从成人规则的义务感。

（3）道德相对论阶段（8—11 岁），也称为自律道德（autonomous morality）。这一阶段儿童的道德判断有如下特征：①认为规则不是绝对的，可以怀疑，可以改变。在某些情境下规则可以违反。例如，他们认为前面所提到的因急救而超速行驶，不应视为过失行为。②判断行为时，不只考虑行为的后果，还考虑行为的动机和意图。③能把自己置于别人的位置，判断不再绝对化，看到可能存在的几种观点。④惩罚较温和，带有补偿性，以帮助错误者认识和改正。也不再相信内在的公正，认识到越轨行为可以隐蔽而不被觉察或惩罚。

（4）青少年时期，相当于形式运算阶段。这一阶段的儿童能够想象游戏过

程中可能的假设情境，并创造出新的规则。同时，他们的道德推理开始超越个人的水平，开始关注社会和政治问题，如保护环境或援助无家可归者。

3. 从他律道德向自律道德的转化

皮亚杰认为，同认知发展一样，儿童的道德推理也受到内在因素与环境因素的影响。内在因素方面，随着认知能力的发展，儿童逐渐脱离自我中心思维，在评价道德情境时会考虑更多的信息，能够理解他人和自己有不同的观点，从而促进了道德判断从他律到自律的转化。环境因素方面，皮亚杰认为社会经验有重要作用。在儿童早期，幼儿认识到父母通常会给出行为命令并强化规则。为了取悦父母，儿童接受了"规则必须服从"的信念。这种单向的规则系统使儿童无法表达自己的看法，且无法理解道德问题会有不同的观点。随着年龄的增长，与同伴的相互作用成为重要的社会化因素。在与同伴的交往中，伴随着观点采择能力的发展，儿童会把自己的观点同他人的进行比较，从而认识到自己的观点有别于他人的观点，对他人的观点也可以提出疑问和更改意见。同时，同伴交往能使儿童认识到同样的行为可能会被他人以不同的方式所理解，从而导致不同的结果。正是在与同伴的交往中，儿童开始摆脱权威的束缚，使公正感得到发展。

专栏9.1　中国儿童的道德判断

儿童道德发展研究协作组曾在全国18个地区对5—11岁儿童的道德判断发展进行了研究。研究重点考查儿童在对行为动机与效果的道德判断上，在对人身伤害与财物损坏何者更为严重的道德判断上，以及在对能否摆脱成人惩罚的影响并根据过失行为本身的性质去作出判断上的一些特点及其发展趋势（李伯黍，1984）。

研究被试是从全国18个地区的城市幼儿园和小学生中随机选取样本2 788名，其中5岁组690名，7岁组708名，9岁组718名，11岁组672名。

研究采用自己编拟三组对偶道德故事。

第一组：关于动机意向和财物损坏的道德判断。故事中行为者甲无意造成了较大的财物损坏。行为者乙有意造成了微不足道的财物损坏。问甲和乙谁的行为更不好，为什么？

第二组：关于人身伤害和财物损坏的道德判断。在一对故事中，甲无意造成了人身伤害，乙无意造成了财物损坏；在另一对故事中，甲有意造成了人身伤害，乙有意造成了财物损坏。问甲和乙谁的行为更不好，为什么？

第三组：关于能否摆脱成人惩罚影响的道德判断。在故事中，一个儿童的行为无意中造成了不良后果，受到成人的惩罚。要求被试回答，成人这样惩罚应该吗？为什么？

研究发现，我国儿童在动机意向和财物损坏的道德判断上，同样经历了从客

观性判断过渡到主观性判断的发展过程。不过我国儿童从动机意向上作出判断的年龄较早，7岁儿童的主观性判断已经有了明显的发展，到了9岁，这种判断已基本上取代了客观性判断而居于绝对支配的地位。

我国儿童对人身伤害和财物损坏的道德判断情况同国外的结论基本一致。在行为意向性不变的情况下，一般倾向是认为人身伤害较财物损坏更为严重。儿童对人身伤害与财物损坏的判断，在无意的情况下与年龄无关，但在有意的情况下则与年龄有关，在7—9岁之间有一个较大的转折，这时儿童认为有意伤害人身要比有意损坏财物严重得多。

(二) 柯尔伯格的道德认知发展模型

柯尔伯格（1958）在他的博士论文中，用新的方法检验了皮亚杰的理论，在此基础上提出了自己的道德认知发展模型。

1. 柯尔伯格的研究方法

柯尔伯格主要采用两难故事来评估儿童的道德推理水平。其中最典型的是"海因茨偷药"的故事：

海因茨的妻子患了绝症，生命垂危。医生认为只有一种药才能救他，就是城里一位药剂师新发明的镭。药剂师开价2 000元，尽管药的成本只有200元。海因茨到处向人借钱，一共借到1 000元。海因茨无奈之下请求药剂师便宜一点卖给他，或者允许他赊欠。但药剂师坚决不同意。海因茨走投无路，不得已撬开药店的门，为妻子偷来了药。

讲完故事后，主试向儿童提出一系列的问题：海因茨应该这样做吗？为什么说应该？为什么说不应该？法官该不该判他的刑？为什么？等等。柯尔伯格关心儿童回答中的推理，也就是"为什么"。

2. 柯尔伯格道德认知发展的阶段

根据横断研究中不同年龄儿童对这些两难问题的反应，柯尔伯格认为儿童道德认知的发展遵循三个可预测的水平，分别为前习俗（preconventional）、习俗（conventional）和后习俗（postconventional）水平。在前习俗水平，道德推理的前提是个体必须服务于自己的需要；在习俗水平，道德推理的基础是社会系统必须基于法律和规章；在后习俗水平，道德推理所基于的假设是：每个人的价值、尊严和权利必须维持。每个水平包括两个阶段，每个阶段又可划分为两个成分：社会观点和道德内容。如表9-2所示。

■ 儿童心理学

表9-2　柯尔伯格道德认知发展的阶段模型

水平和阶段	社会观点	道德内容
水平1　前习俗水平		
阶段1　他律道德（道德来自于权力和权威）	儿童不能考虑他人的观点；倾向于自我中心，认为别人的想法和自己的一样。	相当于皮亚杰的道德实在论阶段。道德的评价绝对化，只集中于情境的物理或客观特征。道德规则只能由权威来界定，而且必须遵守。
阶段2　个人主义，工具性目的和交换（道德意味着寻求自身利益）	儿童理解他人有不同的需要和观点，但还不能设身处地地站在他人的立场上看问题。他人都是为了自身的利益。	当道德符合自身利益时才是有价值的。儿童遵守规则或与同伴合作，要视能否得到回报而定。社会交往被视为是含有具体收益的事情。
水平2　习俗水平		
阶段3　人际遵从（道德就是使自己为他人所悦纳）	可以站在他人的角度上看问题。认为两人间的共识比个人利益重要。	集中于遵从大多数人认为正确的行为。遵守规则是为了让你在意的人赞赏你。人际关系的基础是金科玉律。
阶段4　法律和秩序（合法的就是正确的）	从维持社会系统的角度来理解道德。个人需要没有维持社会秩序重要。	道德的基础是严守法律和履行责任。规则适用于每个人，规则也是解决人际冲突的正确途径。
水平3　后习俗水平		
阶段5　社会契约（人的权力要先于法律）	人们可以采择社会系统内所有个体的观点，认识到并非每个人都与自己的观点或价值取向一致，所有人有平等的生存权利。	道德的基础是保护每个人的人权。关键在于维持一个完成此任务的社会系统。法律用来保护而不是限制人们的自由，可适时加以改变。有害社会的行为即便不是非法的，也是不对的。
阶段6　普遍的伦理原则（道德是关乎个人良心的事）	从个人原则公道性的角度来理解道德决策。每个人都有其个人价值，理应受到尊重。从前一阶段的社会导向发展为内在导向。	在法律之上有普遍的道德原则，如对人类尊严的公正和尊敬。生命的意义高于一切。

　　柯尔伯格的模型强调角色扮演和认知冲突。角色扮演是指儿童在道德问题的决策情境中，与他人交流观点，了解他人的感情和动机，从他人的角度上来思考

问题。柯尔伯格认为儿童角色扮演的技能和道德水平有直接的联系。对立的观点会导致认知冲突，儿童对其的解决办法就是最终重组他们的思维，进入一个更高阶段的道德推理。角色扮演和认知冲突法是道德教育常用的方法。

（三）图列尔的领域模型

在皮亚杰和柯尔伯格理论的基础上，图列尔（1987）提出了领域模型，要点可以概括如下。

1. 儿童的道德推理包含不同领域的社会认知：道德领域（moral domain）和社会领域（societal domain）。道德领域的道德推理主要包括与公道和正义相关的问题，具体如撒谎、偷窃、谋杀等；社会领域的道德则包括指引人们社交关系的规则，如礼貌、着装得体、称呼得当等。在图列尔的模型中，分别对应为道德规则和社会习俗。皮亚杰和柯尔伯格对此没有作出明确的区分。

2. 儿童在很小的时候就能区分道德推理的道德领域和社会领域。

3. 儿童对道德规则和社会习俗的理解受他们生长环境和个人经验的影响：（1）对道德规则的理解主要源于社会交往，主要是与同伴的交往。儿童作为不道德行为的受害者或是见证了他人遭受非道德待遇的结局，都会促进他们对道德规则的认识。与父母的交互作用也有促进作用，如父母会指出儿童行为的对与错，强化儿童对道德规则的理解。（2）儿童对社会习俗的理解，则源于在不同社会情境下的经验，在这些情境中社会习俗各有不同。图列尔强调了文化的重要作用，不同文化中的儿童都能在很小的时候就可以区分道德认知的道德领域和社会领域，但特定的文化中社会习俗的内容各有差异。

二、社会学习理论

社会学习理论认为儿童的道德发展和其他行为一样，都是社会学习的产物，可以通过观察与模仿而习得；认为道德习得的过程会受到认知发展的影响，但更强调诸如强化、惩罚和观察学习等环境机制；认为道德发展主要取决于个体所处的社会环境和个人经验，而不是普遍的内在的时间次序。

（一）替代强化和自我强化

社会学习理论者通过对儿童和成人的大量研究，发现儿童的许多行为并未直接受到强化，而是在观察别人的行为时，别人所受到的强化会影响儿童去学习和抑制这种行为。这个过程被称为间接强化或替代强化。如果儿童看到他人的违规行为受到了老师的斥责，儿童就可能会去避免犯类似的错误；反过来，如果看到他人的反社会行为受到了赞赏，儿童就有可能去尝试这种行为，在道德不良群体中这种现象尤其突出。在这两种情况下，儿童本人没有行动，也没有受到直接的惩罚和强化，但榜样所受到的惩罚或强化会影响儿童以后的道德行为，这就是替代强化的表现。

自我强化是指儿童已经建立了自己内部的行为准则，当儿童的行为符合这个准则时，就奖励自己；违反了这个准则时，就惩罚自己。这种自我调节的模式无需依靠外界的强化。

（二）观察和模仿

班杜拉认为，儿童可以通过经典条件反射和操作性条件反射来学习，也能通过看、读或听说别人怎样行事来学习，也就是通常我们所讲的对榜样的观察学习或模仿。

行为主义认为我们要学会一种行为，必须实际地参与这一行为。班杜拉的观点是通过观察习得的行为不一定要表现出来。观察学习的行为是否表现，取决于我们对这一行为后果的预期，也就是说，要看这一行为带来的是奖励还是惩罚。

班杜拉有一个经典实验（1961），研究儿童对攻击行为的观察和模仿。研究者将幼儿园的孩子随机分成三组，让他们观看录像。录像中一个成年人 K（榜样）攻击一个成人大小的充气塑料人，他的攻击行为有四种：

1. 把充气人放倒在地，然后坐在它身上打它的鼻子，边打边叫："哈！打中啦！咚！"

2. 把充气人又拉起来，用一个木槌连续击打它的头，一边打一边叫："哈！趴下！"

3. 用木槌打完后，又把充气人踢来踢去，高兴地叫着："飞喽！"

4. 用一个橡皮球猛砸充气人，砸一下就大叫一声："咚！"

三组录像的结尾对攻击行为的处理各不相同：第一组孩子看到另一个成年人用饮料或糖果等奖励了 K，并对他大加表扬（奖赏）；第二组孩子看到 K 被人用卷起来的杂志打了一下，并且被严厉警告说下不为例（惩罚）；第三组孩子看到的则是 K 的攻击行为既没有得到表扬，也没有受到责备（无强化）。接下来，将儿童带到与录像中情境相同的房间中，让他们自由活动 10 分钟。实验者则通过单向玻璃来观察孩子是不是通过前面的观察学会了攻击行为。

结果发现，三组儿童都表现出了一定的攻击行为。不过，如班杜拉所预料，儿童自由活动时是否会表现出攻击行为取决于他们对结果的预期。尽管所有的儿童都学会了攻击，但那些看到榜样 K 被表扬的儿童比那些看到 K 被责备的儿童更明显地表现出了攻击行为。此外，即使榜样的攻击行为没有受到强化，儿童也会习得攻击行为，这就是观察学习的结果。替代强化可以阻止新行为的表现，但不能阻碍新行为的习得。

这个研究以及随后的许多重复研究具有一定的实践意义。儿童平时对电视、电影、杂志中的打斗情境的观察，虽然未能直接地加以模仿，但并未阻止他们的学习，即使是对这些反社会行为给予惩罚也不能阻止他们对这类行为的无意识学习。只要遇到与影片或小说中类似的情境，这些行为就很可能在实际生活中

再现。

观察学习有两种：1. 直接的模仿和直接的反模仿，即儿童受到榜样影响，当时或以后在环境有利的条件下复制榜样的行为，这是直接的模仿；或者是儿童观察到榜样的行为与结果，作为一种教训接受下来，以后知道自己不准做这类事，这是直接的反模仿。模仿或者反模仿并不限于某个具体行为，也可以是一类行为。2. 抑制和抑制解除。例如，儿童看了持械杀人的影片后，对弟妹不再友好了，常常大发脾气。这个儿童虽然没有刻意模仿电影里的行为，但恢复了以前习得的同类行为。在这种情况下，原先受到抑制的攻击行为被解除抑制。同样，他人的行为后果可以抑制儿童产生同类行为。

三、精神分析理论

弗洛伊德强调超我的作用，认为超我的功能就是判断本我的冲动和自我满足冲动的方式是否是可接受的（道德或非道德的）。在他看来，婴幼儿被本我控制，只求享乐，是非道德的。在超我形成之前，父母必须对儿童可接受的行为给予回报，并惩罚孩子不可接受的行为。超我一旦形成，就会监督儿童的思维和行为，成为内在的监管者。发展良好的超我是严厉的"主人"，通过产生自责、羞愧和自尊的丧失来惩罚自我的"越轨"。道德发展成熟的儿童会抵制有违道德规范的诱惑以避免负性情感。

弗洛伊德认为超我的发展是在性器期，这一时期的儿童会产生恋父或恋母情结。男孩由于恋母情结引起的对父亲的敌意会逐渐加剧，直到男孩开始畏惧父亲并由此产生阉割焦虑，他们就被迫认同父亲以减轻恐惧。在认同父亲的过程中，男孩会内化父亲的许多特征，其中就包括父亲的道德标准。同理，女孩也会内化母亲的道德标准。弗洛伊德认为，因为母亲没有父亲严厉，女孩对母亲的恐惧小，认同母亲的压力不够大，所以女孩的超我没有男孩强大。

新弗洛伊德理论认为儿童对道德的内化源于社会冲突而不是性冲突，而且儿童会内化父母双方的道德标准。幼儿从出生后第二年起，就开始服从于父母的权威（父母的超我），以避免丧失父母的爱。2—5岁的儿童很憎恨父母对其行为的控制和限制，他们会想办法同占支配地位的父母周旋，但如果反抗就会失去父母的爱。为了解决这一两难问题，儿童压抑其敌意，并通过内化父母的道德标准来寻求父母的关爱。

专栏9.2 道德发展的习性学观点

根据习性学或社会生物学的观点，人类道德的发展存在所谓的"利他性的悖论"（paradox of altruism）。利他是一种自我牺牲，会带来个人损失，减小种族生存和繁衍的机会，这与达尔文"进化偏爱有利于种族生存和繁衍的行为"的观

点相矛盾。对此，社会生物学理论认为主要是亲缘选择（kin selection）和互惠的利他性（reciprocal altruism）在发挥作用。

亲缘选择的作用：个体的行为是为了使自己的基因得以生存和繁衍。对于与自己基因相近或共享的他人，个体会作出自我牺牲，以便使自己的基因繁衍下去。

互惠利他性：每个利他者都有一种期望，即利他行为在以后的某个时刻会得到回报，甚至是加倍的回报，这取决于利他行为的实际价值。例如，在困难时期赠人 10 元钱的意义就非常大，他日的回报可能是 100 元，即所谓"投之以木桃，报之以琼瑶"。

第二节　亲社会行为及其发展

道德的发展，不仅体现在道德认知发展的水平上，更重要的是要体现在道德行为过程中。

亲社会行为（prosocial behavior）通常指对他人有益或对社会有积极影响的行为。心理学家主要研究儿童亲社会行为的三种形式：分享、合作与助人。例如，和别人分享东西，安慰倒霉的人，为了让别人感觉良好而夸赞他的穿着或表现，等等。利他行为是人们出于自愿，不指望任何酬偿的帮助他人的表现。在儿童心理学的研究中，也经常用利他行为来指代亲社会行为。

一、儿童亲社会行为的发展

（一）儿童亲社会行为的年龄差异

很多研究者提出，观点采择和移情能力的发展是儿童亲社会行为出现的前提条件。如果确实如此，那么婴儿因为这两种能力还没有得到较好的发展，他们几乎不会表现出什么亲社会行为。但是有大量研究发现，亲社会行为起源于婴儿时期。很多研究也报告，年龄不足 2 岁的婴儿时有分享和安慰他人的行为出现。

自然情境下的观察表明亲社会行为在婴儿期就会出现。有研究者要求母亲记录婴儿看到他人痛苦或烦恼时的行为反应，很多诱发情境是由母亲装出受伤的样子或表现出强烈的负性情绪。结果发现，大部分婴儿对此类情境的反应都是亲社会的。此类反应大致有两种：年龄较小的婴儿只表现出基本的移情性反应，如哭泣；年龄较大的婴儿则试图去帮助"受害者"，尽管他们的帮助行为并不总是恰当的，如婴儿给苦恼中的母亲饼干吃。

如果儿童的亲社会行为受到认知发展水平和情感因素的影响，那么就可以假设亲社会行为会随着年龄增长而增加。许多实验室研究表明年长的儿童确实比年幼的儿童表现出更多的分享和助人行为。例如，在因玩具数量不足而引起冲突时，分享是幼儿之间解决冲突的一种途径。

此外，年龄较大的儿童较年幼者有更多的合作倾向。当参与一个游戏或任务

时，年龄较大的儿童更容易确定对其他大多数参与者有益的策略，年幼的儿童则更容易识别对自己有益的策略。此外，在行为与目标的匹配上，年龄大的儿童比年幼者更为灵活。例如，年龄大的儿童在竞争性策略与合作性策略之间可以灵活地进行调整（竞争性策略能使该儿童在游戏中获得最多的点数，合作性策略能使儿童及其搭档获得的点数更高），年幼的儿童只能维持最初的策略，不能灵活调整。

（二）儿童亲社会行为的性别差异

通常认为女孩比男孩更喜欢帮助别人，更喜欢表达关怀与慷慨。但研究发现，婴儿期亲社会行为倾向并没有性别差异。女孩确实比男孩更多地表现出同情或担忧的面部表情，但大多数研究表明，在说出同情经验、安抚他人的意愿和分享方面，男女之间没有性别差异。在某些量度上，比如积极的援助行为，男孩则显得更乐意去帮助别人。

那么，需要帮助或安抚的对象的性别，对儿童的利他行为有没有影响呢？对于年龄比较小的儿童来说确实有影响。查理斯沃思等（Charlesworth & Hartup, 1967）的研究发现，幼儿园的孩子和小学一年级的孩子更喜欢帮助同性别的玩伴，不管其他孩子是否更需要帮助；三、四年级的孩子会考虑他人的需要程度来确定帮谁。

通过研究文献回顾，研究者发现从儿童期一直到青春期，女性一直都参与更多的亲社会行为（Eisenberg & Fabes, 1998）。性别间最大的差异发生在仁慈和体谅的行为上，在分享行为上差异最小。

（三）儿童亲社会行为的一致性和稳定性

有研究表明儿童的亲社会行为倾向在不同情境中具有较高的一致性主要表现在两方面：1. 有分享或助人行为的儿童，在其他相似的情境中也会表现出较多的亲社会行为；2. 在不同的亲社会行为中也存在中等程度的一致性，例如，有同情心的4岁儿童比缺乏移情能力的同龄孩子更倾向于帮助或安抚同伴。

艾森伯格及其同事（Eisenberg et al, 1999）对32名个体进行了研究，从他们4、5岁一直到20多岁。他们通过一系列方法，包括观察、面谈、父母报告和朋友报告，在11个情境中对个体进行了评估。对学前儿童亲社会行为的观察主要关注分享、帮助和提供安慰；在小学中，通过匿名施舍贫困孩子、帮助实验者捡起掉落的文件夹等方式评估学生的亲社会行为；在小学后期、青少年期和在20多岁时，被试填写一份关于利他主义的自我报告量表。结果表明，在学前观察到的亲社会行为（分享、帮助和提供安慰）与孩子小学和20余岁的亲社会行为有关。这些结论支持了认为亲社会行为在儿童早期到成年早期前段始终相对稳定的观点。

二、影响儿童亲社会行为发展的因素

亲社会行为的认知理论认为儿童亲社会行为的增加与观点采择、亲社会道德

推理等认知因素密切相关。此外，儿童移情能力、外在的强化与榜样等也是重要的影响因素。

（一）观点采择

有研究者提出，"高明"的观点采择者比低水平的观点采择者更倾向于表现出利他行为，因为较高的观点采择技能有助于识别和领会到引起他人苦恼或不幸的因素。在哈德森等（Hudson et al，1982）的研究中，如果需要帮助的幼儿明显地表达出求助意愿，二年级的儿童均乐于提供帮助，不管他们的观点采择能力水平如何；如果需要帮助的幼儿的求助意愿不易察觉或是间接的，观点采择水平高的儿童就能识别出这些线索并提供帮助，观点采择水平低的儿童则无动于衷。

与儿童亲社会行为相关的观点采择形式有两种：社会观点采择（识别他人的想法、意图和目的）和情感观点采择（识别他人的情感体验）。在这两个维度上有较高水平的儿童，亲社会倾向更明显，而且这种相关会随着年龄的增长而增大。

大量的研究只能揭示观点采择能力与儿童亲社会行为的发展密切相关，但有些实验也尝试验证二者之间可能的因果联系。研究者对实验组的儿童和青少年进行训练，使之成为"高明"的社会与情感观点采择者。结果他们在跟踪测验几个维度上的得分都高于对照组的儿童，如同情心、合作性以及对他人需要的关注等。

（二）亲社会道德推理

亲社会道德推理也是影响儿童亲社会行为发展的一个重要因素。艾森伯格（1987）及其同事使用两难故事来研究儿童的亲社会推理，两难故事中的主人公必须决定是否帮助或安慰某人，而这种亲社会行为会带来一定的个人损失，然后让儿童对主人公的行为进行预测。在此基础上他们提出了亲社会道德推理模型。

表9-3 亲社会道德推理的水平

水平	特征描述	年龄范围
1. 享乐主义的（自我中心）	只关注自己；助人行为的前提多是对自己有益	学前儿童和小学低年级儿童
2. 以他人需要为定向的	基于他人的需要作出助人的决定；较少有移情表现和内疚	小学儿童和少数学前儿童
3. 以他人赞赏为定向的	关心利他行为是否会被他人视为是好事情或值得赞赏；关键在于行为的"好坏"或社会的恰当性	小学儿童和一些中学生
4. 移情的	道德判断包含：移情性反应，无法提供利他行为的内疚感等；对抽象原则、责任和价值的参照还不明显	中学生以及一些高年龄的小学生
5. 明显内化的	利他行为的判断明显基于内化了的价值、规范、信念和责任感；违反个人的内化原则会破坏自尊	少数中学生

艾森伯格认为上述发展水平并非不可逆，起码年龄较大的儿童在解决不同的

亲社会两难问题时推理水平会有所不同。例如，帮助受伤者是出于移情性关心，分享行为则视他人的需要而定，甚至会出于享乐主义而拒绝分享。但有一个基本的趋势是随着年龄的增长，较高水平的亲社会推理所占的比例会不断增加（Eisenberg，1987，1991）。

那么儿童的亲社会推理能否预测其利他倾向呢？在一定程度上答案是肯定的。有研究表明，有些学前儿童在面临亲社会道德两难问题时会考虑他人的需要，他们在以后会有更多自发的分享行为。

（三）移情

移情（empathy）是因对另一个人情绪状态的理解而产生的与此相一致的感情状态。根据霍夫曼（1981，1988）的观点，移情是一种人类共有的反应，具有神经学基础，环境的影响会鼓励或压制移情的发展。霍夫曼认为移情性唤起是调节个体利他行为的重要因素。

许多心理学家都对移情与亲社会行为的关系问题进行了研究，一般认为移情或同情与亲社会行为呈正相关。大量的研究表明，移情增加了助人和其他的亲社会行为，个体成熟的角色采择能力和移情能力使人更有可能理解他人的需要，并对他人的需要作出反应。

对国内儿童道德移情特点研究的结果表明（常宇秋，岑国桢，2003），我国6—10岁儿童面临道德情境时作出的道德移情反应随年龄的增长而提高；儿童对集体的道德移情反应强于对个人的道德移情反应；儿童对声誉损害的道德移情反应最强，其次是对人身伤害的，最后是对财物损坏的。

（四）强化与榜样

不论是来自于外部的强化（实验室、教师、同伴和父母），还是内部强化（看到被助者的喜悦、分享被助者解脱痛苦的舒畅），都会在一定程度上促进儿童的亲社会行为。

强化对儿童亲社会行为的促进作用要视强化的形式而定。用具体的奖赏物来强化儿童的慷慨或助人行为，可能并不会促进儿童的亲社会行为。例如，用玩具和糖果来奖励儿童的亲社会行为，在短期内可能会增加儿童同类行为的发生频率，但如果奖励停止，被奖励的儿童比那些没有获得奖励的儿童更不愿意去为别人作出牺牲（Fabes et al，1989）。用具体的奖励物来"贿赂"儿童的亲社会行为，会使他们将自己的好行为归因于奖品而不是被帮助者的需要或他们自己的助人倾向，其结果是儿童的亲社会动机被削弱了。

言语强化相对有较好的促进效果，前提是言语赞赏的发出者和蔼仁慈，并且是儿童所尊敬和崇拜的人（Mills & Grusec，1989）。

此外，成人对儿童亲社会行为的影响主要通过两种方式实现：对亲社会行为的倡导和以身作则。一方面，成人的亲社会行为会成为儿童学习的榜样，诱发儿

童相似的行为；另一方面，儿童经常受到榜样的利他性训导，更有可能内化亲社会行为原则，从而有助于亲社会行为的发展。

很多实验室研究均表明榜样的亲社会行为会增加儿童类似行为的发生频率。观察榜样的亲社会行为表现会促进儿童亲社会行为习惯和价值观的发展。有效的榜样一般比较强大、有能力或者是儿童身边的重要他人，为儿童所敬佩和仰慕。除了现实生活中的成人榜样，有关亲社会行为的电视节目、卡通片、漫画书等，也是儿童习得亲社会行为的重要途径。

专栏9.3　道德行为的"四成分模型"

人的道德行为产生并不仅仅是从品德形成过程中抽象出来的一个心理成分，而是一个极其复杂的过程；其中既包括外显的行为，同时也包括行为形成的内部心理过程；既含有道德认识的方面也有道德情感的方面；既包括个体过程也包括集体过程。20世纪80年代，瑞斯特（Rest, 2000）提出了"四成分模型"，这个模型阐释了除道德认知以外还有其他因素决定人的道德行为的观点，详细分析了道德行为产生过程的构成因素。该模型认为道德行为过程包含四种成分。

1. 道德敏感性（moral sensitivity），指个体对环境的解释，对相关道德因素、道德规范或原则的意识，对各种可能会影响到当事人行为的因素的理解，想象事件的因果链，对自身直觉和情绪反应的意识等。这种道德敏感性会使一个人重视或者漠视某种道德的意义，所以它对行为动机的形成起到一定的作用。研究表明，一个人对道德情境的了解能力越差，对情境的道德敏感性越是缺乏，他产生道德行为的可能性就越小（李伯黍等，2001）。

2. 道德判断（moral judgment），指个体在对当前的情境有所感知后，会进一步对不同行为过程中各种需要考虑的因素进行衡量比较，确定在当前这样的情境中，应该采取怎样的行为才是道德的。

3. 道德动机（moral motivation），指个体在对当前的情境感知并作出道德判断后，个体将要作出是否实施道德行为的道德决策。在此过程中，个体自身内部的动机斗争将会非常激烈。有时促使个体作出道德判断的价值观念并非特别有力，而非道德的价值观念却可能占上风，从而影响了最终的道德抉择与行为。

4. 道德品性（moral character），是指在道德动机基础上，执行道德行为时所运用的技巧和手段，它有助于个体作出道德选择和支持有效行为的产生。在这里，道德品性并没有完全反映心理过程，因为对它通常的理解是包括道德敏感性、道德判断和道德动机在内的，在道德行为中涉及的特质主要包括勇气、持续性、自我控制以及正直。

例如，在一辆公共汽车上，潜在行为者看到了一位抱着孩子的妇女上来，他首先是要看看此时车上有没有空座位，如果没有的话，他会看看周围是否会有人

让座，而此时没有一个人让座，那么该行为者就会想自己是否应该将座位让给她，于是决定遵循为老弱病残让座的传统道德规则进行让座，最后站起身为她让座。在这一简单的让座行为之中，充分体现了道德敏感性、道德判断、道德动机以及道德品性这四个成分的相互作用，从而促进了让座这一道德行为的产生。

第三节　攻击行为及其发展

攻击（aggression）是一种在儿童、青少年中常见的反社会行为（antisocial behavior）。近年来，我国校园欺负事件和青少年街头暴力事件日益增多，对攻击行为及其控制和矫正的研究引起了社会各界尤其是儿童心理学家的重视。

攻击行为的后果定义，强调以个体的行为所造成的伤害性结果作为攻击的界定标准。攻击是指导致另一个体受到伤害的行为。该定义的优点在于对行为的结果可以进行客观的观察，不需要对行为的意图或动机等作主观的推断。

还有一种定义方式强调攻击行为的社会判断。班杜拉等人认为，攻击是我们给特定行为所贴的社会标签，依据是我们对行为意义的判断。我们的判断依赖于不同的社会、个人和情境因素，如我们关于攻击的观念（会因性别、社会阶层和先前经验而不同）、行为的具体情境、反应强度和所涉及个体的特点等。例如，用右手拍别人的脸，通常被认为是一种攻击行为，但在有些文化中则是亲昵的表示。

目前，更多的研究者提出对攻击性的界定必须符合四个条件：1. 潜在的伤害性/毁坏性；2. 行为的有意性；3. 身心的唤醒性；4. 受害者的厌恶性（Coie & Dodge，1998）。

对攻击的分类有许多不同的维度。劳伦茨提出有情感性攻击和工具性攻击之分。哈特普（Hartup，1974）将攻击分为敌意性攻击（hostile aggression）和工具性攻击（instrumental aggression）：敌意性攻击指向人，根本目的是为了打击或伤害他人；工具性攻击指向物品，是为了获得某个物品而做出的抢夺、推搡等动作，攻击只是一种手段或工具，并不是为了给攻击者造成身心伤害。敌意性攻击至少有两种类型：一种是外显攻击，即通过身体伤害或者这种伤害的威胁来伤害他人；另外一种是关系攻击，即通过破坏另外一个人的同伴关系来伤害他人，如社会排斥、散播谣言等。其他分类还有：个人推动的攻击和社会推动的攻击，身体攻击和言语攻击，内隐攻击和外显攻击，以及美国心理学家道奇等人提出的反应性攻击（愤怒、发脾气、失去控制）和主动性攻击（夺取物品、欺侮或控制同伴）。

一、攻击行为的理论解释

劳伦茨从习性学的角度出发，认为攻击是人类和动物的一种本能，和喂食、

逃跑、生殖一起共同构成了人类和动物的四大本能系统。人和动物攻击的驱力来自内部，与外界刺激无关。随着个体攻击能量的不断积累，必须借助于攻击行为或暴力活动得到周期性的释放。

道奇及其同事（Dodge，1987；Crick & Dodge，1994）提出的社会信息加工模型（social information processing model，简称 SIP 模型），对攻击行为的产生作了最全面的梳理，是目前最具影响力的理论观点。道奇认为，儿童受到挫折和挑衅后的反应不仅依赖于情境中的社会线索，还依赖于儿童对这种信息的加工和解释，包括五个步骤，如图 9-1 所示。

1. 译码过程（decoding process）：儿童从环境中收集与激惹性事件有关的信息。这种收集线索的能力会影响儿童的应对反应。道奇等（1981）以二至四年级的儿童为被试，研究发现，高攻击倾向的个体在面对社会情境时会忽略较多的情境线索，比较不能知觉到全面的线索。攻击性儿童对于模糊情境中的即时线索，尤其是敌意信息容易产生过度警醒的情况。

2. 解释过程（interpretation process）：儿童随后会根据以往的相似经验来整合收集到的情境线索，考虑自己在此情境中的最终目标是什么以及对方的行为是偶然的还是故意的。已有许多研究证实外显攻击性儿童与青少年倾向于将他人的意图视做敌意的、非友善的，有高攻击倾向的个体会有敌意归因偏差，即在社会互动的情境中，尤其是情境较模糊的情况下，外显攻击者倾向将接收到的线索解释为恶意，以致影响了后续目标以及所采取的策略。国内学者针对攻击性儿童或青少年所进行的研究在线索解释、意图归因方面也得到类似结果（马艳，寇彧，2007）。

3. 寻求反应过程（response search process）：对情境进行解释之后，儿童会考虑对问题情境作出亲善的还是攻击性的行为反应。寻求应对反应的过程要受到许多因素的影响，如过去经验、个性特征、当前状态（如情绪、生理状态）等。儿童的社会能力水平和知识经验的丰富程度都会影响儿童可供选择反应的数量和质量。例如，如果儿童受媒介或周围他人的影响，经验中充满了攻击与暴力行为技巧，就可能以攻击或暴力对情境线索作出反应。

4. 反应决策过程（response decision process）：儿童权衡各种应对反应的利弊，然后选择他认为在该情境中最恰当的反应方式。除了敌意归因偏差，反应决策过程是整个社会信息加工过程中的关键，影响到儿童是否做出攻击行为。儿童在评估社会行为的时候，存在三个维度：（1）反应评估——道德方面的评估（这个行为是好的还是不好的）；（2）结果预期——对于预期结果的发生（如果采取此行为，结果会如何）；（3）自我效能感——对于此行为自己能否做到（我是否有能力可以做到）（Camodeca & Goossens，2005）。

5. 编码过程（encoding process）：最后儿童将执行他所选择的反应方式。道

奇指出儿童也许会缺乏实施自己选择反应的能力，也就是说，儿童本来会考虑通过警告对方来避免进一步的敌对反应，但很可能因为缺乏相应的言语表达能力而以打一架告终。

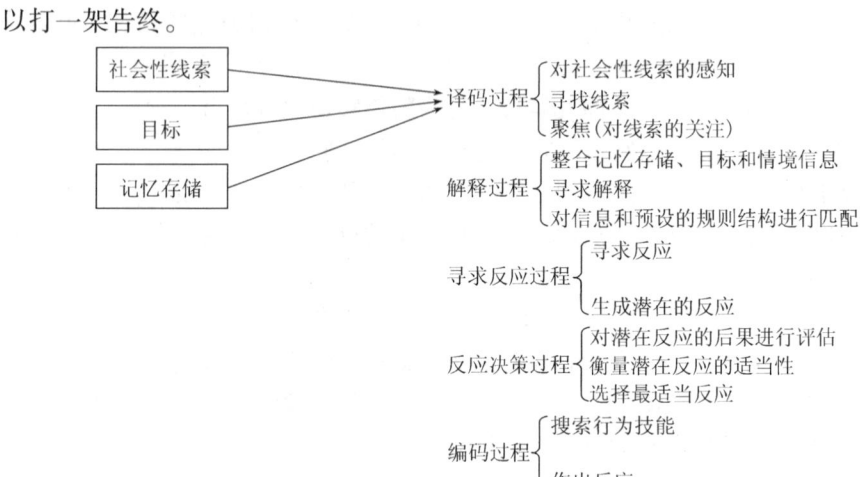

图 9 - 1　攻击的社会信息加工模型

在上述模型提出以后，道奇和同事又做了大量的实证研究。近年来的一些研究则分别探究了不同加工阶段上与儿童攻击行为相关的认知缺陷：（1）攻击性儿童容易忽略某些重要的信息，或是对敌意性线索表现出有偏向的注意；（2）攻击性儿童对他人行为的解释中存在敌意归因偏见；（3）攻击性儿童的行为反应和问题解决策略存在缺陷，他们倾向于从数据信息库中搜寻具攻击性的解决方式；（4）攻击性儿童对攻击行为的接纳度、后果预期以及自我效能有较正向的评估，往往抱乐观的期待（Crick & Dodge，1994；Camodeca & Goossens，2005）。

二、儿童攻击行为的发展趋势

（一）早期冲突和攻击的起源

婴儿有时会很生气甚至抓打成人，但很难判断这些行为是否有攻击意图。例如，当成人用手挡住婴儿心爱的玩具时，婴儿可能会拍打成人的手。这种拍打行为似乎是一种工具性攻击，但实际上婴儿很可能只是将成人的手看做是一种必须要移开的障碍。一些研究者认为12—15个月大的婴儿在抢夺玩具时很少看对方，他们通常只注意玩具本身，争抢的目的是为了拥有玩具而不是伤害或恐吓伙伴（Shantz，1987）。

2岁的婴儿在玩具上的冲突并不比1岁的婴儿多，但这时婴儿会开始通过谈判和商量来解决冲突。有研究者认为这些早期的口角之争是可取的，可以提供情境让婴儿和学步期的儿童学习如何通过交流和商量来解决玩具上的争端。

（二）攻击行为的年龄变化

卡明斯（Cummings，1989）和同事所做的一项纵向研究在儿童 2 岁和 5 岁时分别记录了他们在成对游戏中的争吵；另一项较有影响的研究是哈特普（1974）在 5 星期内对 4、5 岁和 6、7 岁儿童所作的观察，包括对攻击行为原因和后果的分析。综合上述研究结果，学前儿童攻击行为的年龄变化特征有：

1. 对攻击和挫折的报复性反应在儿童 3 岁后急剧增加。

2. 攻击行为的缘起随年龄增长而变化。2—3 岁的儿童攻击发作多是在家长用权威方式反对他们的活动之后出现，年长儿童的攻击性多出现在与同伴或兄弟姐妹的冲突之后。

3. 攻击行为的形式也随年龄增长而变化。2—3 岁儿童的攻击行为多为踢打对手，发生争执的原因是争夺玩具或其他物品；年长的儿童较少动手，攻击行为多为逗弄对方、说闲话或嘲笑、给对方起外号等；年龄越大，攻击行为越具有敌意，儿童也会更多地用敌意的方式进行报复。

4. 攻击性行为的发生频率会随年龄增长而减少。

我国学者对儿童攻击行为的追踪研究表明（张文新等，2003），儿童早期最普遍的攻击形式是身体攻击、主动性攻击及工具性攻击，同时敌意性攻击存在随年龄增长而增加的趋势；从儿童早期到中晚期，身体攻击呈下降趋势，言语与关系攻击则增多。

（三）攻击行为的性别差异

攻击行为的性别差异主要表现在以下几个方面：1. 男性普遍比女性更具有攻击性；2. 男孩的攻击形式多为身体攻击，女孩多言语攻击与关系攻击；3. 小学高年级以后，男孩的攻击行为多指向同性，身体攻击的意图更加明显；女孩的攻击行为多为言语攻击，基本上都是指向其他女孩；4. 男孩之间的攻击行为要比女孩之间或异性之间多得多。

当试图伤害一个同伴时，儿童会以阻碍同伴实现社会目标的方式来达到目的。男孩更多地进行身体攻击来阻碍对男孩来说具有优势的目标，女孩使用关系攻击可能是因为它会妨碍对女孩来说尤为重要的亲密关系。

有研究者提出男性攻击性特征的稳定性要高于女性。其后的研究者对此提出了质疑。休斯曼（Huesmann，1984，2003）和同事对儿童进行了长期的跟踪研究，结果发现不论是男性还是女性，他们 8 岁时的攻击性都能预测他们 30 岁时的攻击性和反社会行为，如犯罪或虐待配偶。对电视中攻击性人物的认同、对电视暴力的真实性感知也能预测成年期的攻击性行为。

三、影响儿童攻击行为的因素

一般认为，儿童的攻击行为具有一定的生物学基础，在随后的发展过程中会

受到各种因素的影响，包括认知因素和社会文化情境的作用。

（一）生物学因素

个体的攻击行为是一种相当稳定的特征，这种稳定性可能是出于基因或生物学的原因，如激素和天生的气质类型等。

有研究提出，睾丸激素是影响人类攻击性的一个重要因素。动物学的研究也报告了相似的结论，在实验室中将雄性动物的激素注射到雌性动物体内，后者的撕打等攻击性行为会明显增多。瑞典的一项研究表明，15—17岁男孩血液中的睾丸素含量和同伴对其的攻击性评价显著相关，特别是他们的报复性攻击（Olweus et al，1988）。但目前研究者还不能说明睾丸素的机制是直接作用于行为还是通过大脑里神经递质产生作用。

困难气质的婴儿经常发脾气、爱哭闹，也容易受激惹，这些人格方面的特征在整个童年时期都是很稳定的。曾有一项研究要求一组母亲在婴儿6个月时填写气质量表，由此来确定婴儿的气质类型；在随后的5年里，这些母亲定期评估孩子的攻击行为。结果发现，早期的气质类型确实能很好地预测哪些儿童会有更多的攻击性表现（Bates et al，1991）。其后的研究将这种气质和攻击性的相关延伸到了青少年期。

（二）社会文化因素

1. 家庭的影响

家庭对儿童攻击性的影响主要通过两条途径实现：一是父母特定的教养方式，二是家庭作为一个系统环境对儿童攻击性的影响。

父母的教养态度和教养技巧对儿童攻击性的形成有重要作用。有研究表明，冷淡和拒绝的父母常常是"武力—专断"而且喜怒无常的，会体罚孩子或者放纵孩子表达自己的攻击性冲动，其子女很可能发展成充满敌意和攻击性的个体。首先，冷淡而拒绝的父母给孩子树立了一个对他人缺乏关怀的榜样；其次，放任孩子表达其攻击性冲动使儿童无法学会控制冲动；再次，用武力惩罚孩子的父母也会给儿童树立一个不良的榜样，儿童会以同样的暴力性反应来对待惹自己不高兴的同伴。

另外，儿童本身的攻击性特质会反过来影响父母的教养态度。例如，有些男孩在气质上极具冲动性，很容易激惹母亲或使母亲感到沮丧愤怒，母亲往往会以严厉的态度来对付这样的男孩，使得自己的教养方式趋向于"武力—专断"。因此，冲动性气质的儿童在一定程度上为自己创造了滋养攻击行为的家庭环境。

家庭的情感氛围会影响儿童的适应。父母关系紧张、冲突不断，孩子通常会有情绪障碍和品行问题，包括攻击行为。帕特森等（Patterson et al，1989）在研究中发现，攻击性儿童往往成长于反常的家庭环境：家庭成员争斗不断，不愿意主动交流，言语交谈也多为讥讽、恐吓和挑衅。帕特森将这类家庭称为"胁迫性

的家庭环境"（coercive family environment），这类家庭的成员在对待儿童的亲社会行为时缺乏正确的强化和赞赏，往往将中性的事件解释为反社会的，对待儿童的不良行为也多采取强迫制止的办法。这种情境中成长的儿童会有较多的品行障碍和敌意性的归因缺陷，由此导致正常同伴的排斥和学业失败，导致更多的攻击和违纪行为。

2. 媒体的影响

儿童受电视的影响很大。其中一个原因是，年幼儿童还不能完全理解他们所看到的东西。学前儿童不能把单独的情节连结成一个有意义的故事，他们不能把一个电视人物的行为与动机或者结果联系起来（Collins，1983）。对学前儿童来说，用殴打、枪击或者杀人的方式得到自己想要的东西的可能并不是一个"坏人"，因为他们或许根本看不到最终那个坏人得到了惩罚，也看不到受伤害者所承受的痛苦。儿童要到6、7岁时才会充分理解电视人物是不真实的——人物角色在现实中并不像电视里的样子，他们的行为也是编出来的（Wright et al，1994）。对电视内容的错误的理解增加了儿童对电视节目无批判的接受以及模仿。

电视暴力会增加观看者攻击行为的发生频率。研究者通过短期的控制实验和长期的跟踪实验证实了这种观点。在控制实验中，两组被试观看了暴力节目与非暴力节目片断，然后提供给他们所谓的电击别人的机会。结果发现观看暴力节目的被试比观看非暴力节目的被试表现出更多的攻击行为。长期的跟踪研究发现（Huesmann，1986；Huesmann et al，2003），被试童年时所看暴力节目的数量能很好地预测他们成人后的攻击行为（见图9-2）。

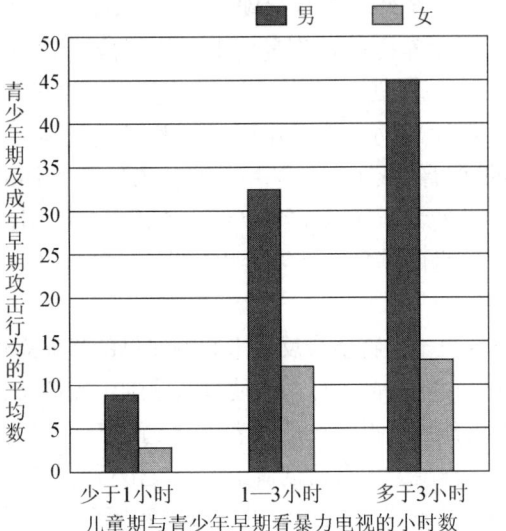

图9-2 儿童期与青少年早期看暴力电视的时间与
青少年期及成年早期攻击行为的关系

第九章　道德发展

　　暴力电视对儿童攻击性的影响主要涉及观察学习中的间接强化、认知观念改变和敏感性降低等因素。休斯曼（1986）认为：儿童观看暴力电视越多，将变得越富于攻击性，原因在于他们学会了各种攻击方法并记住了攻击的策略。此外，观看了大量的暴力电视之后，儿童便逐渐相信暴力是正当的，攻击是英雄恰当的策略；电视暴力使观察者降低敏感性、减少同情心。

专栏9.4　暴力电视与攻击行为

　　交叉滞后相关设计（cross-lagged-panel correlation design）能在一定程度上考查变量之间的准因果关系，因而也常常被研究者用来分析儿童社会性发展过程中可能的因果关系。交叉滞后相关设计的潜在假设是：如果一个变量引起了另一个变量，那么第一个变量与时间上滞后的第二个变量间的相关程度（交叉滞后方向上的相关程度），应该远大于第一个变量和同期的第二个变量间的相关程度，即只有经历了一定的时间过程，原因才能导致结果。如图9-3所示，由于3年级时对暴力电视的偏好与13年级时的攻击性之间的相关（0.31）要远远大于3年级时的攻击性与13年级时对暴力电视偏好之间的相关（0.01），因而研究者有理由推断幼年时对暴力电视的偏好是青少年期攻击行为的可能原因。

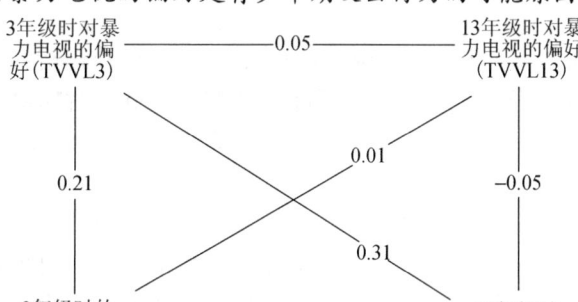

图9-3　暴力电视偏好与同龄人评价的攻击性之间的相关

　　除了儿童经常接触到的暴力电视，一些新型媒体，如暴力性的电子游戏以及互联网上的暴力信息，都会增加青少年的敌对性和焦虑感，从而增大其攻击行为出现的可能性。

四、儿童攻击行为的控制

　　攻击行为往往造成一些不良的后果，因此需要加以控制与引导。最常用的方法主要包括宣泄法、强化源的消除、创造非攻击性的环境与认知训练等。

（一）宣泄法

　　弗洛伊德认为人的攻击性欲望累积到一定程度时就会引发暴力性宣泄，所以

应该通过对他人没有伤害的方式不时地进行释放。根据这种宣泄假设，如果鼓励儿童将他们的愤怒等敌意性情绪在适当的对象身上宣泄出来（如玩偶），他们的攻击性能量就会得以排解，从而消除他们的攻击性倾向。然而这种方法并非总是有效，有时还会火上浇油。有研究表明，鼓励儿童在玩偶身上宣泄怒气很可能使儿童在和同伴的交往中更具有攻击性（Walters & Brown，1963；Geen，1990）。原因可能是：首先，这种宣泄可能会暂时转移儿童的注意力，但并没有消除引发攻击的条件和动机；其次，对于那些没有生命的物体的攻击，宣泄实际上是以一种攻击代替另一种攻击，反而使宣泄成为真正攻击的战前演练，使儿童认为踢打别人是可接受的宣泄不良情绪的方法。

（二）消除强化源

消除攻击行为的强化源可以减少儿童的攻击性。比较有效的做法如下。

1. 不相容反应技术（incompatible-response technique）：除了极其严重的攻击行为外，对于儿童的其他攻击行为都加以忽略，使儿童得不到他们想要的"关注"；同时强化儿童与攻击行为不相容的其他行为，如合作与分享。研究表明，不相容技术确实可以抑制儿童的敌意行为。这种技术最大的优点在于它不是惩罚性的，儿童也不会产生怨恨情绪，同时也避免了给儿童树立惩罚或攻击性的榜样。

2. 暂时隔离法（"time-out" procedure）：当儿童的攻击行为发生时，马上将他从强化性的情境中移到一个单调、乏味的地方，进行暂时隔离。例如，可以将攻击性儿童关在他自己的房间里，直到定时器响起后方可离开。隔离的时间遵循一岁一分钟的原则。

暂时隔离意味着奖励、强化、关注、好玩的活动的暂停。通过应用暂时隔离，可以防止孩子在不良行为之后得到关注或其他奖励。使用暂时隔离法有两个目的：短期目的是立刻阻止问题行为；长期目的是帮助孩子达到自我约束。这种方法如果同时与不相容技术相结合，可以达到更好的效果（Parke & Slaby，1983）。

（三）创造非攻击性的环境

当一个环境中出现了攻击行为时，除了要考查攻击者发出攻击的原因，也要考虑到环境的因素，如集体的氛围、空间的大小等。因此，另一种减少儿童攻击行为的方法是创造非攻击性游戏场景，以降低人际冲突的可能性。例如，提供足够大的游戏空间来减少可以诱发攻击性事件的身体碰撞，或者提供足够多的玩具来避免争玩具引起的冲突。此外，有些玩具所引发的游戏主题多是攻击性的，如玩具枪、匕首等，对于攻击性较强的儿童，家长和教师应该尽量不让他们接触此类玩具。

（四）认知训练

控制儿童的攻击行为也可以通过认知层面的方法。一种途径是对儿童进行问

题解决技能的训练。例如，让儿童在实验室情境中听故事或看录像，故事中的主人公遇到了潜在的冲突，然后训练儿童分析问题并制定建设性的解决方案。训练的重点主要包括：1. 寻找与伤害相关的非敌意性线索；2. 认识与控制怒气与冲动；3. 以非攻击的方式来解决冲突。训练一段时间后再鼓励儿童将这些新技巧运用到实际的生活情境中。这种训练将会减少儿童面临潜在冲突时的攻击性表现（Shure，1989）。

（五）移情训练

有关儿童的实验表明，攻击性高的儿童往往移情能力比较差，他们不能体会到受害者的感受。据此，可以通过移情训练来提高儿童对他人情绪的敏感性和观点采择能力，从而减少其攻击行为（Gibbs，1987）。移情训练能使儿童认识到攻击行为可能造成的后果，并鼓励儿童站在受害者的立场上去想象受害者的感受。

【问题与思考】

1. 按照皮亚杰的观点，个体怎样才能实现从他律道德向自律道德的转变？

2. 柯尔伯格认为道德推理的发展是阶段性的。试重温他的阶段模型，并举出各个阶段的实例。

3. 有些心理学家认为纯粹的利他性是不存在的，人类所有的善行都是出于获得某种回报的动机。你认为纯粹的利他性存在吗？请举例说明你的观点。

4. 你如何看待暴力电视与个体攻击行为之间的关系？

5. 在有些情境中，儿童会为了保护自己而对他人的攻击作出报复性的回应。对此成人是制止之还是鼓励之？如果你认为这种报复性的回应也是一种攻击，是不可取的，那么你能否提出其他的一些替代反应，或怎样对其进行干预？

参考文献

1. 常宇秋，岑国桢. 6—10 岁儿童道德移情特点的研究［J］. 心理科学，2003，26（2）：219－223.

2. 陈会昌. 儿童社会性发展的特点、影响因素及其测量——《中国3—9 岁儿童的社会性发展》课题总报告［J］. 心理发展与教育，1994，4：1－17.

3. 陈琳，桑标，王振. 小学儿童情绪认知发展研究［J］. 心理科学，2007，30（1）：758－762.

4. 陈英和. 认知发展心理学［M］. 杭州：浙江人民出版社，1996.

5. 邓赐平. 儿童心理理论的发展［M］. 杭州：浙江教育出版社，2008.

6. 邓赐平，桑标，缪小春. 程式知识与幼儿心理理论的发展关系［J］. 心理学报，2002，34（6）：596－603.

7. 董奇，周勇，陈红兵. 自我监控与智力［M］. 杭州：浙江人民出版社，1996.

8. 方富熹，方格. 儿童发展心理学［M］. 北京：人民教育出版社，2005.

9. 方富熹，齐茨. 中澳两国儿童社会观点采择能力的跨文化对比研究［J］. 心理学报，1990（4）：11－20.

10. 郭伯良，张雷. 儿童攻击和同伴关系的相关：20 年研究的元分析［J］. 心理科学，2003，26（5）：843－846.

11. 郭永玉. 人格心理学：人性及其差异的研究［M］. 北京：中国社会科学出版社，2005.

12. 侯瑞鹤，俞国良，林崇德. 儿童对情绪表达规则的认知发展［J］. 心理科学进展，2004，12（3）：387－394.

13. 黄希庭. 中国高校哲学社会科学发展报告1978—2008（心理学）［M］. 桂林：广西师范大学出版社，2009.

14. 黄煜峰，傅安球，林崇德，沈德立. 儿童与青少年情绪发展的实验研究［J］. 心理发展与教育，1986（1）：3－16，22.

15. 李伯黍. 儿童道德判断发展研究阶段报告（上）［J］. 山西教育科研通讯，1984，3：15－20.

16. 李伯黍. 儿童道德判断发展研究阶段报告（下）［J］. 山西教育科研通讯，1984，4：30－35.

17. 李丹. 儿童发展心理学［M］. 上海：华东师范大学出版社，1987.

18. 李丹. 儿童亲社会行为发展研究述评［J］. 心理科学，2001，24（2）：202－204.

19. 李晓文. 关于8—13 岁儿童自我意识发展的一项实验研究［J］. 心理科学，1993（1）：15－21.

20. 李晓文. 儿童自我意识发展机制初探［J］. 心理科学，1993（4）：193－197.

21. 李宇明. 儿童语言的发展 [M]. 武汉：华中师范大学出版社，1995.

22. 林崇德. 发展心理学 [M]. 杭州：浙江教育出版社，2002.

23. 刘金花. 儿童发展心理学 [M]. 2版. 上海：华东师范大学出版社，1997.

24. 刘俊升，桑标. 发展认知神经科学研究述评 [J]. 心理科学，2007，30（1）：123 - 129.

25. 刘贤臣，郭传琴，翟静，等. 儿童行为问题及其防治对策——3 927名儿童行为问题调查分析 [J]. 山东医科大学学报（社会科学版），1998（1）：45 - 47.

26. 马艳，寇彧. 亲社会与攻击性儿童在两类假设情境中的社会信息加工特点 [J]. 心理发展与教育，2007（4）：1 - 8.

27. 孟昭兰. 人类情绪 [M]. 上海：上海人民出版社，1989.

28. 缪小春. 近二十年来的中国发展心理学 [J]. 心理科学，2001，24（1）：71 - 77.

29. 缪小春，朱曼殊. 幼儿对某几种复句的理解 [J]. 心理科学，1989，12（6）：1 - 6.

30. 齐茨，方富熹. 跨文化发展心理学的研究方法和新趋势 [J]. 心理学报，1991（2）：188 - 197.

31. 桑标. 儿童发展心理学 [M]. 北京：高等教育出版社，2009.

32. 桑标，陈琳，王振. 运用反应时探究小学生情绪认知发展特点 [J]. 中国心理卫生杂志，2006，20（12）：57 - 60.

33. 桑标，缪小春. 儿童对直接指令与间接指令的理解 [J]. 心理科学，1992，15（6）：15 - 20，66 - 67.

34. 沈德立，白学军. 实验儿童心理学 [M]. 合肥：安徽教育出版社，2004.

35. 申继亮，李虹，夏勇，等. 当代儿童青少年心理学的进展 [M]. 杭州：浙江教育出版社，1993.

36. 陶国泰，邱景华，李宝林，等. 独生与非独生儿童心理发展的纵向分析：南京的十年追踪研究 [J]. 中国心理卫生杂志，1999，13（4）：210 - 212.

37. 陶沙，董奇，林磊，等. 母亲对幼儿生理与心理需要的敏感性及反应性的比较研究 [J]. 心理科学，1997，20（2）.

38. 王莉，陈会昌，陈欣银，等. 两岁儿童情绪调节策略与其问题行为 [J]. 心理发展与教育，2001（3）：1 - 4.

39. 王莉，陈会昌. 2岁儿童在压力情境中的情绪调节策略 [J]. 心理学报，1998，30（3）：289 - 297.

40. 王莉，陈会昌，陈欣银. 儿童2岁时情绪调节策略预测4岁时社会行为 [J]. 心理学报，2002，34（5）：500 - 504.

41. 王美萍，刘新生. 青少年期亲子关系研究的回顾与启示 [J]. 山东师范大学学报（人文社会科学版），2002，47（2）：99 - 102.

42. 王甦. 中国心理科学 [M]. 长春：吉林教育出版社，1997.

43. 王振宇. 儿童心理发展理论 [M]. 上海：华东师范大学出版社，2000.

44. 徐琴美，何洁. 儿童情绪理解发展的研究述评 [J]. 心理科学进展，2006，14（2）：223 - 228.

45. 许政援. 三岁前儿童语言发展的研究和有关的理论问题 [J]. 心理发展与教育，1996

（3）：1-11.

46. 杨丽珠，刘文. 毕生发展心理学 ［M］. 北京：高等教育出版社，2006.

47. 杨丽珠，杨春卿. 幼儿气质与母亲教养方式的选择 ［J］. 心理科学，1998，21（1）：43-46.

48. 查子秀. 超常儿童心理学 ［M］. 2 版. 北京：人民教育出版社，2006.

49. 查子秀. 超常儿童心理与教育研究15年 ［J］. 心理学报，1994，26（4）：337-346.

50. 张雷. 进化心理学 ［M］. 广州：广东高等教育出版社，2007.

51. 张文新. 儿童社会性发展 ［M］. 北京：北京师范大学出版社，1999.

52. 朱曼殊. 儿童语言发展研究 ［M］. 上海：华东师范大学出版社，1986.

53. 朱智贤. 中国儿童青少年心理发展与教育 ［M］. 北京：中国卓越出版公司，1990.

54. 中国心理学会. 当代中国心理学 ［M］. 北京：人民教育出版社，2001.

55. 韩进文，魏华忠. 我国中、小学生自我意识发展调查研究 ［J］. 心理发展与教育，1985（1）：11-18.

56. 贝克. 婴儿、儿童和青少年 ［M］. 桑标，译. 上海：上海人民出版社，2008.

57. 查普林. 心理学的体系和理论 ［M］. 林方，译. 北京：商务印书馆，1983.

58. 戴斯，纳格利尔坦克，柯尔比. 认知过程的评估——智力的 PASS 理论 ［M］. 杨艳云，谭和平，译. 上海：华东师范大学出版社，1999.

59. 弗拉维尔，米勒 P H，米勒 S A. 认知发展 ［M］. 邓赐平，译. 上海：华东师范大学出版社，2002.

60. 霍克. 改变心理学的40项研究 ［M］. 白学军，译. 北京：中国轻工业出版社，2004.

61. 米勒. 发展的研究方法 ［M］. 郭力平，译. 上海：华东师范大学出版社，2004.

62. 墨森. 儿童发展和个性 ［M］. 缪小春，译. 上海：上海教育出版社，1990.

63. 珀文. 人格科学 ［M］. 周榕，译. 上海：华东师范大学出版社，2001.

64. 斯腾伯格. 超越 IQ——人类智力的三元理论 ［M］. 俞晓琳，吴国宏，译. 上海：华东师范大学出版社，1999.

65. AINSWORTH M D S. Object relations, dependency, and attachment: a theoretical review of the infant-mother relationship ［J］. Child Development, 1969, 40 (4): 969-1025.

66. ALIBALI M W, SIEGLER R S. Children's thinking ［M］. 4th ed. New Jersey: Prentice-Hall, Inc. , 2004.

67. AMES C. Classrooms: goals, structures, and student motivation ［J］. Journal of Educational Psychology, 1992, 84 (3): 261-271.

68. ANDERSON C A, BUSHMAN B J. The effects of media violence on society ［J］. Science, 2002, 295 (29): 2377-2378.

69. ARNETT J J. Adolescent storm and stress: reconsidered ［J］. American Psychologist, 1999, 54 (5): 317-326.

70. BAUMRIND D. Effective parenting during the early adolescent transition ［M］//COWAN P A, HETHERINGTON E M. Family transitions. Hillsdale, New Jersey: Lawrence Erlbaum Associates, Inc. , 1991: 111-163.

71. BORNSTEIN M H, LAMB M E. Developmental psychology: an advanced textbook ［M］.

4th ed. Hillsdale, New Jersey: Lawrence Erlbaum Associates Publishers, 1999.

72. BOWLBY J. Attachment and loss: attachment (Vol. 1, 2, 3) [M]. New York: Basic Books, 1969, 1973, 1980.

73. BRONFENBRENNER U, CECI S J. Nature-nurture reconceptualized in developmental perspective: a bioecological model [J]. Psychological Review, 1994, 101 (4): 568 – 586.

74. BRUER J T. Brain science, brain fiction [J]. Educational Leadership, 1998, 56 (3): 14 – 18.

75. COLLINS W A, MACCOBY E E, STEINBERG L, et al. Contemporary research on parenting: the case for nature and nurture [J]. American Psychologist, 2000, 55 (2): 218 – 232.

76. COONEY E W, SELMAN R L. Children's use of social conceptions: toward a dynamic model of social cognition [J]. The Personnel and Guidance Journal, 1980, 58 (5): 344 – 352.

77. CRICK N R, DODGE K L. A review and reformulation of social information-processing mechanisms in children's social adjustment [J]. Psychological Bulletin, 1994, 115 (1): 74 – 101.

78. CUMMINGS E M, LANNOTTI R J, ZAHN-WAXLER C. Aggression between peers in early childhood: individual continuity and developmental change [J]. Child Development, 1989, 60 (4): 887 – 895.

79. CURTISS S. Genie: a psycholinguistic study of a modern day "wild child" [M]. New York: Academic Press, 1987.

80. DAMON W, LERNER R. Handbook of child psychology [M]. 6th ed. New York: Wiley, 2006.

81. DENHAM S S. Emotional development in young children [M]. New York: Guilford, 1998.

82. DODGE K A. Social cognition and children's aggressive behavior [J]. Child Development, 1980, 51 (1): 162 – 170.

83. DODGE K A, NEWMAN J P. Biased decision-making processes in aggressive boys [J]. Journal of Abnormal Psychology, 1981, 90 (4): 375 – 379.

84. DODGE K A, COIE J D. Social information processing factors in reactive and proactive aggression in children's peer groups [J]. Journal of Personality and Social Psychology, 1987, 53 (6): 1146 – 1158.

85. EISENBERG N, FABES R A, SPINRAD T L. Prosocial development [M] //DAMON W, LERNER R. Handbook of child psychology. 6th ed. New York: Wiley, 2006, 3: 646 – 718.

86. EISENBERG N, GUTHRIE I K, MURPHY B C, et al. Consistency and development of prosocial disposition: a longitudinal study [J]. Child Development, 1999, 70 (6): 1360 – 1372.

87. ERON L D, HUESMANN L R, LEFKOWITZ M M, et al. Does television violence cause aggression? [J]. American Psychologist, 1972, 27: 253 – 263.

88. FLAVELL J H. Cognitive development: past, present, and future [J]. Developmental Psychology, 1992, 28 (6): 998 – 1005.

89. FLAVELL J H. Development of children's knowledge about the mental world [J]. International Journal of Behavioral Development, 2000, 24 (1): 15 – 23.

90. FLAVELL J H. Cognitive development: children's knowledge about the mind [J]. Annual

Review of Psychology, 1999, 50: 21 - 45.

91. FLAVELL J H, FLAVELL E R, GREEN F L. Development of children's understanding of connections between thinking and feeling [J]. Psychological Science, 2001, 12 (5): 430 - 432.

92. FLYNN E, MALLEY C O, WOOD D A. Longitudinal, microgenetic study of the emergence of false belief understanding and inhibition skills [J]. Developmental Science, 2004, 7 (1): 103 - 115.

93. FLYNN J R. The mean IQ of Americans: massive gains 1932 to 1978 [J]. Psychological Bulletin, 1984, 95: 29 - 51.

94. FLYNN J R. Massive IQ gains in 14 nations: what IQ tests really measure [J]. Psychological Bulletin, 1987, 101 (2): 171 - 191.

95. GEARY D C, BJORKLUND D E. Evolutionary developmental psychology [J]. Child Development, 2000, 71 (1): 57 - 65.

96. GLEASON J B. The development of language [M]. 5th ed. Boston, Massachusetts: Allyn & Bacon, 2001.

97. GROSS J J, RICHARDS J M, JOHN O P. Emotion regulation in everyday life [M] //SNYDER D K, SIMPSON J A, HUGHES J N (Ed.) Emotion regulation in families: pathways to dysfunction and health. Washington DC: American Psychological Association, 2006: 13 - 35.

98. HARKNETT K, GARFINKEL. Are public expenditures associated with better child outcomes in the U. S. ? a comparison across 50 states [J]. Analyses of Social Issues and Public Policy, 2005, 5 (1): 103 - 125.

99. HARTER S. The self [M] //DAMON W, LERNER R. Handbook of child psychology. 6th ed. New York: Wiley, 2006, 3: 505 - 570.

100. HARLOW H F. The nature of love [J]. American Psychologist, 1958, 13: 673 - 685.

101. HARTUP W W. Aggression in childhood: developmental perspectives [J]. American Psychologist, 1974, 29 (5): 336 - 341.

102. HARTUP W W, LAURSEN B, STEWART M L, et al. Conflict and the friendship relations of young children [J]. Child Development, 1988, 59: 1590 - 1600.

103. HETHERINGTON E M. Coping with marital transitions: a family systems perspective [J]. Monographs of the Society for Child Development, 1992, 57: 1 - 14.

104. HONGWANISHKUL D, HAPPANEY K R, LEE W S C, et al. Assessment of hot and cool executive function in young children: age-related changes and individual differences [J]. Developmental Neuropsychology, 2005, 28 (2): 617 - 644.

105. HUESMANN L R, ERON L D, LEFKOWITZ M, et al. Stability of aggression over time and generations [J]. Developmental Psychology, 1984, 20 (6): 1120 - 1134.

106. HUESMANN L R, MALAMUTH N M. Media violence and antisocial behavior: an overview [J]. Journal of Social Issues, 1986, 42 (3): 1 - 6.

107. HUESMANN L R, MOISE-TITUS J, PODOLSKI C, et al. Longitudinal relations between children's exposure to TV violence and their aggressive and violent behavior in young adulthood: 1977—1992 [J]. Developmental Psychology, 2003, 39 (2): 201 - 221.

108. HUGHES C, LEEKAM S. What are the links between theory of mind and social relations? review, reflections and new directions for studies of typical and atypical development [J]. Social Development, 2004, 13 (4): 590 – 619.

109. IZARD C E. Measuring emotions in infants and children [M]. New York: Cambridge University Press, 1982.

110. JACOBS J E, BLEEKER M M, CONSTANTINO M J. The self-system during childhood and adolescence: development, influences, and implications [J]. Journal of Psychotherapy Integration, 2003, 13 (1): 33 – 65.

111. KAGAN J, SNIDMAN N. Temperamental factors in human development [J]. American Psychologist, 1991, 46 (8): 856 – 862.

112. KAPLAN M F. The joint effects of cognition and affect on social judgment [M] //FORGAS J P. Emotion and social judgments. New York: Pergamon Press, 1991: 73 – 82.

113. LARSON R, RICHARDS M H. Divergent realities: the emotional lives of mothers, fathers, and adolescents [M]. New York: Basic Books, 1994.

114. LAURSEN B, COY K C, COLLINS W A. Reconsidering changes in parent-child conflict across adolescence: a meta-analysis [J]. Child Development, 1998, 69 (3): 817 – 832.

115. MAGNUSSON D, STATTIN H, ALLEN V L. Differential maturation among girls and its relation to social adjustment: a longitudinal perspective [M] //BALTES P B, FEATHERMAN D L, LERNER R M. Life-span development and behavior. Hillsdale, New Jersey: Erlbaum, 1986: 135 – 172.

116. MANCILLAS A. Challenging the stereotypes about only children: a review of the literature and implications for practice [J]. Journal of Counseling & Development, 2006, 84 (3): 268 – 275.

117. MARIA V S. Children's emotional development: challenges in their relationships to parents, peers, and friends [J]. International Journal of Behavioral Development, 2001, 25 (4): 310 – 319.

118. MARSH H W, HATTIE J. Theoretical perspectives on the structure of self-concept [M] // Handbook of self-concept: developmental, social, and clinical considerations. New York: John Wiley & Sons, 1996: 38 – 90.

119. MCCALL R B, GROARK C J. The future of applied child development research and public policy [J]. Child Development, 2000, 71 (1): 197 – 204.

120. MCGUE M, BOUCHARD T J, LACONO W G, et al. Behavioral genetics of cognitive ability: a life-span perspective [M] //PLOMIN R, MCCLEARN G E. Nature, nurture and psychology. Washington, DC: American Psychological Association, 1993: 59 – 76.

121. MCGUE M, ELKINS L, WALDEN B, et al. Perceptions of the parent-adolescent relationship: a longitudinal investigation [J]. Developmental Psychology, 2005, 41 (6): 971 – 984.

122. MILLER P H, ALOISE P A. Young children's understanding of psychological causes of behavior: a review [J]. Child Development, 1989, 60: 257 – 285.

123. MISCHEL W, EBBESEN E B. Attention in delay of gratification [J]. Journal of Personality and Social Psychology, 1970, 16 (2): 329 – 337.

124. MISCHEL W, SHODA Y, PEAKE P K. the nature of adolescent competencies predicted by

preschool delay of gratification [J]. Journal of Personality and Social Psychology, 1988, 54 (4):
687 - 696.

125. NAGLIERI J A. Planning, attention, simultaneous, and successive theory and the cognitive
assessment system: a new theory-based measure of intelligence [M] //FLANAGAN D P, GEN-
SHAFT, J L, HARRISON P L. Contemporary intellectual assessment: theories, tests, and issues. New
York: Guilford Press, 1997: 247 - 267.

126. NEISSER U. Intelligence: knowns and unknowns [J]. American Psychologist, 1996, 51
(2): 77 - 101.

127. NELSON C A. How important are the first 3 years of life? [J]. Applied Developmental Sci-
ence, 1999, 3 (4): 235 - 238.

128. NEWCOMBE N, FOX N A. Child development [M]. Hoboken, New Jersey: John Wiley
& Sons Inc. , 2008.

129. OLLENDICK T H, KING N J, MURIS P. Fears and phobias in children: phenomenology,
epidemiology, and aetiology [J]. Child and Adolescent Mental Health, 2002, 7 (3): 98 - 106.

130. OLLENDICK T H, YANG B, KING N J. Fears in American, Australian, Chinese, and Ni-
gerian children and adolescents: a cross-cultural study [J]. Journal of Child Psychology and Psychia-
try, 1996, 37 (2): 213 - 220.

131. OLWEUS D. Environmental and biological factors in the development of aggressive behavior
[M] //BUIKBUISEN W, MEDNICK S A. Explaining criminal behavior: interdisciplinary approaches.
Leiden: E. J. Brill, 1988: 90 - 120.

132. PATTERSON G B, DEBARYSHE B D, RAMSEY E. A developmental perspective on anti-
social behavior [J]. American Psychologist, 1989, 44 (2): 329 - 335.

133. PREMACK D, WOODRUFF G. Does the chimpanzee have a theory of mind? [J]. Behav-
ioral and Brain Sciences, 1978, 1 (4): 515 - 526.

134. ROSENZWEIG M R, BENNETT E L, DIAMOND M C. Brain changes in response to expe-
rience [J]. Scientific American, 1972, 226 (2): 22 - 29.

135. RUTTER M. Psychosocial resilience and protective mechanisms [M] //ROLF J E, MAS-
TEN A S, CICCHETTI D, et al. Risk and protective factors in the development of psychopathology.
New York: Cambridge University Press, 1990: 181 - 214.

136. SAMEROFF A J, SEIFER R, BALDWIN A. Stability of intelligence from preschool to ado-
lescence: the influence of social and family risk factors [J]. Child Development, 1993, 64 (1): 80 -
97.

137. SANSON A, HEMPHILL S A, SMART D. Connections between temperament and social de-
velopment: a review [J]. Social Development, 2004, 13 (1): 142 - 170.

138. SCARR S, MCCARTNEY K. How people make their own environments: a theory of geno-
type environment effects [J]. Child Development, 1983, 54: 424 - 435.

139. SCHAFFER H R. The early experience assumption: past, present, and future [J]. Inter-
national Journal of Behavioral Development, 2000, 24 (1): 5 - 14.

140. SCHWEBEL D C, PLUMERT J M, PICK H L. Integrating basic and applied developmental

research: a new model for the twenty-first century [J]. Child Development, 2000, 71 (1): 222 – 230.

141. SEIFER R, SCHILLER M. The role of parenting sensitivity, infant temperament, and dyadic interaction in attachment theory and assessment [J]. Monographs of Society for Research in Child Development, 1995, 60 (2 – 3): 146 – 174.

142. SELIGMAN M E P, CSIKSZENTMIHALY M. Positive psychology: an introduction [J]. American Psychologist, 2000, 55: 5 – 14.

143. SELMAN R L. The growth of interpersonal understanding developmental and clinical analysis [M]. New York: Academic Press, 1980.

144. SHEK D T L, MA H K. Parent-adolescent conflict and adolescent antisocial and prosocial behavior: a longitudinal study in a Chinese context [J]. Adolescence, 2001, 36: 545 – 555.

145. SLAUGHTER V, DENNIS M J, PRITCHARD M. Theory of mind and peer acceptance in preschool children [J]. British Journal of Developmental Psychology, 2002, 20 (4): 545 – 564.

146. SMETANA J G. Parenting styles and conceptions of parental authority during adolescence [J]. Child Development, 1995, 66: 299 – 316.

147. STEINBERG L. We know some things: parent-adolescent relationships in retrospect and prospect [J]. Journal of Research on Adolescence, 2001, 11 (1): 1 – 19.

148. STERNBERG R J. Handbook of intelligence [M]. New York: Cambridge University Press, 2000.

149. STERNBERG R J, CONWAY B E, KETRON J L, et al. People's conceptions of intelligence [J]. Journal of Personality and Social Psychology, 1981, 41 (1): 37 – 55.

150. THOMAS R M. Recent theories of human development [M]. London: Sage Publications, Inc. , 2001.

151. TRACY J L, ROBINS R W. Putting the self into self-conscious emotions: a theoretical model [J]. Psychological Inquiry, 2004, 15 (2): 103 – 125.

152. TWENGE J M, CAMPBELL W K. Age and birth cohort differences in self-esteem: cross-temporal meta-analysis [J]. Personality and Social Psychology Review, 2001, 5 (4): 321 – 344.

153. UNICEF. The state of the world's children 2001: early childhood [M]. New York: UNICEF, 2001.

154. VASTA R, MILLER S A, ELLIS S. Child psychology: the modern science [M]. Hoboken, New Jersey: John Wiley & Sons Ltd. , 2003.

155. VINDEN P G. Children's understanding of mind and emotion: a multi-culture study [J]. Cognition and Emotion, 1999, 13 (1): 19 – 48.

156. WATSON A C, NIGON C L, WILSON A, et al. Social interaction skills and theory of mind in young children [J]. Developmental Psychology, 1999, 35 (2): 386 – 391.

157. WELLMAN H M, CROSS D, WATSON J. Meta-analysis of theory of mind development: the truth about false belief [J]. Child Development, 2001, 72 (3): 655 – 684.

158. WELLMAN H M, GELMAN S A. Cognitive development: foundational theories of core domain [J]. Annual Review of Psychology, 1992, 43: 337 – 375.

159. WOLFF M S, VAN IJZENDOORN M H. Sensitivity and attachment: a meta-analysis on pa-

rental antecedents of infant attachment [J]. Child Development, 1997, 68 (4): 571 –591.

160. WULFERT E, BLOCK J A, SANTA A E, et al. Delay of gratification: impulsive choices and problem behaviors in early and late adolescence [J]. Journal of Personality, 2002, 70 (4): 533 –552.

161. CHEN X, CEN G, LID, et al. Social functioning and adjustment in Chinese children: the imprint of historical time [J]. Child Development, 2005, 76 (1): 182 –195.

162. CHEN X, HASTINGS P D, RUBIN K H, et al. Child-rearing attitudes and behavioral inhibition in Chinese and Canadian toddlers: a cross-cultural study [J]. Developmental Psychology, 1998, 34 (4): 677 –686.

163. ZHANG Y, KOHNSTAMM G, CHENG P, et al. A new look at the old "little emperor": developmental changes in the personality of only children in China [J]. Social Behavior and Personality, 2001, 29 (7): 725 –732.